趣味系列 03

Interesting
Archaeology

趣味考古 修订本

叶文宪　著

山东人民出版社

国家一级出版社　全国百佳图书出版单位

图书在版编目（CIP）数据

趣味考古 / 叶文宪著 . — 济南：山东人民出版社，
2014.5（2022.8 重印）
（趣味系列）
ISBN 978 – 7 – 209 – 08277 – 8

Ⅰ.①趣… Ⅱ.①叶… Ⅲ.①考古学—青年读物 ②考古
学—少年读物 Ⅳ.① K85 – 49

中国版本图书馆 CIP 数据核字（2014）第 036439 号

责任编辑：王海涛　战海霞
装帧设计：蔡立国

趣味考古

叶文宪　著

山东出版传媒股份有限公司
山东人民出版社出版发行

社　　址：济南市市中区舜耕路 517 号　邮　编：250003
网　　址：http : // www.sd-book.com.cn
市场部：（0531）82098027　82098028

新华书店经销
山东临沂新华印刷物流集团有限责任公司印装

规　格　16 开（169mm×228mm）
印　张　20.5
字　数　270 千字
版　次　2014 年 5 月第 1 版
印　次　2022 年 8 月第 7 次
ISBN　978 – 7 – 209 – 08277 – 8
定　价　28.00 元

如有质量问题，请与印刷厂调换。（0539）2925659

《趣味系列》修订本序

这是一套以"趣味"命名的系列读物，包括：《趣味语文》《趣味历史》《趣味考古》《趣味地理》《趣味逻辑》《趣味哲学》《趣味文字》《趣味美学》《趣味心理》等九个人文社会学科。为什么要用"趣味"命名呢？因为每本书的作者在每门学科中选择了其中最有趣的、最容易引发读者兴趣的，也是最有吸引力的故事和知识。

如果你要学一门学科，或者老师要教一门学科，一定要讲究知识结构系统和内容完整。其中当然也会有一些有趣的内容，但也不得不包括不那么有趣、甚至非常枯燥艰深的内容。或者一部分人感到有趣，学得轻松愉快，另一部分人却毫无兴趣，只能硬着头皮学。

但这套书不同。它们既不是教科书，也不是教辅材料，更不是考试秘诀，不需要预复习，不必做作业，更不用担心考试。你觉得哪本有趣就看哪一本，觉得哪一段有趣就看哪一段，有多少空闲时间就看多少，隔一段时间再看也不会影响阅读的效果。

当然，不能只讲趣味。既然是以学科分类，还得对本学科的知识和内容作一番精心选择。为什么要选择呢？因为每门学科知识和内容的积累、记录、传承，一门学科的形成和发展，都是一个漫长而艰苦的过程，是古往今来无数学者的心血凝聚成的，其中一些最重要、最经典的内容必须有所体现。另一方面，到了今天，每门学科的知识和内容都已浩如烟海，如果不加选择，不用说这套书容纳不了，任何人穷毕生之力也读不完。再说，从我们所希望的读者的需求出发，也必须有所选择。

以我最熟悉的历史学科为例。

历史是靠人记录的，但一开始这一过程是相当艰难的。尽管在进入文明社会的早期人类就有了记录历史的意识，但一直缺少工具和手段。在文字发明后依然存在书写工具和记录介质的困难，所以只能尽可能使文字简约，甲骨、竹、木、帛等都被用作书写材料，而最重要的内容只能镌刻于石材，铸造于青铜器。

由于已有的历史文献不易复制，大多只是孤本秘籍，一遇天灾人祸，往往从此消失。得以幸存至今，成为我们今天能够看到的史料、史书，只是其中很少一部分。

秦始皇烧毁了民间收藏的儒家经典，只允许官方学者保存研究，其中一位伏生专门负责《尚书》。秦末战乱爆发，伏生怕《尚书》毁坏散失，将书藏在墙壁中。战乱过后，他发现书已经遗失了一部分，就将书的内容记在心中，等待传播的机会。直到他九十岁时，才等到了皇帝派来记录的学者晁错。可惜他已口齿不清，只能靠听得懂他的话的女儿传达。加上他们讲的是山东方言，河南人晁错没有听懂，记录的内容又打不小的折扣。

只有在纸得到普遍运用和印刷术普及后，历史的记录和传播才有了物质条件的保证，才能够突破官方的封锁和限制，进入民间。甚至连统治者刻意禁毁的史料、史书，只要曾经被复制或印刷，往往依然能得到流传。

但是到了今天，我们又面临着新的困境。随着信息技术的飞速进展，海量信息已可轻易获取。以前人说"一部《二十四史》不知从何读起"，不过是发感叹而已，真正能拥有一部《二十四史》或随时可以读的人是不多的。而如今只要有一张光盘，或者能够连上相应的网页，《二十四史》不仅能随意读，还能逐句、逐字检索，找出每一个人名、地名、事件、制度就在瞬间。但是以个人的精力和时间，终身也无法穷尽，即使是专业研究人员也无此必要，何况绝大多数只是出于业余兴趣的人！

历史研究固然应该不受任何禁区的限制，完全从史实出发，且无论巨细都有意义，无论正负均有价值。但运用和传播历史知识、历史研究成果时必须根据各方面的条件而有所选择，如对专业和业余、精英和大众、成年人与未成年人等，就应有不同的侧重点。还应顾及国家利益、社会公德、民族感情、宗教信仰、风俗禁忌等多方面。

优秀的普及性读物就要遵循这些基本的原则，根据特定读者的需要和可能，精选出适量的内容，以最容易接受吸收的方式提供给读者。这正是这套书的作者和编者的良苦用心。

趣味系列这套书，原是上海古籍出版社2001年策划出版的，受到了读者，特别是中学生的热烈欢迎，加印多次，其中《趣味逻辑》《趣味哲学》加印20多次；2007年出版了插图本。本次山东人民出版社出版的趣味系列新版，《趣味文字》《趣味心理》是第一次出版，其他7本对原有版本的内容做了新的修订，根据时代变化加入了许多新的内容，重新装帧设计，希望给读者朋友，特别是中学生朋友编辑一套"开拓人文视野，提高学习兴趣"的人文社科入门读物。

葛剑雄

2014 年 1 月 10 日

目 录

趣谈考古

趣觅古迹

趣话文物

趣探事源

人是"劳动""创造"的吗？

凡是科学的理论都必须经过实践或实验的检验才能成立，而关于人类的起源因为既无法实践，又无法实验，所以一切关于人类起源的学说都是假说。

长期以来占据我们教科书和科普著作的人类起源学说是"劳动创造人"说，此说并被说成是马克思主义的学说。其实，马克思和恩格斯都没有说过"劳动创造人"这样的话。在恩格斯的《自然辩证法》中收有一篇名为《劳动在从猿到人转变过程中的作用》的文章，这篇文章被认为是"劳动创造人"说的出处，其实恩格斯在文中的原话是这样的："政治经济学家说：劳动是一切财富的源泉。其实劳动和自然界一起才是一切财富的源泉，自然界为劳动提供材料，劳动把材料变为财富。但是劳动还远不止如此。它是整个人类生活的第一个基本条件，而且达到这样的程度，以致我们在某种意义上不得不说：劳动创造了人本身。"恩格斯在"劳动创造了人本身"这句话之前加上了"在某种意义上不得不说"这样的限制，显然对此结论是有所保留的。

恩格斯的这篇文章并不是专门探讨人类起源的科学论文，它原是用作以《奴役的三种基本形式》为题的一本内容比较广泛的著作的导言，后来恩格斯又把标题改为《对工人的奴役·导言》。由于该书没有写成，甚至连这篇导言也没有写完，因此最后恩格斯便把已写成的部分加上现在的标题收入了《自然辩证法》的第二束材料之中。可见，恩格斯的这篇文章并不是讨论人类起源的科学论文，他写此文的目的是以人类起源作为引子来说明劳动的重要性，进而谴责对工人的奴役，因此本文在论证人类起源方面不严密是可以原谅的。但是，后人却将此文的内容和字句简略化、极端化、公式化为"劳动创造人"的命题，变成了一种人类起源学说，这就把人类起源问题引入了歧途。由于这一学说被贴上了马克思主义的标签，因此许多年来学者不敢纠正、民众以讹传讹，使我们的知识精英和社会大众对人类起源的认识都停留在一种十分陈旧、落后的水平。

用劳动来解释人类起源的原因似乎很合理，实际上这一学说从命题立论到理论依据都存在着严重的问题。

1."劳动"的定义和"劳动创造人"的命题之间存在着明显的逻辑矛盾。

恩格斯说："人类社会区别于猿群的特征又是什么呢？是劳动。""劳动是从制造工具开始的"，"没有一只猿手曾经制造过一把最粗笨的石刀"。既然只有人才会劳动而猿不会劳动，那么说"劳动创造人"究竟是谁在"劳动"？又是谁变成了"人"呢？猿既然不会劳动，那么它们永远也变不了人，如果猿会劳动，那么它们已经是人了，何必再去"创造人"呢？既然只有人会劳动，那么何必还要通过"劳动"把自己创造出来呢？

恩格斯又说："手不仅是劳动的器官，它还是劳动的产物。"如果手是"劳动的器官"，那么手与劳动是并存的；如果手是"劳动的产物"，那么先有劳动后有手，怎么能既是"劳动的器官"，又是"劳动的产物"呢？这样说在逻辑上是自相矛盾的。

恩格斯还指出，"语言是从劳动中并和劳动一起产生出来的"，这里的毛病与上例相同，按照"劳动创造人"的逻辑推理应该是"劳动创造语言"，语言怎么能是"和劳动一起产生出来的"呢？如果语言和劳动是并存的，那么到底是猿的语言还是人的语言呢？

恩格斯说："首先是劳动，然后是语言和劳动一起，成了两个最主要的推动力，在它们的影响下，猿的脑髓就逐渐变成人的脑髓。"既然语言和劳动都是人类特有的，那么怎么还要它们去推动"猿的脑髓"变化呢？如果既能劳动又能说话，那么已经是人了，还有什么"猿的脑髓"需要"推动"呢？

2. 关于进化的理论是依据拉马克进化论的获得性遗传学说而不是达尔文进化论的突变与选择学说。

恩格斯在论述手脚分工时说："我们的祖先在从猿转变到人的好几十万

年的过程中逐渐学会了使自己的手适应于一些动作，这些动作在开始时只能是非常简单的。……但是，具有决定性的一步完成了：手变得自由了，能够不断地获得新的技巧，而这样获得的较大的灵活性便遗传下来，一代一代地增加着。"在讲到语言产生时说："这些正在形成中的人已经到了彼此间有些什么非说不可的地步了。需要产生了自己的器官：猿类不发达的喉头，由于音调的抑扬顿挫的不断加多，缓慢地然而肯定地得到改造，而口部的器官也逐渐学会了发出一个个清晰的音节。"现代生物学已经证明，后天获得的技巧和灵活性是不会遗传给后代的，而"需要"也根本产生不出器官来。

综上所述，恩格斯的《劳动在从猿到人转变过程中的作用》一文在论述人类起源时无论逻辑还是理论都是不严密的。

正因为看到了上述问题，1976 年以后我国的人类学家为了弥补"劳动创造人"说的缺陷，提出了三个修补方案：

第一个方案是在猿与人之间加入了一个"亦猿亦人"阶段或"从猿到人过渡阶段"，这一"过渡期间的生物"是"正在形成中的人"。"亦猿亦人"说的提出显然是因为看到了"劳动"的定义和"劳动创造人"说之间存在的逻辑矛盾提出来的，目的是为了在猿与人之间那条无法逾越的鸿沟上架一座桥，可是在猿与"亦猿亦人"之间和"亦猿亦人"与人之间又出现了两个难以连接的断点。由于本质的弊病未除，"亦猿亦人说"也难以自圆其说。

第二个方案是用"劳动选择人"取代"劳动创造人"，认为劳动的作用并不是"创造"了人而是"选择"了人。这一新说显然是看到了"劳动创造人"说所依据的进化论原理并不是达尔文进化论而是拉马克进化论，所以试图用物竞天择来取代用进废退。但是这样一来"劳动创造人"就变成了"会劳动的猿"进化成人，从而把劳动的定义给搞乱了。

第三个方案为了修补"劳动"的定义把劳动分为两个阶段：制造工具为劳动的高级阶段，叫作"狭义的劳动""真正的劳动""专属于人的劳动"，而使用天然物为劳动的低级阶段，叫作"广义的劳动""前人的劳动""动物式的本能的劳动"。这样一来，"劳动创造人"就变成了猿通过动物式的本能劳动演变为能真正劳动的人，这种会"劳动"的猿也就是亦猿亦人阶段

"正在形成中的人"。至此，"劳动创造人"说的漏洞总算是被补住了。可是这些修补方案同样只考虑了"劳动"这一文化的因素，而没有考虑从猿到人的本质是一个自然进化的过程，对于生物进化而言，劳动最多是一个外因，把劳动看成是古猿进化的决定性因素，显然是不正确的。

人类起源于大海吗？

自从恩格斯的《劳动在从猿到人转变过程中的作用》发表以后，考古学的发现与人类学的研究已经取得了极其丰富的成果，我们现在所掌握的资料与知识远非当年的恩格斯所能及，因此，关于人类起源的理论也必须与时俱进、向前发展，这是毫无疑问的。

目前国际上对于人类进化谱系的认识大致可以分为6种，我们可以把它们归纳合并为下表：

人类进化简表

地质时期			距今年代（万年）	人类发展阶段		人类的旁系
第四纪	全新世		1	智人	现代人	
	更新世	晚期	5		晚期（新人）	
			10		早期（古人）	
		中期	30	直立人	晚期	南方古猿粗壮种 南方古猿鲍氏种 南方古猿纤细种
			100			
		早期	150 300		早期（能人）	
第三纪	上新世		400 ? 800 1400	南方古猿阿发种		
				?		
				腊玛古猿		
	中新世		2500			
	渐新世		4000			

在这一谱系中，腊玛古猿是人类的远祖、南方古猿阿法种是人类的近祖、能人是人类的直接祖先，这些都已确定无疑了，各家的分歧主要在于南方古猿阿法种与纤细种、粗壮种以及鲍氏种之间的关系，但这些分歧和我们所讨论的人类起源问题无关宏旨。

在这一谱系中，腊玛古猿与南方古猿之间存在着一个长达400万年的大缺环，缺环之前的腊玛古猿是猿，缺环之后的南猿阿法种和南猿纤细种都已能直立行走，不管是否承认它们是人，这400万年间正是从猿到人的关键，然而迄今为止世界各地没有发现过一块属于这一时期的猿或人的化石！然而要解释人类的起源，就必须解释这一个缺环。

传统的观点认为，古猿是生活在森林里的，由于地壳变动，自然环境和气候生态发生了急剧的变化，森林消失变成疏树草原，迫使林栖的古猿下地，这是向人类进化的契机。可是，现存的四种类人猿中只有长臂猿营树栖生活，猩猩、大猩猩、黑猩猩虽然都能爬树，但是都在地面生活，它们并没有因此而进化成人；非洲草原上的狒狒是一种生活在地面上的猴子，它们甚至没有进化出直立行走的姿势。下地能否成为古猿进化的契机，实在令人怀疑。

地质史进一步表明，影响中国大范围气候变化的喜马拉雅造山运动发生于2500万年前，而人类形成只是最近几百万年的事，彼因不能结出此果。然而400万～800万年前在非洲东部却曾有大片地区被海水淹没，1960年英国人类学家哈代教授认为，正是因为这场发生在第四纪之前的大海侵分隔了生活在那里的古猿群，并迫使其中的一部分不得不下海到浅海中生活，从而进化为海猿。几百万年以后海水退却重显陆地，已经适应水生生活的海猿又重返陆地，它们才是人类的真正祖先。

哈代的海猿说刚提出时被古人类学界指责为"异想天开"，但是这一假说却能解释许多"劳动创造人"说不能解释的从猿到人体质上所发生的变化。例如，所有的灵长类动物体表都长有浓密的体毛，唯独人类和海豚、海狮、海豹、鲸等水生哺乳动物一样皮肤裸露；所有的灵长类动物都没有皮下脂肪，唯独人类和海兽一样靠皮下脂肪御寒；所有的灵长类动物四肢与身体都呈"丌"形，唯独人类和海兽一样呈"一"形。人类躺平后呈流线型的体型很适合游泳；肩关节灵活、上臂可以向上伸直，也很适合游泳；盆骨发达、下肢细弱的特征也和水生动物相似；髋、膝、踝关节转动灵活，便于游泳时掌握方向；人类的手臂对于抓握攀缘树枝而言显得过于细弱，但却像浆一样适合划水；人类的脚掌与小腿呈 90 度，并且脚趾细长弯曲，很适合在海底黏滑的泥沙上行走。由于海水的浮力，人类可以只用后肢来支撑全身的重量，从而解放了前肢，双足直立不仅使海猿更不容易被水淹死，而且扩大了他们的生存空间，并使手脚分工有了可能。直立的姿态还使海猿的喉头伸直了，水中生活使他们的肺活量变得更大，潜水游泳使他们形成了控制呼吸的能力，这多种因素的综合使人类能够发出如此复杂的声音，从而产生异于所有动物的语言。

比较生理学也为海猿说提供了有力的证据。例如，氯化钠在组成动物体内的化学物质中占有重要地位，缺盐对机体会造成明显的危害，但摄入盐分过多则会危害心血管系统的健康。陆生动物在缺盐时食欲锐减，对食盐的渴求会抑制其他的生理欲望；但它们摄入盐分又极有分寸，一旦满足了对食盐的需要，多余的食盐就不能再引起它们的兴趣。可是人却没有这种功能，人对食盐的需求量没有感觉，体内缺盐不能产生渴求，摄入盐分过多也不能自我抑制。澳大利亚墨尔本大学的丹通教授认为，这是因为人类的祖先曾经长时期生活在富含盐分的海洋里，所以丧失了这一功能。再比如，人类还进化出了出汗调节体温的机能，这在灵长类动物中也是绝无仅有的，因为对陆生动物来说，出汗是对体内盐和水的浪费，在远离海岸线的热带亚热带地区由于食盐得不到补充，在怀孕、哺乳时期大量出汗是会导致缺盐而死的，而在灵长类动物中只有人类进化出了这种独特的摄入食盐和不保存盐分的生理机制。这只有用海猿曾经长期生活在富含盐分的大海来解释。这种对生存环境的适应在海鸟身上也可以找到佐证。人类还是天生的潜水家，屏息潜水的时间远远超过其他陆生动物，这在灵长类动物中也是绝无仅有的。人类在潜水时体内会产生一种潜水反应，肌肉收缩、血流量减少、呼吸暂停、心跳变慢，这种反应和海豹、潜鸭等水生动物的潜水反应相似。实验证明把刚出生的婴儿丢入水中，他们会本能地屏气和划动手脚，但长大后这种本能就消失了。

有越来越多的证据支持哈代的海猿说，但海猿说最大的缺点是至今未能找到海猿的化石。可是反过来思考一下，在那 400 万年间如果人类的祖先真的是生活在海里的话，那么他们也必定葬身于大海。当时还不会产生埋葬死者的意识，尸体一定是随波逐流漂走的，所以没有发现海猿化石这一不利于海猿说的事实或许能反过来成为海猿说成立的佐证。也许有一天我们能在人类进化史上写下这样几个大字：人类起源于大海。

北京直立人是我们的祖先吗？

现代人分为黄种人、白种人、黑种人、棕种人四大人种。他们是怎样起源的呢？现代人起源的问题是人类起源问题的延伸，现代人（智人）与直立人是一脉相承的还是各有所源？这个问题也是一个关系到北京直立人（旧称北京猿人）是不是我们祖先的大问题。

地球上有四块大陆，南极大陆无人居住，澳洲和新大陆的土著和白人都是移民，旧大陆的欧洲迄今为止只发现了78万年前的人类化石，而在亚洲和非洲不仅发现了200万～300万年前的人类化石，而且还发现了800万～1400万年前的古猿化石，所以人类的发源地只能是在亚洲和非洲。

一、非洲东边的故事

早在19世纪后期，达尔文就在缺乏化石证据的情况下依据进化论断定非洲是人类的发源地。他的理由很简单，因为与人类血缘关系最近的黑猩猩和大猩猩至今仍生活在非洲。当时的欧洲人很不喜欢这一论断，因为傲慢的白种人总是以殖民者的眼光蔑视非洲，达尔文的观点使他们感到异常难堪。

从20世纪20年代起，英国人类学家路易斯·利基就开始在东非从事寻找古人类的考古发掘，几十年来利基一家两代人为之做出了不懈的努力，并取得了丰硕的成果。利基夫妇找到了175万年前的南方古猿头骨化石，找到了190万年前的"能人"化石。能人属于早期直立人，会制造粗糙的石器，他们和不会制造石器但已直立行走的南方古猿同时生活在东非地区，大约在距今100万年前后南猿灭绝了，直立人继续进化成为智人。利基的妻子玛丽又确认了 300 万～400 万年前的南猿阿法种是人类的近祖。他们的儿子理查德和妻子米符在肯尼亚特卡娜湖畔发现了 400 万年前的人类化石，这是迄今所知最早的古人类。

随着非洲发现的人类化石越来越多，人类起源于非洲的学说也越来越受到人们的重视。非洲起源论者为我们讲述了一个东边的故事：

大约在 2500 万年前地球进入了活跃的造山运动时期，许多地方如喜马拉雅山、阿尔卑斯山、安第斯山和落基山都是在那时开始隆起形成山脉的，而有的地方如东非则发生断层形成了巨大的裂谷。东非大裂谷从莫桑比克经坦桑尼亚、肯尼亚、埃塞俄比亚直达红海，长 8000 公里，宽 50～80 公里，谷底有一连串湖泊，与两侧高地的落差可达千米以上，成为一道天堑。在大裂谷的西边，灵长类动物继续生活在热带雨林中，它们的后裔就是今天的大猩猩和黑猩猩。在大裂谷的东边，森林逐渐被疏林干草原所替代，被迫走出森林的灵长类动物中有一种猴子进化成为在地面生活的狒狒，而有一种古猿逐渐进化成为人。

二、亚洲人类的曙光

亚洲出土的古人类和古猿化石虽然不及非洲丰富，但其重要性却不容低估。

1910 年在印度和巴基斯坦交界的西瓦立克山区发现了腊玛古猿化石，其年代为 1000 万～800 万年前。1961 年肯尼亚特南堡发现的古猿化石也属腊玛古猿，年代为 1400 万年。腊玛古猿被认为是人类的远祖，而 1980 年我国古人类学家吴汝康在云南禄丰发现的一个腊玛古猿头盖骨化石的年代只有 800 万年，比非洲的古猿更"靠近"真正的人类。因此我国著名人类学家贾兰坡院士认为，亚洲尤其是东亚南部才是人类起源的中心。

亚洲发现的古人类化石与非洲相比也同样古老。印尼的爪哇是世界上最早发现直立人化石的地方，从 1890 年以来已出土 80 多件化石，它们的年代原定为不超过 80 万年，而最新测定结果显示可达 160 万～180 万年。在我国先是发现了两颗 170 万年前的元谋人牙齿，后由黄万波研究员主持的考古队在重庆巫山龙骨坡发现了 200 万年前的人类化石和一批伴生的石器。这一系列重大发现猛烈地冲击了非洲起源论。在亚洲的地平线上也露出了人类的曙光。

三、走出非洲，走向世界

其实，非洲起源论和亚洲起源论争论的实质并不在于争夺人类发源地的"专利权"，而在于讨论存在着体质特征、遗传基因、文化形态等巨大差别的现代人类作为一个单一的物种究竟是由一个源头发源分化而成的呢？还是从多个源头独立进化而成的？

20世纪70年代提出了"单一地区起源说"。这一学说认为人类诞生于非洲，并由此扩散到世界各地，取代了当地的直立人或早期智人。持非洲起源说的学者在讲完东边的故事后又为我们勾画了一幅走出非洲、走向世界的图画，他们认为在人类进化史上发生过两次大规模的迁徙浪潮。

第一次大迁徙发生在300万年前的早更新世，一直延续到100万年前的中更新世。这一时期在非洲形成的直立人走出非洲后分为两路，一路向东经过约旦河谷、高加索地区、印巴次大陆，大约在200万年前就到达了东南亚的爪哇。然后他们分为两支，南方的一支直立人在80万年前越过水深流急的望加锡海峡进入印尼的佛罗勒斯岛，北方的一支直立人在50万～60万年间跨过日本海进入日本的本州岛，到30万年前他们又突进到东北亚北极圈附近的勒拿河畔。另一路向北经过比利牛斯半岛进入欧洲（图1）。1994年在西

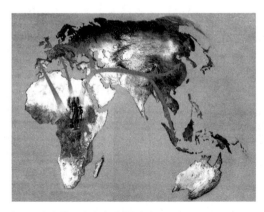

图1　人类第一次走出非洲图

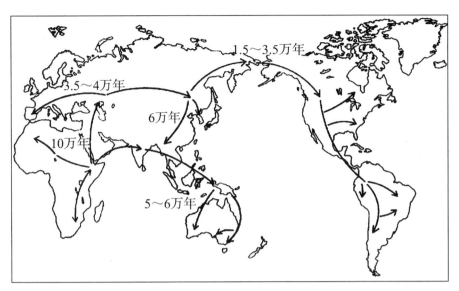

图2 智人迁徙图

班牙阿塔普埃卡发现了78万年前的人类化石和石器，这是欧洲现知最早的直立人。稍晚的还有法国桃塔弗尔人和德国海德堡人，年代都在距今40万～50万年之间。

　　第二次大迁徙发生在始于10万年前的晚更新世。这次迁徙的主角是已经具有现代人体质特征的智人，他们凭借猎取大型动物的能力和人工取火的技术，在晚更新世冰期中不仅走出非洲扩散到欧洲和亚洲，逐步取代了当地的古老人群，而且进一步走出旧大陆，第一次踏上北美、南美和澳洲寥无人烟的亘古荒原，占据了地球上除南极洲以外的几乎所有陆地（图2）。

四、多地区连续进化

　　与单一地区起源说对立的是多地区起源说。该学说认为人类起源是多源的，世界各地的现代人类群体都是由当地的早期人类连续进化而来的。

　　30年代末德国人类学家魏敦瑞在研究了北京猿人化石后指出，北京人的一些骨骼和牙齿特征在现代华北人身上也有，两者之间存在着演化上的连续性，前者是后者的直接祖先。1978年中国学者吴新智、张银运经过进一步深入研究，补充和阐述了新的资料，提出"中国古人类连续进化学说"。80年

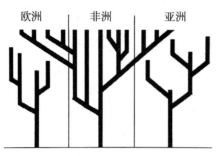

遗传学家根据对 100 多位现代妇女胎盘的线粒体 DNA 分析，提出现代人大约在距今 20 万年前起源于非洲，在大约 13 万年前离开非洲，向亚洲和欧洲扩散并取代了这些地区的古老人类，成为世界各地现代人的祖先。

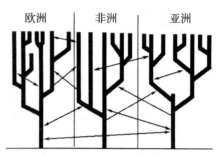

这一学说认为目前生活在世界各地的现代人是由当地早期智人，甚至直立人演化来的。同时强调同一地区的古老人类向现代人类演化的过程中与其它地区的人类之间存在交流。

图 3　两种人类进化模式

代索奈和沃尔波夫等人对世界其他地区的研究也证实，在古人类和现代人类之间确实存在着体质特征连续分布的现象。除了非洲以外，中国出土的古人类资料最丰富、线索最清晰，所以中国古人类连续进化的学说就成为多地区起源说的重要组成部分（图 3）。

从发现北京直立人至今已有 70 年了，经过中国考古学家持续不断的努力已经发现了 800 万年前的禄丰古猿、170 万年前的元谋人、115 万年前的蓝田人、50 万年前的北京人和郧县人、30 万年前的安徽和县人和南京汤山人，20 万～ 10 万年间的早期智人有辽宁金牛山人、陕西大荔人、安徽银山人、山西许家窑人和丁村人、广东马坝人、湖北长阳人，而 4 万～ 1 万年间的晚期智人就更多了，如广西柳江人和来宾人、内蒙古河套人、北京山顶洞人、云南丽江人、四川资阳人、贵州穿洞人、陕西黄龙人等等。黄万波发现的巫山人填补了 200 万年前早期直立人的空白，其意义之重大自不待言。这是一个几乎完整的人类进化系统，然而其中仍然存在着两个关键的缺环：一个是没有发现年代更早的直立人和作为人类近祖的南方古猿，如果这个缺环不能填补，那么就为走出非洲的直立人敞开了一扇大门；另一个是缺乏 10 万～ 5 万年间的智人化石，而这一时期正是非洲智人走向世界取代各地早期智人的时期，如果这个缺环不能填补，那么就难以肯定在此之前的那些古人类一定是我们的祖先。

多地区起源说还有一个难以解释的事实是：无论哪种假说都认为环境的变化是推动人类起源的重要因素，如果的确是这样，那么怎么可能在不同的地区产生同样的环境变化并推动当地的类人猿向着相同的方向进化？又是什么力量推动着不同地区的直立人同时进化成为智人呢？

从感情上说我们很难接受北京直立人不是自己的祖先和我们的祖先来自非洲这样一种假说，然而，近年来现代分子生物学技术在古人类研究中取得的成果却有力地支持了这一学说而不利于多地区起源说。

五、夏娃是非洲人

从分子遗传学的角度寻找现代人起源的证据是从 80 年代开始的。1987 年卡恩对居住在世界各地的 147 名现代人的线粒体 DNA 进行了研究，以后又有学者对细胞核 DNA 和 Y 染色体进行了研究，结论都支持人类起源于非洲的学说。按照他们得出的结果计算，现代人类的共同祖先可以追溯到 20 万年前一个居住在非洲的妇女，这位人类共同的非洲老祖母被命名为夏娃。这就是著名的夏娃理论。陈竺院士领导的课题组把采自五大洲的 15 个外国人群样本和采自中国的 28 个人群样本放在一起进行微卫星 DNA 测试，结论也支持夏娃理论。他们描绘了这样一幅图景：在 8 万年前发生的全球性气候变冷使中国大地在几万年里被冰川覆盖，曾经生生不息数百万年的古人类在冰川期遭到了灭顶之灾。到 5 万～6 万年前有一批新的智人从非洲经过中东、印巴次大陆来到东南亚，然后他们往北走，先进入中国南方，再到达中国北方。这一研究成果的科学性不容置疑，但其结果却大大违背了我们传统的观念，也超出了我们常识的范围。

六、取代还是融合？

夏娃理论在欧洲得到了证实。西欧生活在 20 万～30 万年前的早期智人是尼安德特人，他们的脑容量比现代人小，但会打制石器，他们长得四肢较短、身体矮壮，很适合当时寒冷的气候。可是到了 3 万年前他们却从欧洲消失了。以后出现在那里的晚期智人是克罗马农人，他们身材瘦消、四肢修长，适宜热带和温带气候，可能来自南部非洲，脸型等体质特征却表明他们是现代白种人的祖先。对尼安德特人进行线粒体 DNA 标志检测后发现他们确实与现代人不同。运用遗传学方法可以为古人类作"亲子测定"，看来欧洲的古人类确实是被取代了。

那么亚洲的古人类是否也被来自非洲的智人取代了呢？在第四纪的 300 万年中先后发生过 5 次冰期，经历过多次冰期考验的古人类为什么就度不过这最后一次冰期呢？中国学者对古人类的体质特征和旧石器文化进行系统研究后指出，尽管存在着外来的基因交流和文化交流，但在中国现代智人形成过程中连续进化依然是主流。因此吴新智认为，中国现代人起源的模式是"连续进化附带杂交"。

遗传学证据向世人证明，非洲古人类为现代人类基因做出了巨大的贡献，但是牛津大学的遗传学家哈丁在研究了 β 球蛋白基因的变异后发现，一个被认为起源于 20 多万年前的 β 球蛋白基因谱系广泛分布于亚洲，而在非洲却很罕见。这说明亚洲的古人类对现代人类基因也有贡献。因此，史前人类的迁徙与融合恐怕比单纯取代要复杂得多。美国北伊利诺斯大学的遗传学家史密思提出了一个折中的同化模型，他认为，从非洲出发的扩张和各人群之间的遗传交流在人类进化过程中都起过重要的作用。

西欧和中国的人类起源模式有所区别，东南亚、澳洲和美洲的模式及它们与非洲的关系也不尽相同。是完全取代，还是连续进化，抑或融合同化，试图用一种模式去概括所有现代人的起源恐怕是不合适的。现代人的起源是个复杂的过程，各个地区应各有特色，不同模式在其过程中所起的作用如何应该具体研究、分别对待。

人类起源与进化过程不是一条简单的线，而是一张错综的网。更何况夏娃理论只上溯到 20 万年前，人类在此之前的进化之路可能更加复杂，更加扑朔迷离。以前我们只是用一条粗线勾勒了一个轮廓，远远望去似乎很完美，现在深入进去仔细看看，发现其中交叉、断线、分化、融合竟是如此错综复杂。中国的和外国的人类学家们正在继续一笔一笔地描绘着这幅宏伟的图画，我们将会越来越清楚地知道：北京直立人究竟是不是我们的祖先。

私有观念和私有制是怎样产生的？

长期以来我们一直以为原始社会是一种原始的"共产主义社会"，并且由"共产"推衍出原始社会是"平等、民主"的社会。几乎每本教科书都说，私有制是到了原始社会末期才产生的，而且是因为生产力提高后产品有了剩余才产生了私有制。事实果真如此吗？

对于原始社会内部人与人的关系，中外先哲都认为那是一个共同所有、共同生产、共同消费的社会。恩格斯说："人口是极其稀少的……分工是纯粹自然产生的；它只存在于两性之间。……男女分别是自己活动领域的主人……家庭经济是共产制的，其中包括几个，往往是许多个家庭。凡是共同制作和使用的东西，都是共同财产……"韩非子曰："古者丈夫不耕，草木之实足食也；妇人不织，禽兽之皮足衣也。不事力而养足，人民少而财有余，故民不争。"庄子曰："神农之世，卧则居居，起则于于；民知其母，不知其父，与麋鹿共处，耕而食，织而衣，无有相害之心。"《商君书》曰："神农之世，男耕而食，妇织而衣，刑政不用而治，甲兵不用而王。"这里出现两个问题：第一，原始社会中人们合作生产与共同消费的原因其实并不是因为实行生产资料公有制，而是因为"原始"得"像动物一样贫乏"，马克思说："这种原始类型的合作生产或集体生产显然是单个人的力量太小的结果，而不是生产资料公有化的结果。"对于这一点，中外先哲都说对了。第二，这种合作生产与共同消费只是存在于社会共同体的内部，而在不同的共同体之间怎么样呢？马克思恩格斯和中国的先哲对于这一点都未有进一步的探讨，然而这恰恰就是探索所有制起源的关键。

按理说，在产品不足之时为了吃饱肚子、为了求得生存更应该产生私心，更不可能彬彬有礼、温良谦让，为什么要到产品有了剩余以后人们才想到要多吃多占呢？既然人类的祖先如此大公无私，怎么会进化出利欲熏心的后代？如果自私不会遗传，那么人类是什么时候和怎样变坏的？如果自私是有基因可以遗传的，那么自私的人类绝不会有大公无私的祖先。当我们认识了文明社会的私有制以后就会对朦胧的原始社会产生深深的质疑——难道在原始社会里真的是共产、公有和大公无私的吗？

恩格斯说："人们最初怎样脱离动物界（就狭义而言），他们就怎样进入历史。"我们可以从动物的群体生活中得到一点启示。

人类是群居的动物，人类的群体叫作社会。动物生存的方式也有群居和独居之分，大熊猫和老虎是典型的独居动物，它们的家庭都是由母子构成的单亲家庭；大雁、海鸥等鸟类和斑马、羚羊等兽类都是成百上千聚居的群居动物，不过它们的群体结构都很简单，只有首领和简单的性别分工，没有复杂的层次；但是像蚂蚁、蜜蜂和猴子、狒狒等群居动物，它们的群体结构就非常复杂，内部分成许多层次，群体按照某种严格的机制在运行。我们把前者叫作群，后者叫作社群，以与人类的社会相区别。

我们曾经把人类的动物邻居看得过于简单，以为它们不过是一"群"动物而已。随着动物行为学研究的深入，我们逐渐发现动物和人类一样也有复杂的行为，在以社会化方式群居的动物社群中行为尤为复杂，而使我们感兴趣的是这些动物对生存空间和自然资源也有所有观念。

坦桑尼亚刚比国家公园是著名学者珍妮·古多尔考察黑猩猩的地方。20世纪70年代初生活在公园凯西卡拉地区的黑猩猩分裂成为两群，南群有六雄三雌，北群有八雄十二雌。在往后的三年里，两个群体内的雄黑猩猩越来越敌对，北群还发动了一连串入侵南群的行动。不论何时，只要它们发现南群雄黑猩猩落单，便会悄悄跟踪它，再包围起来，对它发动猛烈恶毒的攻击。到1974年底，南群的雄黑猩猩仅余一名活口，其余全部遭到杀害。北方黑猩猩群攻击的目的是想要并吞南群的领域，占有全部的母猩猩。就黑猩猩而言，战争是雄性的事，但就狒狒来说，雌性才是土地的拥有者。母狒狒会留在母亲的族群内，继承它们的疆域。它们会形成泾渭分明的阶级关系，彼此互不友善，但在遭遇邻族雌狒狒入侵时，又会同仇敌忾地联手抵抗。

不仅灵长类的黑猩猩和狒狒，稍低等的狮子也是如此。葛雷克·派克在坦桑尼亚的沙隆吉地国家公园研究了10年狮子，发现狮子的社群性极强，不论做什么事都集体行动，它们会一起狩猎，共同养育幼狮，协力防卫自己的领域。不论公狮或母狮皆极富领域性，公狮总是不停地守望，防止其他公狮侵入他的狮群，母狮也完全不允许外来的母狮闯入自己的领域。如果大狮群遇上小狮群，数目多的一方会将对方逐出，并咬死任何一只到手的狮子。1966年他选定三个狮群作为研究对象，发现占领地盘是狮子群居的主要关键。为了捍卫疆土，母狮群会杀死入侵的陌生者。狮子群居的主要原因是共有领域。母狮若失去自己的领域，就别指望有机会养育下一代。如果它闯入其他狮群的领域，被发现后也只有死路一条。一旦狮群低于三头母狮，便难逃被附近狮群歼灭的命运。

以群的形式生存的动物似乎缺乏属于"群"的所有观念，但是它们显然具有属于"家"的所有观念。例如，群居的海鸥、企鹅等鸟类和海狮、海豹等哺乳动物虽然没有群的领地，但是成鸟都有属于自己的巢，成兽都能辨别自己的子女。这种对家和家属的认同、领有和归属感绝不是只有人类才有的。

独居的动物也不是到处流浪的流浪汉，它们会在自己活动的范围内到处拉屎撒尿，用自己的气息来设置领地的界碑。如果说群居动物的所有观念是"公有"或"共有"的观念，那么独居动物的所有观念就是"私有"或"独有"的观念了。

在了解了低等动物身上表露出来的所有观念的征兆之后，对人类的所有观念和所有制度也就容易理解了。所有观念并不是人类的专利，动物尚且如此，何况同样也是动物的人类呢？全部人类并不只是一个群体，即使在某一个人类群体内部是公有的，而在人类群体之间面对生存空间和生活资源的竞争也绝不会是大公无私的。

同类相残的行为在动物中是普遍存在的。前文记述了葛雷克·派克观察到的狮子互相残杀的行为，他还发现狮子居然会食子。狮子的群体是母系社群，狮群的组成包括母狮、幼狮及一组外来的公狮。它们的领土属于母狮，在母女之间代代相传。公狮是作为外来者加入群体的，每隔数年狮群中的公狮就会来次大换血。所有当家的公狮群最后都会被年轻力壮的一代打败，但被驱逐的公狮群所生的子女对新当家的公狮而言是个障碍，新来者也想赶在自己被击败前尽速孕育下一代，它们想要立即与母狮进行交配，然而有幼狮在身边的母狮却无法受孕。为了生自己的亲骨肉，公狮只好将先前已有的幼狮全部咬死。

在人类进化的历史上同样充满了群体之间的竞争，互相残杀只是这种竞争的极端形式。由于极其缺乏考古证据和根本没有文献资料，人们很难了解这一事实，不过并不是没有蛛丝马迹可寻的。

一是南猿粗壮种灭绝之谜。对南方古猿种系的划分至少有 6 种不同的观点，但下列观点大体相同：南猿阿法种是人类的直接祖先；距今 300 万～ 100 万年间南猿纤细种、南猿粗壮种和能人曾共同生活在东非和南非，其中南猿纤细种可能是能人的祖先；后来，南猿粗壮种灭绝了，而能人进化成为直立人，再进化成为现代人。能人兼吃肉食而南猿粗壮种只吃素食，能人的大脑明显比南猿粗壮种进步，能人会制造工具而南猿不会，因此人们猜测南猿是被人类的祖先能人淘汰的。

二是尼安德特人灭绝之谜。尼人属于早期智人，20 万年前出现于欧洲，3 万年前灭绝了。问题在于，在欧洲替代尼人的克罗马农人（属于晚期智人，即现代人）的体质特征表明他们不是尼人的直接后裔，而且最早的现代人大约 10 万年前就出现在非洲，而在中东现代人和尼人共存达 6 万年之久。距今 5 万年前东欧的尼人消失了，到了 3 万年前欧洲最西边的尼人也被现代人所取代了。学术界有人认为尼人融入了现代人，有人认为尼人退居荒野成了传说中的野人，但更多的人认为尼人身体笨拙，并因实行群内通婚而退化，他们是被体质更强健、并掌握更先进的工具与技术的现代人灭绝的。

三是现代人起源之谜。有一种观点认为现代人起源于非洲，他们移居旧大陆各地，通过竞争与对抗取代了当地较早的人类种群。80 年代以来分子生物学的发展以遗传基因的证据有力地支持了非洲起源说，科学家们甚至计算出人类的共同祖先是 10 万 ~ 20 万年前生活在非洲的一位妇女，这一假说被称为"夏娃理论"。非洲说认为当现代人从非洲向亚欧各地扩散的时候有过和当地早期智人的融合，而夏娃说干脆认为是完全的取代，取代的过程就像 19 世纪美洲和澳洲土著人被大规模屠杀一样。

四是史前文化灭绝之谜。在世界各地、在有文字记载之前就出现过许多璀璨得令人炫目的文化，但后来却都衰落了，而且常常是被更落后的文化所取代。例如爱琴海地区的克里特文化和迈锡尼文化被经济文化都落后的多利亚人取代了；印度河流域的哈拉帕文化在雅利安人入侵后灭绝了；公元前 100 年阿拿萨伊人开始在北美西南部的半干旱地区定居，但到公元 1300 年左右他们就无声无息地消失了；复活节岛上的巨石雕像究竟是谁的杰作至今是个谜；在中国西南地区的悬崖上留下许多悬棺的僰人似乎也来无影去无踪；4000 年前在太湖地区创造过发达的玉器文化的良渚文化先民也突然影踪全无了。此类例子不胜枚举。诸多史前文化的消失当然有多方面的原因，自然的原因如水旱瘟疫的打击是不可忽视的，但人类群体之间的竞争、对抗、征服以至杀戮则更值得重视。即使在没有私有制度的上古时代，所有观念也不可能没有，否则，人与人同类之间为什么要厮杀呢？

原始的人类和他们的猿类祖先及动物前辈一样，一定是有所有观念的。所有观念按其性质可以分为私有观和公有观两种，这两种观念并不是互相对立、水火不容的，而是互相依存、互相包涵、对立统一的。

独居动物的所有观念显然是私有观念。自私的独居动物不合群，也没有公共的群体，但正是这些独立的个体构成了该种动物的种群。

群居动物集群生活，有的群内没有家庭，如各种食草类动物，有的群内有家庭，如许多鸟类；有的家庭是一夫一妻制的，如丹顶鹤，有的家庭是一夫多妻制或多夫多妻制的，如狮子。在由众多小家庭构成的群中家庭之间都存在着争吵和冲突，但是家庭的私和家族的公、个体的私和群体的公是兼容相融的，而不是对立排斥的，私的家并不瓦解公的群。

社会化的动物内部存在着极强的公有观念。例如狮子和黑猩猩都会集体合作狩猎去捕获大型猎物，狮子还会共同养育子女，母狮喂奶至 6 ~ 8 个月后就把幼狮交给由 2 ～ 4 只母狮负责照顾的幼狮团共同抚养。这种公有观念有时表现为纯粹的利他行为，例如工蚁和工蜂彻底放弃了自己生育的机会全身心地为同类、为群体抚育后代，而工蜂为保护巢穴用尾刺蜇刺入侵者则完全是一种自我牺牲，而不是一种互惠互利行为。然而，以社群形式生存的动物对外又比仅以群的形式生存的动物具有更强的私利性，例如狮子和黑猩猩，都会集体捍卫共同的领地，工蚁会奋不顾身地竭尽全力与其他蚁群作战。社群内的公有观念和利他行为在社群之间荡然无存，而表现出来的是极端的私利性和排他性。由此可见，公有和私有虽然是两种不同的所有观，但并不是两种互相排斥的所有观，而是两种对立统一的所有观——对群体内部而言是公，对群体外部而言就是私，利他只利群内的"他"而不利群外的"他"，排他只排群外的"他"而不排群内的"他"；一个对内部成员而言是公有的群体对群体外部的同类却是私有的，不仅互相竞争，而且势不两立，势均力敌的平衡只是相对和暂时的现象，这样的群体究竟是"大公"呢？还是"大私"呢？公与私就像是一枚硬币的两面，谁也离不开对方，谁也否定不了对方。

人类的社会比动物的社群更高级、更进步、更复杂，但是从动物社群特别是类人猿社群的组织与行为中我们可以看到许多人类社会的征兆。既然动物与同样也是动物的人类在所有观念方面是一脉相承的，那么处于动物与人类之间的原始人怎么会是前无古人、后无来者的大公无私者呢？

动物有所有观念，但是没有所有制度；原始人类一定也有所有观念，但是也没有所有制度；而当人类社会进步到出现所有制度的时候可以说这是人类文明的一个标志。所有制度的产生是人类的所有观念从动物般的野蛮状态向人类的文明状态演进的一个里程碑。

人类早期有过"杂婚"这种婚姻形态吗？

我们曾经认为，类人猿刚刚进化成人类的时候除了会制造工具以外，在别的方面都和其他动物差不多，因此，人类早期的性关系也像其他动物一样没有任何限制，这种动物式的婚姻形态被叫作"杂婚"。

关于人类早期社会状态的描述其实都出于推理与想象，因为那一段历史离开我们实在太遥远了，既不能做实验，化石也不能告诉我们太多的信息，而现代还处于原始状态的民族距离那时也太远，无法提供有价值的证据，因此我们只能从人类的动物朋友身上去寻找旁证。

近几十年来动物行为学的研究有了很大的进展，发现了许多我们以前闻所未闻的新资料，取得了非凡的成就。

动物行为学家们发现，并不只有人类才有社会，其他群居的动物也有复杂的社会结构。像大雁、海鸥等鸟类和斑马、羚羊等兽类这些成百上千聚居的动物，它们的群体结构还比较简单，只有首领和简单的性别分工，没有复杂的层次。但像猴子、狒狒、黑猩猩、狮子等群居动物，它们的群体结构就非常复杂，内部分成许多层次，群体按照某种严格的机理在运行。我们把前者叫作群，后者叫作社群，以与人类的社会相区别。

在以社会化方式群居的动物社群中动物的行为非常复杂，而使我们最感兴趣的是这些动物都已经避免了近亲交配，它们的社群已经有了母系和父系这两种区别。

狒狒的群体是母系社群，雌性是土地的拥有者。雌狒狒会一辈子固守在出生的社群内，继承母亲的疆域。它们会形成泾渭分明的阶级关系，彼此互不友善，但在遭遇邻族雌狒狒入侵时，又会同仇敌忾地联手抵抗。

狮子的群体也是母系社群，它由母狮、幼狮及一组外来的公狮所组成。它们的社群性极强，极其富有团队精神，不论做什么事都集体行动，它们会一起狩猎，共同养育幼狮，协力防卫自己的领地，并不是一盘散沙。它们的领地属于母狮，小狮子长大后母狮留在母亲的群体里，领地就在母女之间代代相传。公狮则离群出走，等到它们长得强壮以后就会攻击另一个狮群中年老体衰的公狮，把他赶走甚至咬伤致死，占有一群母狮后年轻力壮的新狮王会想方设法杀死被驱逐的公狮所生的幼狮，以便使母狮再次发情生育它自己的后代。

而黑猩猩的社群则是父系社群，社群生活的领地是属于雄黑猩猩的，战争也是雄性的事。珍妮·古都尔的观察表明，在成年黑猩猩的母子之间没有性行为，说明黑猩猩已经懂得了避免"乱伦"。母黑猩猩长大后会离开自己的群体，加入到别的群体中去，这种行为的实质就是"出嫁"。母黑猩猩的"出嫁"比较顺当和平，而雄狒狒的"入赘"则艰难得多。雄狒狒长大后都要更换族群，每一只雄狒狒更换族群都会受到其他族群雄性成员的强烈排斥，都要历尽艰辛。有些狒狒比较顺利，有些得花上几个月侦测邻居，冒着生命和伤残的危险，不少雄狒狒在更换族群时被咬得遍体鳞伤，但是它们乐此不疲。究其原因，吸引力还是来自"性"。尽管狒狒族群成员多达四五十头，却是一个家族，从小生长在一起的雌、雄狒狒根本引不起对方的兴趣。雌狒狒偏好新来乍到的成年雄狒狒，而雄狒狒也愿意为新族群内的钟情对象去搏斗。

至于那些以"群"的形式生存的动物的群体是十分松散的，但是它们显然具有很强的"家"的概念。例如，群居的海鸥、企鹅等鸟类和海狮、海豹等哺乳类虽然没有群体的领地，但是成鸟都有属于自己的巢，成兽都能辨别自己的子女。这种对家和家属的认同、领有和归属的意识绝不是只有人类才有的。那种认为要到父系氏族社会男人才想拥有家庭和子女的观点是站不住脚的，在动物中也通不过。

研究动物的行为对于研究人类的社会来说是一种启示，那些连动物都已经具有的行为，人类怎能比它们更加落后？反过来说，如果人类早期真的实行过"杂婚"，那么我们的那些近亲结婚的祖先怎么能够进化出现在这样聪明的后代？所以，关于人类早期实行过"杂婚"的说法完全是一种臆想，是完全没有根据的。

龙是中华民族的图腾吗?

有人写了一首歌,歌名叫《龙的传人》,风靡全国。

其实,中国人对龙的好感不从今日始。

考古学家对考古发掘中发现的任何是龙、似龙、像龙、类龙的东西都十分感兴趣,而且这些龙形、蛇形、蜥蜴形、鳄鱼形或娃娃鱼形的东西年代越早越令他们激动,例如山西陶寺文化陶盘上画的盘蛇纹,甘肃庙底沟类型文化陶瓶上画的鲵鱼纹,辽宁红山文化玉雕的团龙与猪龙,河南濮阳仰韶文化墓中用贝壳摆放成的龙形图案,辽宁阜新查海遗址发现的石块摆放的龙,河南二里头遗址发现的嵌绿松石铜龙等等(图4),于是不断有人宣称发现了"天下第一龙"。

龙的形象在新石器时代其实并没有定型,把它说成某一部落的图腾是没有道理的。

闻一多说,龙是由蛇的身体加上兽的四肢、马的毛、鬣的尾、鹿的角、狗的爪、鱼的鳞、鲇的须等等组合而成的,龙意味着多个部落融合成为一体,因此是中华民族的象征。闻先生的推理流传甚广,然而却是臆测虚构。像这样的图腾融合在世界上从未有过先例,而且在中国古代有过这些图腾的部落也不可确指,由多个部落图腾融合构成龙的形象的说法纯属子虚乌有。

龙和凤凰、麒麟、天禄、辟邪、獬豸等等一样都是虚构的动物,都是人们心目中的神兽,未必都是图腾的融合,花很大精力去追究龙究竟是源于蛇?源于鳄?源于鼋?源于蜥蜴?源于鲵鱼?源于闪电?还是源于恐龙?……实在没有多大意义。

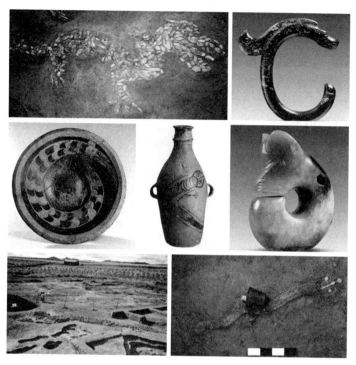

图 4 　各种不同的龙纹

　　龙的形象在秦汉以后逐渐定型，定型后的龙是一种象征，就像凤凰象征皇后、獬豸象征法官、山大王喜欢坐虎皮交椅、武将喜欢在头盔上插猛禽羽毛一样，龙象征的是皇帝，而且随着集权专制制度的加强，龙渐渐地被皇帝所独占，成为皇帝的化身。元朝规定只有皇家能用五爪龙造型，违者以谋反论处，唐朝以后甚至连黄色都成为皇帝的专用色。皇帝以"真龙天子"自居，其他人擅用龙纹都被视为图谋篡位，龙什么时成为民族象征的呢？龙又怎么能够成为民族的象征呢？清朝后期在外交活动中开始用黄龙旗作为国旗，这黄色与龙形都不是代表国家民族而是代表的皇帝。

　　辛亥革命推翻了皇帝，于是平民也能使用龙纹了，但是这并不表示龙成了民族的象征，而只是大家都想过一把皇帝瘾而已。中国是一个实行了几千年专制制度的国家，人们具有极深极厚的皇帝情结。一国之君是皇帝，一地一区之长是"土皇帝"，一家一族之主是"父要子亡子不得不亡"的"皇帝"，现代由于父母对子女的溺爱连独生子女也成了说一不二的"小皇帝"了。皇帝专制臣民，长官专制百姓，家长专制子女，丈夫专制妻子，老师专制学生，大凡在有中国人的地方就有大大小小的专制"皇帝"，他们无一不喜欢龙。从这一点看，倒也可以说龙是中国或中华民族的象征了。

　　龙的历史不是中国国家的历史，也不是中华民族的历史，而是专制独裁的历史；龙的形象不是国家的形象，也不是民族的形象，而是专制独裁的形象。过去只有皇帝的后代才是龙子龙孙，为什么现在我们都成龙的传人了呢？不过龙的形象已经流传了几千年，已为亿万人们司空见惯、耳熟能详，只要把龙的精神抽去，也可以使龙变成一种无害的图形，不必"左"得去打倒龙、铲除龙。我们可以画龙、饰龙、玩龙、戏龙，但我们绝不是龙的传人。

什么叫文化与考古文化?

以前人们把读书识字叫作学文化,把知书达礼叫作有文化,而现在"文化"这个词用得实在是太多了:喝茶是茶文化,饮酒是酒文化,吃饭是饮食文化,穿衣是服饰文化,过节是民俗文化,歌舞是娱乐文化,道德是精神文化,享受是物质文化,识文断字是狭义文化,衣食住行是广义文化……简直可以说"文化"是只筐,什么都能往里装。那么,究竟什么是"文化"呢?

先秦时代的"文化"是"以文化之"的缩写,是与武力征服相对立的一个概念,原本是指用"文"的内容与方式去感化、同化他人的意思。经过春秋战国的格斗较量,秦始皇用武力实现了统一,"以文化之"已经迂腐过时,于是"文化"就成了一种生活的方式,不过这倒和现代西方学者提出来的文化人类学的"文化"概念有点类似了。

文化人类学所谓的"文化"是指生活方式,但不是个体的生活方式,而是群体的生活方式,也就是说,一群人共同的生活方式或一个社会存在的形式才叫作"文化",或叫作"文化模式"。

人们的生活方式包括许许多多方面,例如物质方面的衣食住行、吃喝拉撒,精神方面的道德哲学、心理宗教,社会方面的家庭宗族、风俗习惯,政治方面的法律制度、政权国体,经济方面的生产技术、劳动组织,意识方面的语言文字、文学艺术等等,因此文化也就包含了这方方面面的内容。

不同的人们结成了不同的社会共同体,英国史学家汤因比写了一本巨著《历史研究》,把全世界人类的文明社会划分为 23 种文化模式。作为一家之言,这是一种粗线条的划分。一个社会中众多的人又可以划分为阶级、民族、宗族、宗教、党派、集团等等不同的群体，不同的群体又有不同的生活方式，因此文化还可以细分为许多文化层次与文化类型。

文化既然是人群的生活方式，那么文化必然会随着社会的发展而发展、随着人群的衰亡而衰亡。汤因比所说的23种文化模式大多数已经消亡了，只有五六个还存留至今。文化是有生有灭的，文化的发展取决于该社会内部的逻辑，文化的灭亡与其所属人群的消失相伴随。历史上曾经有过的一群人或一个社会共同体会因为种种原因而消失，只在地下留下一些遗迹和遗物，我们把这些考古发现的遗迹和遗物称之为遗存。

由于一群人具有相同的生活方式，每个社会共同体都具有自己独特的存在方式，因此他们所留下来的遗迹和遗物就具有共同的特征，考古学上把这种存在于一定的时段、分布在一定的范围、具有相同特征的遗迹和遗物称之为考古文化，也简称为"文化"。考古文化一般以最早发现的典型遗址的小地名来命名，例如仰韶文化、龙山文化等等。当我们说"某某文化"的时候意味着有一群出土相同特征遗迹遗物的遗址，它们表明在历史上的某一个时期曾经有一群人或一个社会共同体在某一地区生活过。

如果一个考古文化延续的年代很长，那么在它不同的发展阶段一定会有所变化，所以就可以将其分为若干个时期；如果一个考古文化分布的范围很广，那么不同区域的文化一定会有不同的地方特色，所以就可以将其分为若干个类型。由于古代的人口有限，一个社会共同体拥有的人口不会太多，在一个大的地理区域内往往会有若干个考古文化。如果一个社会共同体与另一个社会共同体相邻或相互之间发生了联姻、交换、战争，甚至征服、驱逐、占领等，那么它们留下的考古文化也会出现互相影响、渗透、融合，或取代、中断、覆盖等现象。根据这些变化我们可以将考古文化划分为若干个区、系、类型，研究它们的内涵、变化与相互之间的关系可以使我们了解古代社会的面貌，帮助我们复原历史。

母系氏族和父系氏族是前后相接的两个阶段吗？

　　长期以来我们一直受到摩尔根理论的影响，认为处于新石器时代的氏族社会分为前后两个阶段：前一个阶段是母系氏族社会，后一个阶段是父系氏族社会。母系氏族社会在前的原因主要是因为人类早期还处在族内群婚和族外群婚的状态，人们"只知其母不知其父"，其次是因为妇女在生产中占主导地位；而当生产技术水平提高以后产品就有了剩余，于是出现了私有制，再加上男人在生产中的作用地位上升，婚姻形态也演变为对偶婚和一夫一妻制，男子也能确认自己的子女了，于是就进入了父系氏族社会。

　　一百多年过去了，摩尔根的这一理论受到了越来越多的批评，因为考古学、民族学，甚至动物行为学都发现了越来越多不支持这一理论的事实，这一理论连进化论也不符合：我们的祖先如果曾经实行过族内群婚，也就是说他们都是近亲结婚的，那么我们作为他们的后代怎么会变得如此聪明？

　　动物行为学已经证明，动物的群体也有母系和父系之分，狮子、大象、狒狒的群体都是母系的，而黑猩猩的群体就是父系的。摩尔根自己的调查也表明，在印第安人中间母系氏族和父系氏族是并存的，而现代民族学的田野调查告诉我们，在当代还处于狩猎采集经济阶段的原始民族中既有按母系继嗣的，也有按父系继嗣的，还有两可继嗣、两边继嗣，甚至无系继嗣的。母系氏族和父系氏族的区别只在于按母亲的世系继嗣还是按父亲的世系继嗣，现代社会中还有按母系继嗣的，例如英国女王的继承制度。所以，母系氏族和父系氏族只不过是两种不同的继嗣制度而已，并不是两个前后相继的社会阶段。

图 5　母系氏族公社

　　摩尔根把母系社会和母权制度联系在一起，认为母系社会的权力掌握在女性手里。他认为这是因为对于尚且处在狩猎采集经济阶段的社会来说，主要从事采集的妇女所获得的生活资料对于社会更重要，所以妇女在社会中占有主导地位。我们在博物馆中常常会见到这样的母系社会复原图：图的中央有一位女性领袖坐在篝火边指手画脚，周围围坐着一群男女恭敬地听她演讲（图 5）。这种对母系社会的诠释完全是一种误解。即使到了明清时代，老祖母像《红楼梦》中的贾母和清朝王宫里的慈禧仍然具有无上的权威。以前云南德宏傣族妇女在生产中担任了三分之二以上的任务，但是她们的社会地位仍然很低。东非某些游牧民族的生活完全依靠妇女经营的农业来提供粮食，但是因为男子放养的牛群是祭祀的祭品，具有宗教的意义，所以男子的社会地位高于妇女。关于母系社会和母权制度的说法完全是一种没有根据的臆想。

　　在母系氏族社会里妇女具有某些权力，例如按母系继嗣，从妻居住，亲属关系和婚姻制度都以女方为准，妇女在社会上受到普遍的尊重，但是由于性别的天然差别，男性在生产、宗教和军事等方面都处于主导地位，根据现在掌握的资料还无法断定人类历史上曾经有过一个完全由女性掌权的母系社会。

　　在人类历史上有过群婚，但是这并不等于通婚者共同拥有妻子或丈夫。东非的布鲁人集体举行婚礼，但是每个人都有一个固定的配偶。有些民族有兄死继嫂的习俗，但是并不等于她同时是所有兄弟的妻子。人类有过"只知其母不知其父"的阶段，其原因除了群婚以外，还因为他们还不懂得男性在生殖过程中的作用。总之，对于母系氏族和父系氏族我们应该有一个全新的理解了。

汉人都是炎黄子孙吗？

司马迁在《史记·五帝本纪》中说："余尝西至空桐，北过涿鹿，东渐于海，南浮江淮矣，至长老皆各往往称黄帝、尧、舜之处，风教固殊焉，总之不离古文者近是。"中国各地的人们风俗习惯各不相同，但是却都自称是"炎黄子孙"。每个人当然都有祖先，但是每年清明节我们最多只会去祭扫祖父母的墓，而更远的祖先墓恐怕都找不到了，然而我们却很清楚地知道黄帝和炎帝是我们的始祖，我们都是炎黄子孙。这不是一件很奇怪的事吗？其实组成汉民族的人有不同的来源，"炎黄"只是我们对祖先的共同记忆。

1. 汉民族是逐渐融合壮大的

在古史传说中上古时代有华夏、东夷、苗蛮三大族团，经过夏商周三代的交流与融合，东夷、苗蛮、蚩尤和华夏族的夏人、商人都消失了，他们和周人一起融合为一个新的大族群，这个族群仍然叫作华夏族。

"华夏"具有强大的吸引力与凝聚力，春秋时代中原地区的诸侯都认为自己是华夏之后，所以称为"诸夏"。周边的蛮夷戎狄也都攀龙附凤想成为华夏的一员，例如吴人的主体是断发文身的江南土著荆蛮，但是夫差在黄池争霸时却当仁不让地说："于周室我为长。"南方的于越明明是百越的一支，却自认"越王勾践，其先禹之苗裔，而夏后帝少康之庶子也"。连北方的匈奴也说自己是"其先夏后氏之苗裔，曰淳维"。能否成为华夏的一员，并不取决于血缘的同一，而在于文化的认同。例如楚人的先祖出于颛顼，当然应该属于华夏族，但是当周成王"封熊绎于楚蛮，封以子男之田，姓芈，居丹阳"时，不仅中原华夏把楚人视为荆蛮，连楚人首领熊渠（熊绎四世孙）自己也说：

"我蛮夷也，不与中国之号谥。"然而当楚庄王成为春秋霸主、楚国又成为战国强国后就再也没有人视楚国为蛮夷了。

春秋战国时期的社会大动荡和秦王嬴政征服六国，尤其是秦始皇实行了一系列统一文化的措施，大大地促进了民族的融合。虽然秦王朝只持续了15年，但是在大一统的帝国内部，华夏族和蛮夷戎狄的文化迅速地趋于统一，汉王朝建立以后他们就融合成为一个拥有2000万人口的巨大的社会共同体，并且在200年后发展繁衍到将近6000万人。由于汉朝人口众多、国势强盛、国祚长久，周边的国家和少数民族都称汉朝军队为"汉兵"，称汉朝使者为"汉使"，称汉朝的人为"汉人"或"汉子"，于是"汉"就成了我们这个民族的名称。

先秦时代在江南乃至岭南的广大地区散居着许多土著居民，他们被称为"百越"。"百越"是指越人有众多的部落方国，具体地说有生活在今浙江北部的于越、生活在今浙江南部的瓯越、生活在今福建的闽越、生活在今江西的扬越、生活在今广东的南越、生活在今广西的西瓯与骆越等等。在先秦时代只有建立了越国的于越与华夏有所交往，百越的其他各部与华夏族接触很少。战国中期楚灭越后越人四散离去，一部分越人向东南方向迁移，建立了闽越和东瓯两个小国。公元前223年王翦率军攻入寿春，次年又平定了楚的江南地，降服越君，设置了会稽郡。公元前217年秦又征服东瓯、闽越，设置了闽中郡，接着又横扫岭南，设置了南海郡和桂林郡、象郡。秦王朝完成了国土的统一，但是没来得及实现民族的融合就灭亡了。

秦末大起义爆发之时越人也纷纷起兵反秦，继而又佐刘邦攻项羽，因此汉初有许多立功的越人被封为侯并移居到北方去了，但是无诸和摇仍被封在南方故地，无诸为闽越王，都东冶（今福州），摇为东海王，都东瓯（今温州）。后来汉武帝灭闽越，接着又灭了南越，东瓯王率其众四万余人迁居庐江郡，但是在浙、皖、闽、赣等地山区仍然居住着保持着自己文化的"山越"。三国时东吴派兵围剿山越，山越被迁徙出山，最后融入到汉人之中而消失了。

从东北到西南的半月形地带是游牧民族的分布区，其中生活在北方草原上的游牧民族在商周时代被称为熏粥、鬼方、獗狁、犬戎、山戎、白狄、赤狄等等，春秋时统称为戎狄。戎狄有众多的部落，但是没有统一的国家组织，所以有"八戎""七狄"之称。秦汉时称之为匈奴，魏晋时统称为胡人。

北方的匈奴一直是中原汉人的劲敌。汉王朝虽然强大，但是也不得不采取与匈奴和亲的政策，从刘邦到汉武帝，汉匈之间总共进行了十次和亲。对于和亲的评价，可谓毁誉参半。其实各次和亲的性质并不完全相同。汉初的这十次和亲完全是因为汉王朝无力与匈奴抗衡而不得不采取的权宜之计，并不是为了民族友好。尽管是折了兵又赔夫人，但是毕竟可以化敌为友。如果和亲是为了民族友好，那么为什么当国力强盛之后汉武帝就放弃和亲而改为武力进攻了呢？汉元帝时王昭君出塞和亲，是因为匈奴呼韩邪单于臣服汉朝主动要求和亲的，与前十次和亲的性质不同。

虽然和亲只是汉朝皇族和匈奴单于之间的通婚，并不意味着这两个民族就和好了，但是正因为有了和亲，所以汉族与匈奴高层的血缘开始融合。西晋时南匈奴单于于夫罗的儿子就因为"汉高祖以宗女为公主，以妻冒顿，约为兄弟"而改姓为刘氏，于夫罗的孙子刘渊还把自己建立的王朝也称作"汉"。建立大夏国的匈奴人赫连勃勃还刻碑自称"我皇祖大禹以至圣之姿"，自认为是华夏之后。真正导致汉族与匈奴融合的并不是高层的和亲，而是两族人民之间的交流。一方面有汉人被匈奴掳掠而去，或者有汉人避难逃往匈奴，另一方面也有匈奴归降汉朝被迁居塞内。通过汉人与匈奴人杂居通婚，匈奴人逐渐接受农耕生活方式与汉文化，这才是民族融合的主要途径。南北朝以后入居内地的匈奴渐渐融入了汉民族之中。据何光岳先生考证，匈奴后裔有呼延、刘、金、卜、贺、郭、潘、万俟、盖等45姓，到隋唐时连匈奴之名也消失了。

东北地区最早与华夏接触的少数民族是肃慎，据《竹书纪年》记载：帝舜有虞氏二十五年，"息（肃）慎氏来朝，贡弓矢"。周武王十五年"肃慎氏来宾"。肃慎氏进贡的物品不过是"楛矢石砮"。在汉代的史书中肃慎被叫作"挹娄"，《后汉书·东夷传》曰："挹娄，古肃慎之国也。""挹娄在夫余东北千余里，滨大海，南与北沃沮接，未知其北所极。其土地多山险。其人形似夫余，言语不与夫余、句丽同。"南北朝时的勿吉，隋唐时的靺鞨都出于肃慎，后来的女真与满族也与肃慎有渊源关系。生活在肃慎以西的室韦是蒙古族的祖先，生活在肃慎以南的夫余、高句丽是朝鲜族的祖先，而生活在今辽宁一带的族群因为地处匈奴之东所以被统称为东胡。东胡在汉初被匈奴冒顿单于击败，一支退居到乌桓山（今内蒙古阿鲁科尔沁旗以北大兴安岭南端），称为乌桓，另一支退居到鲜卑山（今内蒙古呼伦贝尔盟鄂伦春自治旗大兴安岭北麓），称为鲜卑，乌桓与鲜卑成为东胡的两大部族。

乌桓被匈奴打败后只能臣服于匈奴。汉武帝时霍去病击败了匈奴，遂把乌桓迁至上谷、渔阳、右北平、辽西、辽东五郡塞外，并设置了护乌桓校尉，利用乌桓来防范匈奴。东汉晚期朝廷衰落，乌桓就经常骚扰东汉的北方诸郡。建安十二年（207年）曹操亲率大军征服了乌桓，从此乌桓就融入汉民族中不复存在了。汉代的乌桓人都用汉姓，有乌、桓、王、张、鲁、审、展、薄、郝、库等姓氏。

鲜卑族是另一支生活在大兴安岭的东胡部族，东汉时北匈奴被打败后西迁，他们就向西扩张占据了匈奴故地并逐渐强大起来。338年什翼键即位代王，424年拓跋焘统一了中国北方建立北魏王朝。孝文帝时期（471～499年）冯太后和孝文帝实行了一系列改革措施，大大推进了鲜卑族的汉化。对于北魏孝文帝的改革，学术界通常都持肯定态度，然而从政治的角度来看，公元523年孝文帝死后不久就爆发了六镇起义，534年北魏又分裂成东魏与西魏，并没有因为孝文帝改革而变得强大；从民族的角度来看，经过孝文帝改革以后鲜卑族迅速汉化，很快地鲜卑族就消失了。据何光岳先生考证，鲜卑族的后裔有元、慕容、卢、楼、穆、鹿、扈等100多个姓氏。

契丹之名始见于北魏，契丹族源于东胡后裔鲜卑的柔然部。唐贞观二年（628年）契丹首领摩会率其部落附唐，唐朝灭亡后契丹迭剌部首领耶律阿保机统一各部于916年称帝，建立了契丹国。938年后晋石敬瑭把燕云十六州的土地和人民割让给契丹，契丹人与汉人杂居，关系更加密切。1125年辽被金所灭，1218年西辽又亡于蒙古，契丹人流入周围各国与各族之中，其中一部分融入了汉族。汉人中的契丹后裔有刘、王、萧、罕、穆、罗、易、狄、原、服等姓氏。

党项的族源或曰出于西羌，或曰出于鲜卑，"西夏本魏拓跋氏后"。隋唐时党项族逐渐集中到甘肃东部、陕西北部一带居住，唐朝在党项族聚居地设立羁縻州进行管理。唐初拓跋赤辞降唐，被赐姓李，迁其族人至庆州（今宁夏回族自治区），唐末党项首领拓跋思恭因平黄巢起义有功再次被赐姓李。1038 年李元昊称帝，建国号大夏。1227 年蒙古灭西夏后对西夏文化进行了毁灭性破坏，不仅西夏国灭亡了，连党项人也不见了。融入汉族的党项后裔有郑、郝、折、杨、李、樊、裴等 50 个姓氏。

女真为肃慎之后，6 至 7 世纪称"黑水靺鞨"，9 世纪起更名为女真。女真在辽代曾向契丹称臣，但是 1115 年完颜阿骨打统一女真各部后很快就攻下了辽都上京，然后又于 1127 年灭北宋建立了金朝。金王朝不仅从中原地区掳掠了大批汉人供自己奴役，而且还统治北半部中国长达百余年，这就加速了女真人与汉人之间的融合。1234 年蒙古灭金以后留在东北的女真人成为后来满族的祖先，而居住在中原的女真人逐渐与汉族融合，汉族中的女真族后裔有王、颜、刘、李、乌、张等 45 个姓氏。

先后融入汉民族的古代民族还有羯、氐、羌等等，不再一一赘述。

2. 汉民族的遗传基因来自黄种人的三个亚种

蒙古人种可以分为东亚亚种、南亚亚种、北亚亚种、极地亚种和美洲亚种五个主要的亚种。根据遗传学家对现代中国人各类遗传基因的检测已经从多个方面证明了占中国人口 93%的汉民族是由黄种人中的东亚亚种、南亚亚种、北亚亚种三个亚种的人群融合而成的。

传说中的华夏、东夷、苗蛮三大族团在血缘上都属于东亚亚种，而属于南亚亚种的先民应该是生活在江南广大地区而又不属于三大族团的百越。生活在北部草原上的游牧民族也不在三大族团之内，他们属于北亚亚种。秦汉帝国建立之后，江南乃至岭南都纳入了帝国的版图，而生活在北方草原上的游牧民族又不断地渗入中原甚至入主中原，他们不仅把自己的文化融入了汉文化之中，大大丰富和改变了汉文化的内涵；也把自己的基因融入了汉人的血液之中，于是逐渐形成了一个由东亚、南亚、北亚三个黄种人的亚种融合而成的汉民族。

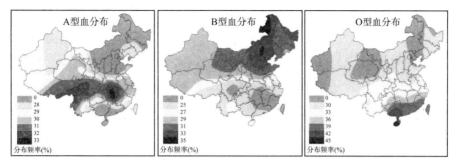

图 6 现代中国人血型分布图

当代汉民族的体质特征大体可以分为三种类型：第一种类型的男性脸型为国字形、头围较大、面部较平、胡子浓密、身材壮硕，女性脸型为鹅蛋脸、体型较胖，多单眼皮，B 型血型频率较高，主要分布在我国北方；第二种类型的脸型为目字形、下颌较宽、鼻梁高挺、身材较高，A 型血型频率较高，主要分布在我国黄河与长江流域一带；第三种类型的脸型为瓜子脸、脑门较大、后脑较突，眼裂较大，多双眼皮，颧骨较高，鼻梁短而凹，嘴唇较厚，身高较矮，O 型血型频率较高，主要分布在我国南方（图 6）。当代汉人的这三种相貌正与蒙古人种的北亚亚种、东亚亚种、南亚亚种相对应，也可以从新石器时代考古获得的人骨资料的人类学分析中得到印证。

什么叫文明？华夏文明是怎样形成的？

　　"文明"这个词大家司空用惯，但是关于"文明"这个概念的定义据说有几十种甚至几百种，要把它说清楚也很不容易。

　　"文明"一词古已有之。《尚书·舜典》有"睿哲文明"，《周易·乾卦·文言》有"见龙在田，天下文明"。孔颖达疏曰："天下文明者，阳气在田，始生万物，故天下有文章而光明也。"这里的"文明"是指光明而有文采的意思，并不是我们现在所用的"文明"的意思。

　　《辞海》对"文明"所下的定义有两个。一为犹言文化，如物质文明、精神文明。二为人类社会进步状态，与"野蛮"相对。李渔《闲情偶寄》中有"辟草昧而致文明"。这一定义虽然不全面，但是并不错。

　　"文明"和"文化"的含义十分接近。文化人类学所谓的"文化"是指一群人共同的生活方式或一个社会存在的形式，也可以叫作"文化模式"。从这个角度来理解，我们可以把玛雅文化叫作玛雅文明，也可以把古埃及文明叫作古埃及文化。

　　但是，如果把文明理解为一种与野蛮相对的"人类社会进步状态"，那么"文明"就不等于"文化"了，因为野蛮状态也是人类的一种生活方式，野蛮不是文明，但也是一种文化。我们不是把新石器时代的人类遗存称之为新石器文化，把旧石器时代的人类遗存称之为旧石器文化吗？显然，文化并不一定是文明的。我们所说的巫术文化、傩文化分明是野风蛮舞，怎能将其与"文明"等同起来呢？所以，从这个角度来理解，文明只是一种对某种文化的褒称，而不是对所有文化的全称了。

摩尔根的《古代社会》把人类社会发展阶段分为蒙昧、野蛮、文明三个时代，这是近代傲慢的欧洲人的观点。自哥伦布和达·伽马以后欧洲人走向了全世界，他们看到了许多生活方式与他们不同的民族，就认为在世界上只有自己的文化才是最文明的，而其他的民族都是野蛮人，甚至还处于不开化的蒙昧状态，于是将人类社会的发展阶段顺序排列为蒙昧、野蛮、文明三个时代。这显然是欧洲中心主义唯我独尊的民族偏见。

摩尔根的《古代社会》是1877年发表的，100多年过去了，我们现在对原始社会的认识已经大大提高，学者们早已意识到关于蒙昧、野蛮、文明三个时代的命名与划分都是不合适的。摩尔根模式早已被突破了，可是我国史学界的反应却十分迟钝，至今仍在老调重弹，其原因当与汉民族自古以来视自己为文明礼仪之邦、视外族为蛮夷戎狄的华夏中心主义意识有关。

文明实际上只是一种自誉和自夸罢了。我们看到，文明人发动战争用枪炮成千上万地杀人，远比吃人生番还要野蛮；文明人钩心斗角、尔虞我诈，远不如野蛮人老实敦厚、民风淳朴，所以文明与蒙昧、野蛮一样也是一种文化而已。因此，文明是一个相对的概念，只有通过比较才能体现出来。

地球上的人类数以亿计，分割为无数个社会共同体，各个不同的人群有着各自不同的生活方式，因此人类的文化是多元的。民族是按文化划分的人类共同体，每个民族都钟爱自己的文化，都把自己的文化视为文明，而把外族的文化视为异端。随着民族之间的交流与文化之间的沟通，人们逐渐意识到文明不是唯一的，文明可以有各种不同的样式，汤因比的《历史研究》就把人类有史以来的文明样式划分为23种。

既然如此，文明应该是一个过程，而不是一个事件，它没有一个明确的起点；文明应该是多元的，它也没有一个统一的标志。然而我们现在所做的探索文明起源的研究却不是这么认为，我们现在对"文明"一词的理解来自于恩格斯的《家庭、私有制和国家的起源》。恩格斯说："国家是文明社会的概括"，"以这些制度为基础的文明时代，完成了古代氏族社会完全做不到的事情"，"由于文明时代的基础是一个阶级对另一个阶级的剥削，所以它的全部发展都是在经常的矛盾中进行的"。于是文明的起源与国家的诞生就被等而视之，"文明"与国家、与奴隶社会被看作是一而二、二而一的事了。"文明"的这一诠释与《辞海》给出的定义是不一致的，按照这一诠释，文明就成了一个事件，就有一个起点，于是就要去寻找文明源头的标志了。

其实，国家的形成也有一个过程，这个过程不仅复杂曲折，而且国家形成之后还会灭亡，还会重建，或者不重建。各个不同民族的国家并没有整齐划一的形成模式，而且所形成的国家形态各异，形成标志也各不相同，因此，探究国家形成的源头与标志，无异于缘木求鱼。

把文明等同于国家是不合适的。按照五种社会形态顺序发展的理论，最早形成的国家是奴隶制国家，奴隶制分明是一种极其野蛮的制度，凭什么称之为"文明"社会呢？如果称之为"文明"，岂不是把文明的概念搞乱了吗？如果文明等于建立国家，那么我们如何面对尚未建立国家的古老文明例如玛雅文明和印加文明呢？

恩格斯说："国家是文明社会的概括。"这是把"文明社会"作为一个特定的概念，然后强调其中作为社会控制系统的"国家"形成的意义，这是一种文学的表达方式，我们不应该作机械的、僵化的理解。我们应该把文明与国家这两个概念区分开来，一方面从文化人类学的角度去研究多元的文明的种种内涵，另一方面从社会学的角度去研究国家形成的不同途径与过程，从政治学的角度去研究不同国家的形态与制度。只有这样，才能搞清楚什么是国家？什么是文明？才能搞清楚国家与文明的区别。

中国的文明时代始于夏朝，这是一个约定俗成的观念，现在常常有人想把中国文明的起点推前到五千年前的龙山时代，其实，文明既然是一个过程，何必拘泥于某处是它的起点呢？从夏代开始有了华夏部族，也就有了华夏的概念，我们把夏人的文化和商人的文化、周人的文化一起合称为华夏文明。

华夏文明是在龙山时代新石器文化的基础上形成的，华夏文明崛起于中原地区，但是它并不是中原龙山文化直接演变的结果，而是各地新石器文化在中原地区汇聚融合的结果。

龙山时代各地的新石器文化都有许多技术上的发明与文化上的创造，例如山东龙山文化的制陶技术是全国一流的，尤其是色如黑漆的黑陶和薄如蛋壳的陶杯都是绝无仅有的；太湖地区的良渚文化拥有最出色的琢玉技术，出土的玉器无论数量还是质量都无人能望其项背；甘青地区的齐家文化已经出现了许多小件青铜器，西部的先民率先掌握了冶铜技术；中原龙山文化、山东龙山文化和江汉地区石家河文化的先民已经掌握了夯筑技术，建造了数以十计的城堡；原始的刻画符号和祭祀天地祖先的祭坛在各地都有发现；随葬品丰富的大墓和随葬品寥寥的小墓的分化也普遍出现，许多地方都有聚族而葬的公墓（贵族墓地）和族墓（平民墓地）……所有这一切都构成了后来的华夏文明的基本要素。

令人感兴趣的是，各地新石器文化先民所创造的这些先进的文化因素大多数并没有在当地继续发展下去，而是移植到中原地区融合到华夏文明之中以后才得到了发扬光大，其中的原因可能和距今 4000 年前后的自然变迁与人口迁徙有关。根据古老的传说，在夏朝建立之前曾经发生过一场大洪水；根

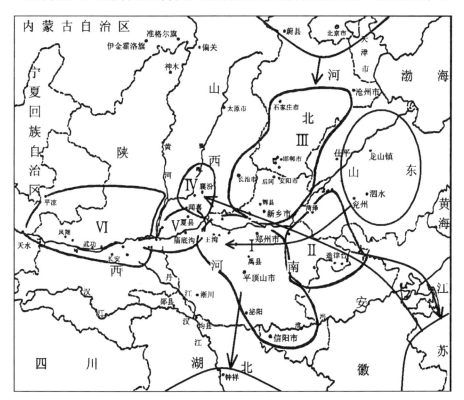

图 7　距今 4000 年中原考古文化分布与迁徙图

据自然史学家的研究，距今 4000 年前后在中国确实出现过一个各种重大自然灾害频繁发生的时期；根据历史学家的研究，在这一时期也许是为了躲避灾难、寻求新的生存空间，各地新石器文化的先民纷纷离开了故居之地，他们迁徙的方向主要是汇聚到了中原（图 7），而中原居民本来就很稠密，于是就发生了激烈的冲突，传说中关于五帝时代炎黄、蚩尤、共工、祝融、尧舜、三苗等等部落之间的战争应当就是这场冲突的反映。

部落之间的战争就像一双硕大无比的手，犹如揉面一样把各个部落糅合在一起形成了华夏族，把各地的新石器文化糅合在一起形成了华夏文明。从此，中国的历史翻开了新的一页。

趣谈考古

石器是怎样打制的？

原始人类从敲打石头、制造工具开始，迈出了征服自然的第一步，从而创造出了人类的文明。

人类最早制造的石器被称为旧石器，旧石器时代一直延续到距今1万年左右，这是一个非常漫长的时代。因为旧石器时代离开我们实在太遥远了，所以遗留至今的除了人的化石以外就只剩下一些石器了。

通常人们把打制的石器叫作旧石器，把磨制的石器叫作新石器。这是通俗的说法，并不严密，因为旧石器时代晚期的人们已经掌握了磨制技术，而新石器时代早期的石器还是打制的，只不过在刃口部分局部磨光而已。

旧石器的种类根据利用石料的部位可分为石片石器和石核石器两大类，石片石器是用在石料上打下来的石片制成的，石核石器则是用打掉石片后剩下的石核制成的。中国的旧石器大多是石片石器，而欧洲的旧石器以石核石器为主。根据石器的形制和用途可以把石器分为刮削器、尖状器、砍砸器三大类（图8）：

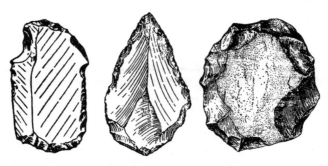

图8 旧石器的三种类型：尖状器、刮削器、砍砸器

刮削器一般用小石片加工制成，根据其刃部形状可以分为直刃、凹刃、凸刃、双面刃、圆头刮削器等。刮削器是我国旧石器文化遗址中最常见石器器形。

尖状器的顶部有一个尖刃，是由加工两侧修整而成的。尖状器器形大小差别很大，用途也各不相同。

砍砸器一般形体较大、分量较重，根据刃部和器形可以分为单面砍砸器、双面砍砸器和盘状砍砸器等。砍砸器通常只在刃部打制加工，其他部位则保持着石块或砾石的原来形态。

除此之外还有雕刻器、镞形器和石球等石器。雕刻器都是用小石片加工而成，有一个非常锋利的锋刃。镞形器要到旧石器时代晚期才出现，一般用压制法加工而成。石球呈不甚规整的球形，通体经打制修整而成，与皮条绳索连接成为狩猎用的飞石索。

原始先民们使用的石器是怎样打制出来的呢？

根据出土的石器和实验的结果，我们现在知道打制石器主要有这样三种方法：

碰砧法，受持石料向另一块作为石砧的大石块上碰击，碰下来的石片需要再经过第二步加工才能成为合用的石器。

砸击法，把石料放在地上或石砧上，用另一块石头作为石锤去锤击石料，从石料的边缘敲剥下石片。砸击法是一种最常见的打制石器的方法（图9）。

间接打片法，用一根木棒或骨片当凿子，用石锤击打木棒或骨片间接地从石料上敲剥石片，这是一种比较高级和成熟的打制石器方法，打下的石片

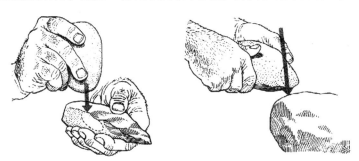

图9　两种打制石器的方法：砸击法、碰砧法

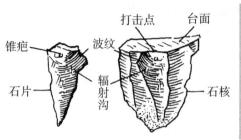

图 10　旧石器特征（左）与一块从石核上打下的石片（右）

长而薄，称为石叶，是制造细石器的坯料。

　　岩石在自然状态下由于热胀冷缩也会风化破碎成小石块，那么怎样辨别自然形成的石块和人工打制的石器呢?

　　首先要看石质，泥成岩、石灰岩、页岩、滑石等质地太软的岩石是不适宜制造石器的，石器必须选择硬度超过5°的硬质石料，如石英、玛瑙、燧石、黑曜石等，花岗岩虽硬但不能形成刃口，也不能用来制造石器。其次，在人工打制的石核和石片上都有一些独有的特征：打制石器前要先在砾石上打出一个平面，供打制石片所用，这个平面叫作台面；台面上受到打击力最大的一点会略微破碎，这一点叫作打击点；在石片和石核破裂面上的受打击处会出现一个疤痕，疤痕处会形成一个半圆形小瘤叫半椎体；从打击点处发出的几条放射状的细裂痕叫作放射线，以疤痕为圆心会形成一圈一圈隐约起伏的波状纹（图 10）。由于年久风化或使用磨损，在一件石器上这些特征不一定都很齐全或都很清晰，但是只要能发现其中的一些特征，就能判断识别旧石器了。

旧石器和新石器有什么区别？
中国有哪些旧石器文化？

　　人们一般认为，旧石器就是打制的石器，新石器就是磨制的石器，其实旧石器和新石器的区别并不是制作石器的技术，而是与石器相连的经济形态。

　　现代考古学认为，旧石器是和采集——狩猎经济联系在一起的，而新石器是和农业经济联系在一起的，因此，新石器与旧石器相比，不仅仅制造技术有了进步，更重要的是石器的形制与功能发生了变化。

　　旧石器可以分为砍砸器、刮削器、尖状器三大类，这三类石器都是用于采集和狩猎的工具，而到了新石器时代这三类石器消失了，代之而起的是石斧、石刀、石镰、石铲三大类与农业生产相关的农具（图11），以及钺、锛、凿、锄、矛、镞、磨盘、磨棒等形形色色的石器，与这些石器相伴随的还有陶器，而旧石器时代是没有陶器的。这是因为当人类还在靠采集和狩猎生活的时候，各类食物都可以生吃或者直接烧烤了吃，而发明农业以后谷物必须烧煮了以

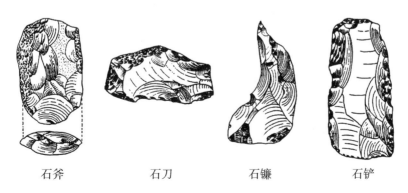

石斧　　　　石刀　　　　石镰　　　　石铲

图11　新石器的三种类型

后才能食用。所以，新石器与陶器的出现意味着农业的发明，这才是出现新石器最大的意义，被称作人类历史上的第一次产业革命——农业革命。

我国现在已在 25 个省市自治区发现了三四百处旧石器遗址，其中属于早期的遗址极少，典型的有山西芮城西侯度遗址，出土了 32 件石器，距今约 180 万年，云南元谋人遗址出土 17 件石制品，河北阳原小长梁遗址出土了 800 多件石制品，但其年代还有争论。稍晚一些的最典型的就是北京周口店遗址，出土了 10 万件以上的石制品，此外还有蓝田、匼河、观音洞、金牛山等遗址。

早期的旧石器打制得都很粗糙，到距今一二十万年人类已经进化成为智人，制造石器的技术也已有了很大的进步，我国北方的旧石器已经能够分别出两个大的文化系统：匼河—丁村系统和周口店—峙峪系统（见附表）。

匼河—丁村系统的石器器形偏大，典型器物是大石片砍砸器和三棱大尖状器，其功能适合于挖掘采集，说明使用这些工具的先民们过的是以采集为主、狩猎为辅的经济生活。

周口店—峙峪系统的石器器形偏小，典型器物是船底状刮削器和雕刻器，其功能适合于切割兽肉，说明使用这些工具的先民们过的是以狩猎为主、采集为辅的经济生活（图 12）。

有意思的是这两大旧石器文化分布的区域，前者是在中原的黄土地带，

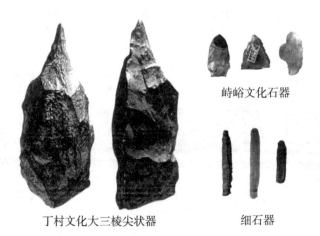

峙峪文化石器

丁村文化大三棱尖状器　　　　细石器

图 12　两种旧石器

后者是在北方的草原地区，显然这就是后来中原农业民族和草原游牧民族分化的源头。在中国，农业和畜牧业的分工并不是简单地由混合经济一分为二的，而是和不同的生态环境紧密地联系在一起的。

华南地区旧石器文化的材料比华北要少得多，而且从所发现的石器来看，制作得比北方要粗糙，技术水平明显地落后，因此现在还很难区分出系统来。这和进入历史时期以后南方经济长期落后显然是有渊源关系的。

华北地区旧石器文化系统表

分期	距今年代	匼河—丁村系统（大石器传统）	周口店—峙峪系统（小石器传统）
早期	180万～30万年	西侯度旧石器	
		蓝田文化	？
		匼河文化	周口店第1地点文化
		？	周口店第15地点文化
中期	30万～5万年	丁村文化	？
			许家窑文化
晚期	5万～1万年	？	峙峪文化
			小南海文化
		山顶洞文化（传统不清楚）	

中国有中石器阶段吗？

中石器时代是欧洲学者在 19 世纪提出的概念，用来界定介于旧石器时代晚期的马格德林文化和新石器时代文化之间的考古遗存，但是学术界对于用什么标准来定义这个时代一直存在着争议。

由于中石器时代延续时间很短，大概只有两三千年，如果没有精确的 C^{14} 年代测定技术是很难察觉它的存在的。中石器时代人类的生产方式仍然是狩猎与采集，生产工具仍然以打制石器为主，与旧石器时代差别不大，而不同地区的中石器文化差异又很大，缺乏统一的标准来定义这一时代，因此中石器时代这个概念被引进我国后也引起了很大的争议，很多学者认为没有必要在旧石器时代和新石器时代之间再插入一个中石器时代。

到了 80 年代，欧美考古学界在中石器时代这个问题上达成了共识，作为一个时间概念，中石器时代是指 1 万年前冰期结束到农业出现的这一阶段。在这个阶段人类的经济形态、制造工具的技术和社会结构都发生了革命性的转变，在这短短的两三千年中所发生的变化完全改变了人类在此之前持续了 200 多万年的生活方式。在这段时间里究竟发生了什么事情？这个问题引起了西方考古学家极大的兴趣。中石器时代研究的意义在于探究和解释旧石器时代向新石器时代转变的原因，了解人类经济和社会重大进步的机制，所以成了西方考古学界研究的一个热点。

在过去的半个世纪里，西方考古学的研究目标已经从对历史事件的编年转向了对人类行为和文化演变的全方位研究，这种研究不仅仅关注事件发生的时间与地点，更要求了解事件发生的原因，因此诸如人类起源、农业起源、国家起源和文明起源等问题就成了考古学家最为关注的目标。然而在中国，考古学家的注意力还集中在历史事件的起源、传播和相互关系上，一般并不关注事件发生的原因，在方法上则满足于建筑在地层学和类型学基础上的断代研究和文化对比研究，而不关心生态环境对人类经济形态和生产技术变革的影响，因此忽视了中石器时代研究的重要性。

但是，在我国考古学界曾经有人提出过在旧石器时代之前插入一个木器时代和在新石器时代之后插入一个玉器时代的观点。他们认为，木头比石头容易加工，应当比石器更早出现；玉石比石头更硬，玉器的出现意味着社会生产力更高。其实，加工木器需要有比它更坚硬的工具，木器不具备最基本的切割功能，也无法满足人类狩猎经济的需求。而新石器时代晚期以良渚文化的玉器为代表的确反映出当时的技术水平有了很大的提高，但是玉器只是一种装饰品和礼仪用品，并不是一种工具，加工玉器也仍然需要依靠其他材质的工具，所以"木器时代"和"玉器时代"都是没有意义的概念。

中国的新石器文化怎样划分区、系、类型？

经过考古工作者近几十年来的艰苦努力，中国新石器时代考古文化的时空框架已经渐趋明朗。

中国新石器时代的考古文化在空间上可以分为六大文化区：中原文化区处在中间的位置上，在其周围像五片花瓣似的分别环绕着燕辽文化区、海岱文化区、江浙文化区、江汉文化区和甘青文化区（图13），在它们的外围，闽台、粤桂、云贵、青藏、蒙新、东北等地区的考古文化就像是第二重花瓣，构成了一种"重瓣花朵式的向心结构"。在时间上可以分为三大段：距今7000年以前为早期；距今7000～5000年是繁荣时期，这一时期以中原地区的仰韶文化为代表，可称之为仰韶时代；距今5000～4000年达到顶峰，这一时期以山东龙山文化为代表，可称之为龙山时代。

在新石器时代早期，各地的新石器文化刚刚萌芽，所发现的遗址不多，可知那时的人口还很少；出土的石器很粗糙、陶器很简陋，说明生产技术水平也很低下。到了仰韶时代新石器文化大大繁荣起来，各地发现的遗址数以百计，中原地区沿河流分布的仰韶文化遗址的密度与现代村庄的密度相仿，遗址里文化层堆积得很厚，有的厚达三四米，说明当时人口猛增，制造石器和陶器的技术也有了很大的提高，但是由于这一时期还没有发明打井技术，因此仰韶时代的先民还不能远离河流居住，生存空间有所限制。龙山时代人们发明了打井，生存空间扩大了，这一时期先民的足迹已经遍及各个宜耕地区，遗址的数量更多了，技术水平也进一步提高，无论是磨石、琢玉、制陶、纺织、建房、筑城都达到了很高的水平，还出现了冶铸青铜的萌芽。

图 13　新石器文化分区图

在各个地区，一般来说这三个时期的考古文化是一脉相承地发展演进的，但是由于人口的迁徙流动和社会共同体的分化组合，考古文化之间也会出现交流、融合或者断层。研究这些现象，分析其中原因，可以大大丰富我们对这一段没有文字记载的历史的认识。

中国新石器文化谱系图

距今年代	甘青文化区	中原文化区	海岱文化区	燕辽文化区	江浙文化区	江汉文化区
8000			磁山文化			
7000		老官台文化		北辛文化	兴隆洼文化	河姆渡文化	城背溪文化
6000	仰韶 文化			红山文化	马家浜文化	大溪文化
5000	马家窑文化		大汶口文化	小河沿文化	崧泽文化	屈家岭文化
4000	齐家文化	中原龙山文化	龙山文化	？	良渚文化	石家河文化

什么叫仰韶时代？

　　距今7000～5000年的新石器时代中期是我国新石器文化大繁荣的时期，仰韶文化是这个时代的代表，所以可以称之为仰韶时代。以前以为这一时期是母系氏族社会。这一时期分布在中原文化区的是仰韶文化，在燕辽文化区的是红山文化，在海岱文化区的是大汶口文化，在江浙文化区的是马家浜文化和崧泽文化，在江汉文化区的是大溪文化和屈家岭文化，在甘青文化区的是马家窑文化（图14）。

　　仰韶时代黄河流域气候宜人，温湿度和现代的江南差不多，中原地区的仰韶文化在这一时期得到迅猛发展，在各个文化区中最为兴旺发达，现已发现的遗址就有1000处以上。由于当时人们还不会打井，因此都居住在河边的台地上，许多河流沿岸发现的仰韶文化遗址密度竟与现代村庄的密度相仿。仰韶文化遗址的文化层往往有几米厚，说明当时的先民过着长期的定居生活。

图14　仰韶文化（左）和马家窑文化彩陶（右）

由于人口大量增加，众多的仰韶文化先民向四处扩散，在冀北、河套、甘青、鄂北都能找到他们留下的足迹。

甘青文化区的马家窑文化已发现遗址 400 多处，它与仰韶文化有非常密切的渊源关系，海岱文化区的大汶口文化和燕辽文化区的红山文化也各发现了上百处遗址，都显得比较繁荣，但是江汉文化区的大溪文化和屈家岭文化、江浙文化区的马家浜文化和崧泽文化遗址就要少多了，那些地区的人口显然没有中原那么多。

仰韶文化以彩陶闻名于世，其实马家窑文化的彩陶也毫不逊色，在大汶口文化、小河沿文化、大溪文化、屈家岭文化和马家浜文化中都有多少不等的彩陶。仰韶时代的先民已经发明了小型的窑炉（图 15），用这种窑炉可以烧制出红陶，彩陶就是在红陶上彩绘而成的。各地的制陶技术发展不平衡，海岱地区的水平最高，在大汶口文化晚期已经出现了白陶和薄胎黑陶，它们代表了仰韶时代制陶工艺的最高水平。

仰韶时代的农业还处在刀耕火种的水平，使用的工具仍然是石器，但是

图 15　土窑烧陶复原图

各地制造石器的水平也不平衡，大汶口文化和马家浜文化的石器磨得比较精致，崧泽文化先民甚至已经造出了石犁，而仰韶文化的石斧做得就比较粗糙，石耜石刀还有打制的。这种工具的差别可能和两地土壤的湿重与疏松程度不同有关。

仰韶文化的农具虽然做得粗糙，但是渔猎器具却制作得很精细，而且数量很多，仅半坡遗址就出土了300多件箭镞和300多件网坠。当时的人们已经饲养家畜了，但是半坡遗址里出土的猪狗骨骼远没有野兽和鱼类的骨骼多。其他地区的情况也大体如此，可见渔猎经济并没有因为农业的兴起而马上衰退。

仰韶时代的先民已能纺纱织布了，各地出土的数量众多的陶纺轮就是纺纱捻线的工具，当时织布使用的大概是最简单的腰机。半坡遗址出土的陶罐底部印有布纹，每平方厘米有10根经线和10根纬纱。

在仰韶时代手工业是否已经分化出来成为一个独立的部门？现在还很难说，不过大汶口文化的骨牙雕刻已经显示出极高的工艺水平，其精湛的技术远远走在同时代其他地区先民的前头。北方的红山文化和南方崧泽文化、北阴阳营文化在磨制玉器方面遥遥领先于其他地区。红山玉器多数是龙、鸟、龟、鸮等动物造型和复杂的勾云形玉佩，而南方的玉器主要是璜、管、珠、坠、玦之类装饰品。相比之下，仰韶文化的琢玉技术要逊色得多，而且极少出土玉器。

仰韶时代的先民已经会盖房子了。在黄河流域流行半地穴式房屋，通常采用木柱承重、木骨泥墙的结构，室内地面用草拌泥铺平压实。郑州大河村一座仰韶时代晚期房屋的地面是用以陶粒为骨料、以料礓烧成的水泥为胶结材料的混凝土铺成的。虽然只发现了一例，但这是建筑史上的一个奇迹。长江流域的气候和土质与北方都不同，所以南方除了半地穴式房屋和地面上的窝棚以外，还有下部架空的干阑式建筑。

随着人口的增长和农业的发展，南北各地都出现了定居的村落，村落的面积一般有几万到十几万平方米，大的可达几十万平方米。村里有房屋、畜栏、和空场，村落周围有壕沟围绕，村外有窑场和墓地（图16）。人们过着以农

图 16　仰韶文化姜寨聚落复原图

业为主、以饲养家畜、渔猎、采集为辅的自给自足的生活。

仰韶时代的人口增长和技术进步为龙山时代新石器文化的大发展奠定了基础。

什么叫龙山时代？

1928 年吴金鼎在山东章丘县龙山镇发现了以黑陶为特征的新石器时代晚期的遗存，命名其为龙山文化，这是我国考古学家发现的第一个考古文化。以后考古学家们又陆续在各地发现了数以千计同时代的遗址，起初笼统地称之为某地的龙山文化，后来逐渐认识到它们的文化内涵是有区别的，现在已经把它们细分为山东龙山文化（即典型龙山文化，简称龙山文化），中原龙山文化（至少可以分为 5 个不同的类型），晋南的陶寺文化，陕西的客省庄二期文化，湖北的石家河文化和江浙的良渚文化。距今 5000～4000 年这一以龙山文化为代表的时代被称为龙山时代，以前以为这一时期为父系氏族社会。

各地已发现的龙山时代遗址数以千计，村落遗址中房屋的分布更加密集，说明龙山时代的人口比仰韶时代增加了。龙山时代的先民发明了打井，这样人们远离河流也可以生活，生存的空间扩大了，同时也意味有更多的土地资源得到了开发利用。龙山时代的技术有了更大的进步，打制石器已经不

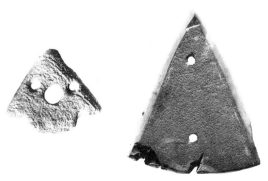

图 17　崧泽文化（左）和良渚文化（右）的石犁

见，无论哪种石器都通体磨光，良渚文化遗址中还出土了数量很多的石犁（图17）。这一切都说明龙山时代的生产力水平比仰韶时代有了很大的提高。

农业的发展首先表现在粮食产量的增加，遗址里贮藏粮食用的窖穴更多、容积更大，还出现了许多储存粮食用的大陶瓮。粮食的充裕促进了家畜饲养业的发展，各地遗址中出土的家畜骨骼数量明显地增多，用猪头骨或猪下颚骨陪葬的习俗也很普遍。粮食有余以后就有可能酿酒，在龙山文化遗址中出土的大量制作精美的陶杯、陶鬶、陶盉可能就是一组酒器（图18）。

农业的繁荣也为手工业的发展提供了坚实的基础和足够的劳动力，龙山时代的手工业在各个方面都取得了前所未有的成就。

使用快轮制作陶器是龙山时代制陶技术的一大进步。快轮是用人力带动的快速旋转的圆盘，既能提高产量，又能把陶器做得规整匀称。密封饮窑的烧陶工艺也被普遍掌握了，用这种方法烧制的陶器大多呈灰色与黑色，所以龙山文化刚刚被发现时曾被称为黑陶文化（图19）。当黑陶和灰陶逐渐取代红陶以后，彩陶自然而然地衰落了。龙山时代各地的制陶技术都有所提高，但是水平最高的还是要数海岱地区的龙山文化。

良渚文化卓越的琢玉业远远地走在时代的最前列。良渚玉器数量极多，往往一座大墓可以出土几十至上百件各种玉器，种类除了珠、璜、玦、环之类佩饰外，还有许多大型素面的玉璧、玉钺和雕刻精美的玉琮、玉佩、玉锥形器（图20）。同时代的山东龙山文化、薛家岗文化、石峡文化也有玉器，但是数量和质量都不及良渚文化。

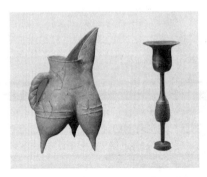

图18　龙山文化陶鬶（左）陶杯（右）

图19　龙山文化黑陶器

图 20　良渚文化玉器

　　良渚文化先民的另一大贡献是养蚕缫丝。吴江钱山漾出土的丝绢经纬密度已达到每平方厘米各 48 根，这是最早的丝织品实物。漆木器的制作也是以南方见长，在良渚文化遗址中出土过数量众多的各种木器和涂漆的陶器。

　　冶金术的发明是北方先民的杰出贡献。甘肃东乡林家出土了一把马家窑文化的青铜小刀，距今约 5000 年，这是现知年代最早的完整铜器；河北唐山大城山出土了两块穿孔铜片，山东龙山文化遗址中出土过铜片、铜锥、铜渣，中原龙山文化遗址中也出土过残铜片，而齐家文化遗址中出土的小型铜器多达几十件，器形有刀、凿、锥、斧、镜、指环、饰片等等，显示出龙山时代青铜冶铸业的最高水平。

　　龙山时代的建筑技术也大大提高了，虽然人们还是居住在半地穴式的房屋里，地面建筑还不多，但是用料礓烧制石灰涂抹在室内地面和墙面上的做法已经十分普遍，个别房屋还在地上铺有木版。黄土高原上的先民学会了打窑洞，用土坯垒墙的房屋也屡能见到，夯筑技术大大进步，在今山东、河南、湖北、四川等地已经发现几十座龙山时代的城堡遗址。

　　总之，由于人口的增长、技术的进步和对自然资源的进一步开发利用，龙山时代的社会生产力大大提高了，我国的新石器文化在龙山时代达到它发展的顶峰。

怎样断定石器、陶器、铜器的年代？

　　考古发掘出文物后有一项很重要的工作，那就是要确定它们的年代。那些石器、陶器、铜器的年代是怎样断定的呢？

　　文物的年代有相对年代和绝对年代之分，相对年代是指可以推定的先后次序，绝对年代是指可以确定的具体年份；用地层学和类型学的方法只能断定文物的相对年代，而用现代技术手段可以确定文物的绝对年代。

　　地层学本来是地质学的一个分支，它研究的是在地质年代中自然形成的地层。考古学的地层学原理是从地质学中借鉴来的，但是它并不是研究在地质年代中自然形成的地层，而是研究在历史年代中人为形成的地层，对象虽然不同，但原理是一致的。人类建造房屋、挖掘地窖、堆积垃圾、烧陶冶炼、埋葬死者等等活动都会形成一些颜色、质地都不同的土层，这种含有古代遗迹和遗物的堆积层叫作文化层。在正常的情况下早期的文化层总是被压在下面，晚期的文化层总是堆积在上面，晚期的活动会破坏早期的堆积，而早期的堆积不会扰乱晚期的地层。在进行考古发掘的过程中只要从上到下分清各层不同土色和土质的地层，认清各个地层中所包含的出土物，就可以判断出出土文物的相对年代。所以，对于考古工作者来说，辨别土色、划分地层是一项基本功。

　　考古学的类型学理论是借鉴了生物分类学和进化论的原理形成的，但是它也不是研究自然形成并具有自身演变规律的生物，而是研究人工制造的各种器物。古代遗存下来的各种器物都是历史上的人们按照自己的意愿制造的，它们千变万化，似乎没有规律可循，然而实际上各个时期的人们使用什么式样和质地的器物，都受到当时当地生产技术的水平、社会的传统与制度、人们的习俗与爱好的制约，器物的演变有渐变也有突变，其中是有一定的规律可循的。根据遗存类型演变的排比也可以断定文物的相对年代，但是类型学的方法必须与地层学相结合才能更加有效。有可靠地层依据、又有明确年代记录的出土文物可以成为度量年代的标准器，我们可以把它们作为一把标尺来判断传世文物的年代，这种方法叫作标准器断代法。

判断绝对年代常用的方法有 C^{14} 法、树木年轮法和热释光法。

C^{14} 法是最成熟、最可靠、用得最多的断代方法，用 C^{14} 法可以测定 5 万年以内含碳物的年代，不仅在考古学，而且在古人类学和地质学方面都有广泛的应用。C^{14} 是碳元素的一种放射性同位素，半衰期为 5730 ± 40 年，也就是说每过 5730 年就会减少一半。在自然界由于一方面 C^{14} 在不断地衰变，另一方面宇宙射线撞击大气中的氮核又不断地生成新的 C^{14}，因此自然界中的 C^{14} 保持着一种动态的平衡，含量是稳定的。当生物死亡以后它们停止了与大气进行的 C^{14} 交换，它们的遗骸中所含的 C^{14} 就会不断地减少，所以只要测出古代遗留下来的含碳物中残存的 C^{14} 含量，就可以计算出它们的年代。

由于用 C^{14} 法测量年代的技术要求较高，而且精度也有一定的偏差，所以常常需要用树木年轮法来加以校正。树木年轮法的原理十分简单，由于气候的原因会造成树木年轮的疏密变化，这种疏密变化在同一时期、同一地区的树木上都是相同的。这样我们就可以把不同时期的树木的年轮衔接起来排出一个年轮变化的序列，以此为标尺去测量古木的年轮，就能断定它们的年代。用树木年轮法断代的精度可以高到只有 1 ~ 2 年误差，但是只能测几千年内的树木，而且一定要有大尺寸的标本才行。

C^{14} 法和树木年轮法都只能测量含碳物的年代，而热释光法可以测量陶器的年代。热释光现象发生在不导电的固体物质中，这些物质在受到核辐射的时候能够把一部分核辐射能储存起来，在加热时会把这种能量以极其微弱的可见光的形式释放出来，这种光就叫作热释光。陶器在烧制的过程中经过近千度高温的焙烧，原来储存在陶土中的能量全部释放殆尽，所以，刚刚烧成的陶器热释光等于零。但是陶土中所含的铀、钍、钾 ^{40} 等长寿命放射性元素是烧不掉的,于是陶器在内外辐射的作用下又重新积累起热释光,年代越久远,受放射性辐射的剂量就越强,储存的能量越多,热释光量也越强。利用热释光与其烧制后的年代成正比这一原理,就可以测出陶器和瓷器的年代。由于陶片是考古发掘中最常见的遗物,因此热释光法具有极大的实用价值。

除了上述三种方法外,还有古地磁法、裂变径迹法、钾—氩法、黑曜岩水合法、氨基酸外消旋法等方法。

甲骨文是怎样被发现的？

甲骨文是商代契刻在龟甲与兽骨上的文字，是迄今为止我国所发现的最早的文字系统。商代刻有文字的甲骨绝大多数是在河南安阳小屯村的殷墟出土的。甲骨文的发现是我国 19 世纪末 20 世纪初的重大发现之一，它是怎样被发现的呢？

据说在 1899 年，北京国子监祭酒（相当于今天的大学校长）王懿荣生了病，在家请太医看病，当时《老残游记》的作者刘鹗正在王家作客，见到药方中有一味药叫"龙骨"，龙骨其实就是出土的动物骨骼化石，他觉得很好奇，等药抓来后就把龙骨拿来看了一下，没想到竟然发现龙骨上刻有文字，便拿给王懿荣看。王懿荣是个金石学家（图 21），对考古素有癖好，见后大为惊讶，经仔细辨认，认定这是介于"篆籀之间"的古文字，于是便以每字二两银子

图 21　王懿荣像

的价格重金收购，先后购得 1300 余片有字的"龙骨"，后来端方得知后又以每字二两五钱的高价也收购了 1000 多片。

王懿荣发现有字龙骨后便追溯其产地，但是古董商为了独占其利蒙骗他们说是出于河南汤阴或卫辉，直至 1908 年罗振玉才探听到甲骨真正的出土地点是在河南安阳的小屯村。

在此之前小屯村的农民就把从地里挖出的甲骨当作"龙骨"卖给药铺做药材，由于有人出高价收购，出售甲骨可以获取大利，于是在小屯村就掀起了一股盗掘之风，有因争抢而械斗的，也有因塌方而被埋的，但是大量有字的甲骨就这样流散出去了。1928 年前中央研究院开始在安阳进行考古发掘，到 1937 年抗战爆发为止前后发掘了 15 次，共出土 24918 片甲骨，而因盗掘散失的甲骨就不知有多少了。

虽然王懿荣第一个认出了甲骨文，但是他还没有来得及进行深入研究便于次年八国联军进京时以身殉国了。刘鹗从王懿荣儿子的手中购得了他所收藏的甲骨，并继续多方搜求，共得 5000 余片，他从中选出 1058 片墨拓付印，编成 6 册，取名《铁云藏龟》（图 22）。《铁云藏龟》是第一部著录甲骨文

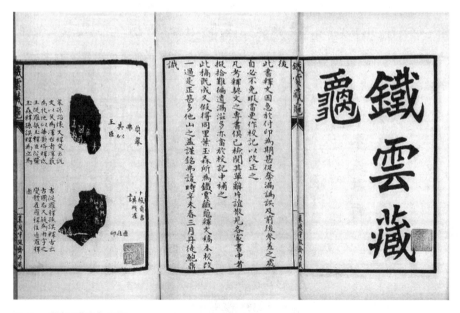

图 22 《铁云藏龟》书影

的书，刘鹗对于传播甲骨文具有不可磨灭的开拓之功。

与刘鹗同时代的朴学家孙诒让素喜金文，见到《铁云藏龟》后爱不释手，遂潜心研究，写出了《契文举例》一书，第一次对甲骨文进行了考释。虽然孙诒让的考释存在着不少错误，但《契文举例》是第一部考释甲骨文的著作，其筚路蓝缕之功也是永垂史册的。

在孙诒让之后在收集出土甲骨和研究甲骨文方面作出了巨大贡献的是罗振玉、王国维、董作宾、郭沫若四位学者，由于罗振玉号雪堂、王国维号观堂、董作宾号彦堂、郭沫若号鼎堂，因此学界称之为"四堂"。"四堂"奠定了我国甲骨学研究的基础。

商周青铜器怎样分类、定名？
它们是做什么用的？

　　我们现在所说的青铜器主要是指商周时代祭祀时用的礼乐器和贵族日常生活用的各种器物，秦汉以后人们仍然使用着铜器，但毕竟不是主流了。

　　商周时代离开现在已很久远，时过境迁，生活习俗发生了很大的变化，许多器物后来都已经不再使用，甚至连它们的名称也没人知道了。古籍中倒是有一些关于古器物名称的记载，但是又不知道这些名称究竟与哪一类出土的器物相对应。商代铜器上的铭文都极其简单，一般都不自著器名，即使有尊、彝之类的名称，也都是统称而不是专名。西周铜器上倒常常自著器名，这就使我们的考证有了依据，但是春秋战国的青铜器形制变化多端、不拘一格，定名又发生了困难。到了汉代人们已经很少见到商周时代的青铜器了，偶尔出土一件，就被看作是天降祥瑞，但是到了北宋，由于宋徽宗喜好古物，因此地方上就大肆盗掘古墓，于是就有大量的商周青铜器出土，从而促进了金石学的研究，现在所用的爵、斝、觚、觯、角、卣、尊等专名都是宋代学者考定的。

　　见的青铜器多了，自然就要把它们归类。从宋代吕大临《考古图》以来，各家学者对青铜器的分类都不尽相同，但是分类的标准不外乎两个：用途与器形。我们就以用途为纲、以器形为目把商周青铜器分为食器、酒器、水器、乐器、工具、兵器、车马器和杂器8类，这里主要介绍食器、酒器、水器和乐器。

　　1.食器：食器包括炊煮器、盛食器和取食器三类。

　　鼎，既是炊器，又是盛器，主要用来煮、盛肉食。《说文解字》说："鼎，三足，两耳。"道出了鼎的基本特征。"鼎"字甲骨文写作𤔔、𩰬，金文写

作 ![象形字], ![象形字]，都是象形字。鼎多数为圆形三足，少数为方形四足，一般以直径20～30厘米居多，三条腿之间可以架火烧，肉煮熟后就用鼎钩钩住双耳直接端上席食用（图23）。有些大型的铜鼎可以放下一头羊、一口猪甚至一头牛，它们不是在筵席上用的，而是放在祭坛上烹煮牺牲的。还有从大到小成套的铜鼎，叫作列鼎，按照礼制天子用九鼎，贵族依次用七鼎、五鼎、三鼎、一鼎。

鬲是煮水器，《说文解字》说：鼎"款足谓之鬲"，意思是空足的鼎叫作鬲，其实铜鬲源于袋足的陶鬲，并不是空足的鼎。鬲的特点是有三足中空呈袋形（图24），这种结构使其在炊煮时受热面积大，热效率高。甲骨文"鬲"字写作 ![]，金文写作 ![]，也都是象形字。

甑是蒸锅，分为上下两个部分，上半部为甑、下半部为鬲，中间的隔板上有汽孔，叫作箅。甑的形制有圆有方，有上下合为一体的，也有上下分开的。汉代以后随着灶的推广，人们不再掘地为炊了，在灶上烧水蒸饭都用釜，于是鼎、鬲、甑之类有足的炊器都被淘汰了（图25）。

簋是用来盛黍、稷、稻、粱等米饭的盛器，形状就像现在的大碗，侈口、圆腹、圈足，有的有双耳或四耳，西周的簋常常还有一个方座（图26）。甲骨文"簋"字写作 ![]，金文写作 ![]，都是用手持勺在碗中舀食的象形，所以"簋"字也可以写作 ![]，或者写作簋或轨。

盨的用途和簋相同，形制也与簋相近，只是簋是圆形的，盨是椭圆形的。有的铜簋铭文自名为盨，也有的铜盨铭文自名为簋，可见盨和簋的区分并不很严格。由于商代就有青铜簋，而盨要到春秋时才出现，因此盨应当是由簋

图23　曾侯乙鼎附鼎钩　　　图24　商中期兽面纹鬲　　图25　西周早期兽面纹甑

派生出来的器皿。

簠也是盛器，郑玄注《周礼》曰："方曰簠，圆曰簋，盛黍稷稻粱器。"盨是椭圆形的，簠是长方形的，侈口，盖和器大小形状相同，各有四短足，打开后反置则成两器（图27）。

敦也是盛器，用途与簋、盨、簠相同。器和盖各为两个半球，各有两环耳、三短足，也能分置成两器（图28）。敦主要流行于南方的楚国。

豆是盛调味品的器皿，形状像现在的高脚果盘。新石器时代就有陶豆，特点为浅盘圈足，后演变为深盘、高柄、有盖、圈足（图29）。汉代以后高足的食器都被淘汰，豆则被改用作为照明的油灯。甲骨文中"登"字写作，为双手捧豆之形，所以"灯"字写作"燈"或"鐙"。

匕是取食器，有点像现在的勺。我们没法确切地知道中国人什么时候发明了筷子，但是我们知道新石器时代就有骨匕、玉匕，商周时代又出现了铜匕（图30）。

酒器：酒器包括温酒器、饮酒器、盛酒器和挹酒器四类。

爵是最早出现的青铜容器之一，二里头文化中就有青铜爵。早期为平底、晚期为圜底，前有流，后有尾，上有二柱，下有三足，一侧有鋬（图31）。爵是在祭祀时用来灌酒的礼器。

角和爵相似，只是两端都是尾，没有流，也没有柱，常常有一个盖，用途也应与爵相同（图32）。角的名称是宋朝人定的，但是它的形状与甲骨文的"角"字和金文的"角"字都不一样。《礼记》说："宗庙之祭，尊者举觯，卑者举角。"这里所说的"角"应该是牛角杯，青铜角制作精美，决非卑者所用，所以它应该是一种异形的爵。在出土的青铜器中倒是发现过一种牛角状的铜器，中空有盖（图33）。这种仿照牛角做成的铜角应该是一种饮酒器，但是数量极少，现在知道仅有三例。

斝，形状似爵但比爵大得多，多数为圆形三足，也有方形四足的，无流无尾有柱，是用来温酒的器皿（图34）。春秋战国斝已不多见，秦汉以后斝已绝迹，温酒改用有柄的鐎斗。

图 26　西周早期方座簋　　　　图 27　西周铜盨（左）与铜簠（右）

图 28　战国镶嵌三角纹铜敦　　图 29　春秋狩猎纹铜豆　　　　图 30　曾侯乙铜匕

图 31　爵　　　　　　　　　　图 32　商周青铜角

图 33　角形器　　　　图 34　商妇好方斝　　　　图 35　觚与觯

觚和觯都是饮酒器。觚身细长，有喇叭形大口和高圈足，器底在觚的中部最细处，器身上常有四条突出的扉棱。觯的器身比觚矮粗，没有高圈足，造型似尊而小（图35），有的有盖。觯比觚更适合于饮酒。

杯，西周后期觚和觯逐渐绝迹而代之以杯。杯的形状与现在的杯子相似，一般有把。春秋以后又出现有双耳的椭圆形杯，称舟或卮。战国以后演变为椭圆浅腹的耳杯，耳杯在汉晋时代成为常用的饮酒器。

尊是盛酒器，即盛酒的酒坛。甲骨文写作 🈂️，金文写作 🈂️，都是双手捧酒坛的象形。金文中"尊"字常常和"彝"字连用，作为礼器的共名。宋代学者把一种侈口、鼓腹、圈足的盛酒器定名为"尊"，这个名称一直沿用到现在。秦汉以后尊被淘汰，改用一种有盖的圆筒形盛酒器，器底有三只兽形足，两边有铺首衔环耳，这种盛酒器叫作樽（图36）。商周青铜器中常能见到一些做成鸱鸮、凤鸟、牛、马、猪、象、虎、兔等动物形状的盛酒器，现在统称为鸟兽尊（图37）。鸟兽尊的腹部中空可以盛酒，背部有口以供把取。

觥，也称兕觥，形状像匜，但是有兽头形的盖，其腹中有时伴出舀酒的斗，所以可知是盛酒器（图38）。《诗经·豳风·七月》中说："跻彼公堂，称

图36　西周尊（上）与东汉樽（下）

图37　鸟兽尊

彼兕觥，万寿无疆。"可知兕觥应该是能举起来喝酒的饮酒器，但是现在我们所说的兕觥却是盛酒器，器形太大、重量太重，根本无法举起来喝酒，所以兕觥的名与实可能并不相符。

罍是盛酒器，形制为小口、广肩、削腹、小平底，其特征是肩部有双耳，前部有一鼻，便于使用时倒酒。缶的形制与罍相似，只是腹前无鼻（图39）。《说文解字》说："缶，瓦器，所以盛酒浆。"瓿，体形比缶矮小，鼓腹，《说文解字》说："瓿，小缶也。"瓿与缶当为一属，只是大小有别。

壶和卣的形状相近，都是侈口、长颈、鼓腹、圈足，区别在于壶的形体瘦高，有双耳，可以拴绳提拎，卣的形体矮胖，有专供提拎的提梁（图40）。壶和卣都是盛酒器。卣主要流行于商代，西周中期以后就消失了，而壶使用的时间很长，六朝时瓷壶的肩部常常堆塑一个装饰用的鸡头，叫作鸡头壶，以后逐渐演变为前有流、后有把的注子，于是就演变成现在的酒壶、茶壶了。

彝，因为是方形的盛酒器，所以也叫方彝（图41）。"彝"字在金文中是礼器的共名，方彝的名称是后人根据其形状定的，既不见于典籍，也不见于铭文。

图 38　西周青铜兕觥　　　　　　　　　图 39　罍与缶

图 40　壶与卣　　　　　　　　　图 41　西周铜彝

盉有各种不同的形制，共同的特点是前有流，后有鋬，春秋战国时演变为提梁盉（图42），秦汉以后就绝迹了。《说文解字》说："盉，调味也。"所以盉是调酒器而不是注酒器。

勺是挹酒器，又称斗，一般为短圆筒形，旁边有柄。古代是用勺从盛酒器中舀酒的，就像现在用端子打酒一样。

水器：水器包括盛水器和注水器两类。专用的水器有盘、匜、盂、盆、鉴等。

匜的形状很像瓢，前有流、后有鋬、下有足。盘的形状是圆形、浅腹、有足，也有方形的盘（图43）。古代以水洒面叫沫，洗发叫沐，洗澡叫浴，洗手叫盥，浇水叫沃。盘和匜是一组专供贵族在宴饮前沃盥用的水器，使用时一人捧着匜浇水，一人捧着盘承水，以供人洗手。

盂的形制与簋相似，但是体形比簋要大（图44）。铜器中有盂形而自名为簋的，也有簋形而自名为盂的，可知盂是从簋中派生出来的。簋可以盛饭，当然也可以盛水。我们一般以大小来区分簋和盂——小的为簋，大的为盂。

图 42　青铜盉

图 43　匜与盘

图 44　曶侯盂

图45 春秋夫差铜鉴

图46 铜铃

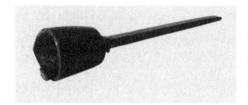
图47 青铜铎

图48 特铙与编铙

后来"簠"这个名称消亡了，而把盛饭的器皿叫作钵，盛水的器皿叫作盂。盂可大可小，小到写字舀水的器皿也叫水盂。

盆是盛水器，祭祀杀牲时则用来盛血。秦汉以后，商周时代的沃盥之礼渐废，于是盘和匜逐渐消失了；祭祀杀牲、歃血为盟的习俗也渐废，于是盆就专门用于盥洗，故称为洗。

鉴也是盛水器，《说文解字》说："鉴，大盆也。"鉴的形体比盆要大，大口深腹，小的可以盛水照容，大的可以用来洗澡（图45）。

乐器：商周贵族在举行祭祀、朝会、宴飨等礼仪活动时都要奏乐、诵诗、舞蹈，音乐是礼乐制度中不可缺少的组成部分。先秦时代庙堂音乐所用的乐器以钟磬为主，所以称为金石之声，而钟鼎也被当作青铜器的总称。

铃是最早出现的乐器，在陶寺文化和二里头文化中就出土过铜铃（图46）。铃的器形很小，通常挂在旗上、车上和犬马身上作为装饰。

铎，《说文解字》说："铎，大铃也。"铎与铃是同类乐器，但铎比铃大，有柄有舌，用手持柄，振而发声（图47）。铎分为金铎与木铎两种，"金口金舌为金铎，所以振武事"，"金口木舌为木铎，所以振文教"。大概用铜舌发声响亮，所以用在军队里发信号，用木舌发声委婉，所以用在学校里报时。

图 49　四川
新津巴虎纹
铜钲　　　　　　　　　图 50　钟镈　　　　　　　　　图 51　錞于

　　铙是商代的乐器，体形比铃大，有中空的銎可以安木把，使用时手执铙把、铙口朝上敲击发音。铙有大小不等的三五个编成一组的，音域比较狭窄（图 48）。

　　钲，《说文解字》说："钲，铙也。"钲与铙是同类乐器，也是口朝上敲击发声的，它们的区别在于铙小而短阔，钲大而狭长（图 49）。钲是军队中指挥进退的乐器，又名丁宁、征城，实际都是"钲"的合音，春秋时期流行于徐、楚等国，吴、越出土的钲自名为"句鑃"，应当是"铙"的合音。钲、铙、丁宁、句鑃实际上是同类乐器，名称不同是因为方言的缘故。

　　钟从西周中期开始出现，初为三个一组，后来发展成为十几个一编。钟的口内凹，横断面为橄榄形，演奏时口朝下悬挂起来敲打，一口钟可以发出两个音，编钟的音域比较宽广，因此很快就取代了铙。钟有三类：顶部有筒状柄者叫甬钟，顶部有纽者叫纽钟，形似纽钟而口沿平齐者为镈（图 50）。不成编的单独一个大钟叫作特钟。春秋战国时期丝竹乐开始从民间登上大雅之堂，秦汉以后编钟编磬渐渐退出音乐舞台，但先是在市场里，后来在城市与寺庙里都用铜钟来报时，这种钟现在还能见到，但是形制与先秦的钟都不一样了。

　　錞于形似圆筒而呈亚腰形，顶部的纽多作虎形，悬而鸣之，类似纽钟（图 51）。錞于也是军队中用的乐器，春秋战国时流行于南方各国。"錞于"一词速读音与"钟"相近，所以錞于之名也应是方言。

春秋时期青铜器颓败了吗？
秦汉以后青铜器衰落了吗？

1932 年郭沫若先生在《彝器形象学试探》一文中首次对青铜器的发展进行了分期，他把青铜器的发展过程分为五个时期：

1. 滥觞期：商前期之前

2. 鼎盛期：商后期到周前期

3. 颓败期：周后期到春秋中期

4. 中兴期：春秋中期到战国末叶

5. 衰落期：战国末叶以后

这一分期法基本上反映了青铜器发展的脉络，但是经过几十年考古工作者的辛勤发掘和努力研究，我们现在对青铜器发展阶段的认识已经大大前进了。

我国青铜器的起源可以追溯到新石器时代晚期，在甘肃永靖大何庄、秦魏家、广河齐家坪、武威皇娘娘台、青海贵南尕马台等地的齐家文化遗址先后出土了镜、斧、刀、锥、指环等 43 件小件青铜器。在陶寺文化中出土了一件小铜铃，年代都略早于夏王朝。在二里头文化遗址中也出土了几十件小型铜器，数量虽少，但是其中有铃、爵、鼎、斝之类需要用内外范合模浇铸的器形，说明这一时期的青铜器虽然刚刚滥觞，但是冶铸技术已经达到了一定的水平。

商周时代毫无疑问是青铜器的鼎盛时期。商代以盘庚迁殷为界可以分为前后两个阶段，前期以郑州二里岗为代表，后期以殷墟为代表。二里岗期的青铜器虽然技术水平不如殷墟期，但是已经能够铸造出重达 86.4 公斤的大型方鼎；虽然铜器的纹饰还比较简单，而且几乎没有铭文，但是铜器的种类和数量大大增加，除了鼎、斝、爵以外还有鬲、甗、簋、瓿、罍、尊、镬、戟、钺、戈、矛、镞等等。商前期的青铜器是滥觞期和鼎盛期之间的一个承上启下的重要环节。

商后期尤其是武丁以后是商王朝最强盛的时期，也是青铜器鼎盛的时期。这一时期出现了不少新的器类，青铜器制作精良，花纹繁缛，形成了所谓的三层花，还出现了重 875 公斤的司母戊大方鼎，这反映出当时铸造技术和生产组织水平的高超。

周人虽然在公刘时就已"取砺取锻"，但是先周时期周人的青铜器数量很少、质量又次，技术水平明显地不如商人。可是武王灭商以后周人的青铜冶铸水平却出现了跳跃式的进步，而且周初青铜器除了铭文内容与商器不同以外，造型、纹饰都和商末青铜器几乎一样，这说明周人一定是俘获了商人的工匠来为自己铸造青铜器的。西周中期以后周人的青铜器才形成了自己的风格，但是商人和周人的青铜器显然是同属一系的。周人没有铸造过像司母戊大鼎那样的重器，但是出土的西周青铜器总数量与总重量都远远超过了商代。

平王东迁以后中国社会发生了剧烈的变化，出现了"天子微、诸侯僭、大夫强、诸侯胁"的礼崩乐坏局面。商周时代青铜铸造业都掌握在王室手中，到了春秋战国时期诸侯国所铸之器就比比皆是了，不仅像齐、晋、秦、楚这样的大国自己铸器，连纪、邓、江、黄这样的小国也自己铸器，而王室与王臣的器反倒很难见到了。因此，一方面春秋时期铸造青铜器的技术显得不如商周那么精湛，另一方面所铸青铜器的风格也不像商周那样严谨，而是变得生动活泼、自由奔放、不守规矩了。如果用商周的样式为标准来衡量，春秋的青铜器似乎是"颓败"了，其实这一变化意味着青铜冶铸业已经打破了王室的垄断而向诸侯国普及了。

战国时期青铜器继续沿着春秋时代的道路向两个方向发展：一方面继续向着简单粗陋的方向发展，各种素面无饰、朴实无华的青铜器变得更加实用了；另一方面继续向着金属细工的方向发展，各种用错金银、镶嵌、镂刻、鎏金和失腊浇铸法制造的青铜器越来越玲珑剔透、华贵美丽。由于礼崩乐坏，与商周礼仪联系在一起的礼器日益衰落，而与贵族日常生活有关的各种器皿如壶、缶、豆、敦、盘、盉等代之而起，而如铜镜、带钩之类小件生活用品产量大增，使用的人也越来越多了。尤其是因为战争的频繁与需要，青铜兵器的制造技术有了长足的进步。

秦汉以后，由于钢铁在武器和生产工具的领域里取代了青铜器，漆器和陶瓷器在生活的领域里取代了青铜器，大量的铜被用来铸造货币，此外主要用来制造镜、洗、灯、带钩、熨斗等不起眼的生活用品，青铜器的作用和地位明显地下降了，然而铜的开采与冶铸并没有衰落，制作铜器的技术水平也没有降低，只不过不再表现在礼乐彝器方面，我们从秦始皇陵出土的铜马车、西汉刘胜墓出土的长信宫灯、汉代的透光镜、武威雷台东汉墓出土的马踏飞燕等青铜器上可以看到秦汉时代卓越的青铜工艺水平一点也不逊色于先秦。这是一种与时俱进的新发展，而不是衰落。

趣觅古迹

近五千年来气候是怎样变迁的？

历史上的气候并不是一成不变的。这里所说的气候变化并不是指一年四季的冷暖变化，而是指大范围的年平均温度的变化。在地质史上有过多次这种大气候的变迁，寒冷的时期叫作冰川期，温暖的时期叫作间冰期。从距今250万年以来是地质史的最后一个纪——第四纪，在第四纪我国先后发生过4次冰期，最后一次冰期叫大理冰期，大理冰期大概在距今1万年前结束。冰期过后全球气温逐渐回升，但并不是一路攀升，而是仍有冷暖的变化。我国著名科学家竺可桢先生根据考古发掘和历史文献所提供的气象和物候资料对近五千年来的气候变迁进行了研究，得出了这样一条曲线（图52）：

根据竺先生的研究，近五千年来的气候可以分为四个温暖期和四个寒冷期：

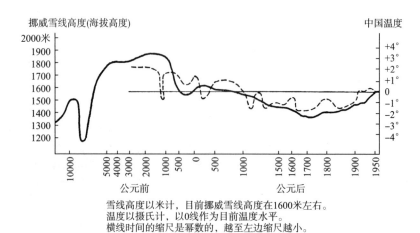

雪线高度以米计，目前挪威雪线高度在1600米左右。
温度以摄氏计，以0线作为目前温度水平。
横线时间的缩尺是幂数的，越至左边缩尺越小。

图52　一万年来气温变迁图

第一温暖期从公元前 3000 年到公元前 1100 年。这一时期的气候状况主要是依据考古资料来推断的。西安半坡仰韶文化遗址中出土了獐、竹鼠、貉等亚热带动物的骨骼，河南殷墟遗址中除了獐和竹鼠外还出土过象、貘、水牛的骨骼，甲骨文中也有许多关于大象的记录，山东历城龙山文化遗址中出土过炭化的竹节，而现代竹类的生长范围大体上都在江南。据推测，这一时期的年平均气温大约比现在高 2℃左右。各地的新石器文化就是在这一长达 2000 年的温暖期内蓬勃地发展起来的。

第一寒冷期从公元前 1100 年到公元前 850 年，大体相当于西周前期，历时比较短暂。这一时期的年平均气温比现在大约要低 1℃左右。

第二温暖期从公元前 770 年到公元初，大约相当于春秋战国秦汉时期，这一时期的年平均气温大约比现在要高 2℃左右。汉民族正是在这样一个优越的环境中走向了强盛的高峰。

第二寒冷期从公元初到公元 600 年，即东汉三国六朝时期。这一时期的年平均气温又降到了现在的年平均气温以下。在这一寒冷的时期，北方游牧民族一波又一波地南下，中原汉民族的政权在他们的冲击下瓦解了，不得不迁到了江南。

第三温暖期从公元 600 年到公元 1000 年，相当于隋唐时期。这一时期的年平均气温大约比现在要高 1℃左右，气候暖和到了连长安城里都能种梅花和柑橘的程度。汉民族在这个温暖期里又一次达到了强盛的高峰。

第三寒冷期从公元 1000 年到公元 1200 年，大约为两宋时期。这一时期的年平均气温比现在要低 2℃左右。

第四温暖期十分短暂，从公元 1200 年到公元 1300 年只持续了短短的一百年左右。

第四寒冷期从公元 1400 年一直延续到现在，中国的气候进入了一个长长的寒冷期。从总体上说，最近一千年中年平均气温比现在要低 1℃～2℃。在这个气候偏冷的一千年中，从事农业的汉民族的发展走下坡路了，而原来生活在北方草原地区的游牧民族又一个接一个地南下，像走马灯似的活跃在中原的大舞台上。

上海是怎样成陆的?

上海是一座美丽的国际大都市,它坐落在长江口的南岸,但是一万年前这里还是汪洋大海,五六千年前这里还只是一片沙滩,那么它是怎样变成陆地的呢?

约在1亿8千万年前上海就是古老的大陆架——扬子台地的一部分,到了6千万年前上海和我国东部其他地区一样都经受了强烈的地壳运动,地下炽热的岩浆沿着地壳的破裂处涌出地面,形成了一些山丘,这就是今天的佘山、天马山等九座山峰。以后,上海地区地壳的趋势是逐渐沉降,于是长江带来的泥沙就一层又一层地淤积在这块陆地上,形成了多层重叠的古三角洲。距今1万年前大理冰期结束后冰川消融、海面上升,古三角洲的大部分又沦为浅海。其后海面的上升速度渐渐减缓,而泥沙的淤积速度超过了海面上升和地体下降的速度,于是开始了新三角洲的发育。

距今五六千年前长江口还在今天的镇江、扬州一带,海湾北岸沙嘴从江都向东北延伸,至海安李堡附近与岸外沙堤连接,形成了里下河低洼地区;南岸沙嘴自江阴以下向东南方向延伸,与钱塘江北岸沙嘴连接,使海湾封闭形成泻湖,最后葑淤成太湖平原。当时的海面已经接近目前的水平,但是海岸线只在福山、梅李、支塘、太仓、外岗、黄渡、盘龙镇、漕泾一线(图53)。

1969年冬天上海农民在马桥境内开挖俞塘河,挖到2米深的地方发现了大片堆积得很厚的贝壳沙层,一般有40厘米,最厚处达1.5米,越向东去贝壳沙层越薄,这条南北向的贝壳沙堤就是当年的海岸线。由于长江泥沙的淤积和波浪、潮汐的顶托作用,沿着海岸线形成了几道平行的沙与贝壳混合构

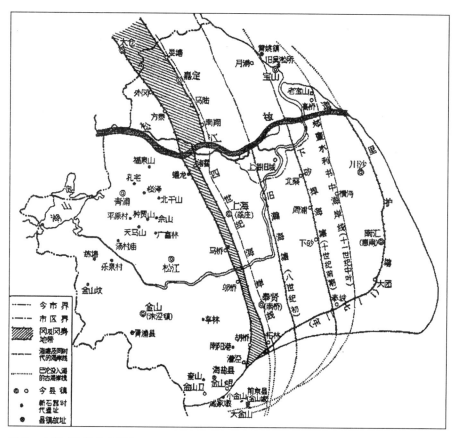

图 53　上海成陆过程示意图

成的堤岸，在有些地段这些堤岸已被埋入地下，而有些地段现在还高出地面
1～2米，民间俗称"冈身"。冈身在松江故道的北面并列有五条，最西边
的一条在太仓、外岗、方泰一线，最东边的一条在娄塘、嘉定、马陆、南翔
一线，东西相距6～8公里；冈身在松江故道的南面并列有三条，分别称为
沙冈、竹冈和紫冈，最西边的一条在马桥、邬桥、漕泾一线，最东边的一条
在诸翟、新市、柘林一线，东西相距1.5～2公里。

　　位于冈身上的马桥遗址年代约为距今4000年左右，在冈身以西则分布着
许多距今6000～4000年间的新石器文化遗址，而冈身以东从未发现过东晋
以前的文物，这说明冈身是在五六千年前形成的，而且一直维持到公元3世
纪也没有发生过大的变化，它意味着在这一历史时期内长江流域的生态非常

良好，植被茂盛，水量丰富，江水含沙量少，所以水下三角洲尚未堆积，河口三角洲也没有发育。但是从公元4世纪东晋南渡以后长江流域逐步得到开发，于是森林遭到破坏、水土大量流失，长江口泥沙沉积速度也加快了，长江南岸沙嘴不断地向东推进，东晋时修筑的沪渎垒已在冈身以东约10公里的地方了。

唐代的时候在北起宝山的盛桥、月浦、江湾，中经川沙的北蔡，南至南汇的周浦、下沙、航头一线形成了一条与冈身平行的沙带，在北蔡西南、沙带内侧的严桥发现了唐代遗址，这说明到公元10世纪的唐代，今天上海市区的大部分都已经成为陆地了。

宋代海岸继续向东推进，北宋时从吴淞江口到海盐一线筑了长达75公里的捍海塘，到南宋这条海塘历经百年已经损坏，于是又修筑了里护塘，其走向大约北起高桥，南经川沙、祝桥、南汇、大团、奉城直至柘林。近年来在里护塘内侧的高桥和惠南镇都发现了南宋的墓葬，大团镇西也发现了大量宋元瓷片，说明里护塘实际上是宋代的海岸线。从东晋到南宋才八九百年，海岸线从冈身到里护塘就向东推进了30多公里，而东晋前的两三千年间冈身只向东移动了几公里，可见江南地区的开发对长江的影响之大。

宋代以后长江主泓改由崇明岛以北的北支入海，南岸沙嘴因泥沙不足而伸展缓慢，所以推进幅度不大。明代万历年间在里护塘外侧修筑了外捍海塘，向外伸展最远还不到5公里。清雍正年间南汇知县钦连重新整修了外捍海塘，所以它又被称作钦公塘。光绪年间在钦公塘外增筑了外圩塘，新中国成立后在其基础上兴筑了人民塘，这就是今天的海岸线。

洪泽湖是怎样形成的？
湖畔的泗州城到哪里去了？

位于淮河下游苏北平原上的洪泽湖是我国第四大淡水湖，水域面积达 2069 平方公里。洪泽湖物产丰富、风光秀丽，放眼望去，烟波浩渺、茫茫一片，船舶穿梭、渔帆点点，如果从空中俯视，它就像一只昂首振翅欲飞的天鹅，吞吐着淮河的巨澜。

大约 200 万年前洪泽湖所在的地区还是一个滨海的泻湖，后来由于泥沙的不断淤积，泻湖逐渐退居内地与海水失去了联系。在淮河南岸的淮阴、盱眙之间的低地形成了众多的小湖荡，如破釜塘、白水塘、万家湖、泥墩湖、富陵湖等。在隋朝以前的史籍中还没有"洪泽"这个名称。隋大业十二年，隋炀帝杨广从洛阳乘龙舟沿运河南下扬州巡幸，时值淮河流域干旱无雨，舟船在运河中行进十分困难。当龙舟经过破釜塘时突然天降大雨，一时水涨船高，舟行顺畅，隋炀帝望着苍茫湖水欣喜不已，自以为洪福齐天、恩泽浩荡，就乘兴把破釜塘改名为"洪泽浦"。

到了唐代人们在原白水塘的右岸修筑堤堰拦蓄洪水，这样白水塘就和洪泽浦连成一片，洪泽浦的水体大增，于是就改称"洪泽湖"了。北宋时曾在淮阴、盱眙之间的淮河南岸开凿洪泽运河和龟山运河，可见当时淮河和南岸诸湖泊还不相连的。12 世纪末黄河在阳武（今河南原阳）决口，河水夺泗入淮，一直到 19 世纪，黄、淮合流 660 年，黄河带来的泥沙逐渐淤积，抬高了淮河下游的河床，造成洪水宣泄不畅，洪泽湖和万家湖、泥墩湖、富陵湖等低洼湖塘连成一片，洪泽湖才初具规模。

图 54　洪泽湖

　　洪泽湖形成后黄河挟带的泥沙不断地淤积在湖盆里，使湖盆渐渐变浅。明、清两朝政府为了保证运河的漕运畅通，实行"蓄清、刷黄、济运"的方针，沿洪泽湖东岸北起顺和集、南止蒋坝修筑了一条宽 50 米、高 18.5 米、全长 38 公里的高家堰石堤，来抬高洪泽湖的水位，想借洪泽湖水来冲刷清口以下黄淮并槽入海河段的淤泥。修筑高家堰抵御了淮河水向东泛滥，然而也抬高了洪泽湖的水位，由于南面有老子山等丘陵的限制，湖区便向西、北方向扩展，形成了弯曲的湖岸，湖面不断扩大，最终成了现在这个样子（图 54）。高家堰的修筑也使洪泽湖成了一个地上湖，一到汛期，洪水四侵，吞噬着湖边的农田和村镇。

　　在盱眙县对岸的洪泽湖边上有一座泗州城，泗州是公元 6 世纪时北周设置的，治所在宿预（今宿迁东南），唐开元时移至临淮（今盱眙对岸），辖境相当于今泗县、五河、天长、盱眙、泗洪等地。泗州城位于汴水入淮处，横跨汴河两岸，上有虹桥相连，唐宋时期为南北要冲，南宋与金通使时都取道于此。泗州城里人口众多、市井繁华，还有著名的"浮梁舟影""禹台晓月"等十景。高家堰筑成后泗州城就受到了洪泽湖水的直接威胁，明正统二年（1437年）、崇祯四年（1631 年）和清顺治六年（1649 年）曾先后三次发生水漫泗州城的惨祸。康熙十九年（1680 年）夏秋季节泗州地区连下 70 多天大雨，黄河、淮河并涨，致使洪泽湖水位猛增，湖堤溃决，滚滚洪流漫天而来，泗州城全城被淹，并最终葬身湖底，沉沦于湖水之中，成为一座中国的"庞贝城"。

　　俗话说"水落石出"，每逢大旱淮河断流的时候，洪泽湖沿湖许多地方的湖底就会露出来，在原来泗州城的位置上就能发现一些残垣断壁，这些残垣断壁就是古代泗州城的遗址。它向人们诉说着一段神秘的历史，吸引着游人前去凭吊探幽。

鲜卑族的老家在哪里？

拓跋鲜卑是我国古代的一个民族，公元338年拓跋族首领什翼犍在大同建立了代国，公元386年鲜卑族又入主中原，统一了中国的北方，建立了北魏王朝，可是仅仅过了148年，到公元534年北魏就分裂为东魏和西魏，再过不到20年东魏、西魏又被北齐、北周所取代，于是，这个在历史上曾经跃马横刀、叱咤风云、统一中原、显赫一时的民族就销声匿迹了。

拓跋鲜卑是从哪里来的？他们在历史的画册上涂抹了灿烂的一页以后又到哪里去了？这又是一个千古之谜。

《魏书》在追述鲜卑族起源时说："国有大鲜卑山，因以为号。……统幽都之北，广漠之野，畜牧迁徙，射猎为业，淳朴为俗，简易为化……推寅立，南迁大泽，方千余里，厥土昏冥沮洳。"这里的"大鲜卑山""幽都""大泽"等都道出了鲜卑族早期活动的范围，但是这些地名都太笼统，鲜卑族的发源地究竟在哪里呢？

幸亏《魏书·乌洛侯传》记载公元443年乌洛侯国遣使朝贡时说道："乌洛侯国，在地豆于之北，去代都4500余里。其土下湿，多雾气而寒……称其国西北有国家先帝旧墟，石室南北90步，东西40步，高70尺，室有神灵，民多祈请。世祖遣中侍郎李敞告祭焉，刊祝文于室之壁而还。"这一段记载告诉我们，在鲜卑族的发源地有一个巨大的石室——山洞，而且山洞里还有北魏时期所刻的碑文，如果能找到它，那么这个问题就解决了。

鲜卑族是因鲜卑山而得名的，可是在他们居住地境内的大山都可以叫作鲜卑山，鲜卑族是一个游牧民族，当他们举族迁徙离开故居后，别的居民入居其地，山名又会被改掉，那么鲜卑山又在哪里呢？

1959 年在内蒙古的扎赉诺尔发现了大批东汉时期的古墓群，经研究断定这批墓葬是东汉时期一支鲜卑族的墓葬，从此掀开了鲜卑考古的新篇章。扎赉诺尔东汉鲜卑古墓群所在的呼伦贝尔大草原水草丰茂，至今仍多沼泽，当是推寅"南迁大泽"之地，那么鲜卑族的发源地还在北边。乌洛侯国的方位是："其国西北有完水，东北流合于难水，其地小水皆注于难，东入于海。"完水即今之额尔古纳河，难水即今之黑龙江，据此推断，鲜卑族的发源地应当在大兴安岭北部一带。

从 1979 年呼伦贝尔盟文物工作站的米文平先生探访考察了位于鄂伦春自治旗的嘎仙洞，"嘎仙"一词是鄂伦春语，来自于满语"嘎姗"，意为村屯，在锡伯语中意为故乡。在光绪二十五年出版的《黑龙江舆图》上虽无"嘎仙洞"，但有"噶珊河"，即今"嘎仙河"和"噶珊山"，锡伯族传说是鲜卑族的后裔，他们把故乡的山水称之为"嘎仙""噶珊"，是出于一种对故乡的怀念与追忆。

嘎仙洞是一个由花岗岩断层自然形成的大石洞，洞口朝南偏西，高 20 多米，长约 100 米，与《魏书》记载的"石室南北 90 步，东西 40 步，高 70 尺"大体一致。1980 年米文平先生终于在第四次考察嘎仙洞时在洞壁发现了北魏时李敞所刻的祝文，祝文通高 70 厘米、通宽 120 厘米，有 19 行 201 个字，内容与《魏书》所载基本相同（图 55），证实了这个山洞就是鲜卑族先祖居住的石室。

鲜卑石室的发现引起了史学界和考古学界的轰动，这一发现被誉为鲜卑学研究发展的第四个里程碑。鲜卑石室的发现也使大鲜卑山、乌洛侯国、地豆于等地理方位得到确定，现在这些地名都已经被标在《中国历史地图册》上了。

图 55　嘎仙洞与洞内祝文拓片

为什么说随县曾侯乙墓是一个音乐宝库？

湖北北部有一个县叫随县，县城西北有一个大土丘名叫擂鼓墩，擂鼓墩东南1公里丘陵尽头的河滩上有两个相距100多米、高出平地20余米的大土包，1977年当地部队为扩建营房用推土机推土，发现东边的土包下面原来是一座保存完好的大型墓葬，这个墓葬比出土西汉女尸的长沙马王堆1号汉墓大了整整5倍。

这座墓葬埋得十分严实，整个墓坑用泥土夯实，夯土下是一层不规则的石板，石板下又是一层2.2米厚的青膏泥，青膏泥下有一层木炭，木炭下面是一层竹网，竹网之下是丝帛，丝帛之下是篾席，篾席之下才是木椁。

墓室面积有220平方米，分为北、东、中、西四室。东室是墓主的寝宫，出土1具双层套棺、8具陪葬棺和1具狗棺，由于墓中大多数青铜器上铸有"曾侯乙作"的字样，可知墓主应该就是战国时名乙的曾国国君。西室放置了13具陪葬棺，北室放置了两件盛酒的大铜缶和大量的兵器、甲胄、车马器，中室放置了大量青铜礼器与乐器。

曾侯乙墓共出土文物7000余件，其中最有价值的是124件乐器，共有编钟、编磬、鼓、瑟、琴、笙、排箫、篪8种和1件不知名的五弦乐器，出土乐器数量之多、质量之好、品种之全、保存之完好都是前所未见的，其中的排箫与建鼓还都是首次发现。曾侯乙墓简直是一个乐器的宝库，被誉为中国音乐史上的旷世奇观。

曾侯乙墓出土了2支排箫，都用13根长短大小依次递减的细竹管并列制成，再用剖开的细竹管分三道缠缚而成。两支排箫长短不一，表明音调有高低，其中一支冲突时还能吹出声音，这是首次发现的先秦时代的排箫。

篪是横吹的七孔竹管乐器，也出土了两件，能吹出十二个半音，这也是目前见到的年代最早的横吹竹管乐器。

笙出土了 5 件，有 12 管、14 管、18 管三种，管内有竹片做的簧片。笙的表面涂着黑漆，上施朱色与黄色的彩绘花纹。

琴有 5 弦和 10 弦两种，瑟有 25 弦，都由整木雕成，瑟的尾端雕有蟠龙，侧面彩绘龙凤纹饰，和以前在信阳、江陵和长沙楚墓中出土的瑟相同。

鼓分建鼓和有柄鼓两种，建鼓的鼓身穿在一根木杆上，木杆插在一个青铜鼓座中心的铜管内，青铜鼓座上铸有大大小小数十条互相纠结缠绕的蟠龙，龙身上还镶嵌有绿松石，实在是一件稀世珍品（图 56）。

编磬共 32 件，出土时分为 4 组悬挂在铜质的磬架上，磬架用青铜铸成，立柱是两个长颈怪兽，横梁有上下两层，满饰错金花纹，两端为透雕的龙形。磬面刻有文字，残存的约为六七百字，内容均为音律、音阶的名称和编号，为我们提供了研究先秦律学的重要资料。

编钟有 64 枚，加上楚惠王赠送的 1 枚特钟共 65 枚，总重量达 2500 多公斤，出土时依大小和音高为序编成 8 组，分别悬挂在三层铜木结构的曲尺形钟架上（图 57），钟架旁边有 2 根粗大的撞钟棒和 6 件 T 字形钟槌，显然这是配套的击打编钟的工具。

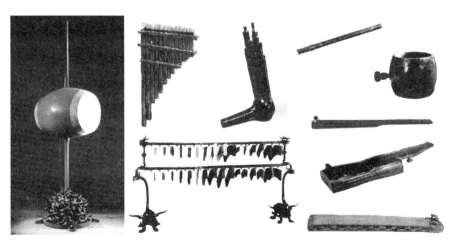

图 56　曾侯乙墓乐器

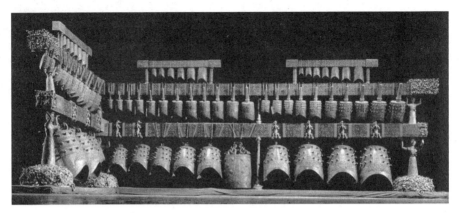

图 57　曾侯乙编钟

　　曾侯乙墓出土的编钟对音乐史研究的贡献最大，每枚编钟都能敲击出两个乐音，编钟上的铭文都标明了它的音律和音阶，分为宫、商、角、徵、羽、变宫、变徵七个音阶，实测证明整套编钟的音阶结构和现在国际上通用的 C 大调七声音阶属于同一音列。它的音域宽广，从最低音到最高音跨越了 5 个八度，比现代的钢琴只在两端各少一个 8 度，其中心音域 12 个半音齐备，可以旋宫转调。经过试奏证明，用这套编钟能够演奏古今中外多种乐曲，它的音色优美、悦耳动听，和音、复调和转调手法的运用已经相当成熟，从而推翻了"中国的七声音阶是从欧洲传来的"传统说法。

　　曾侯乙编钟的学术价值已经得到世界的公认，它证明中国在战国早期就具有了极其发达的音乐文化。我们现在用复制的曾侯乙编钟创作演奏的《编钟乐舞》八音和鸣、众乐齐奏，再现了 2400 年前的楚声韶乐，使我们领略到了中国古老音乐的迷人魅力。

什么叫坟？什么叫墓？
秦汉之前坟墓是怎样演变的？

在动物当中懂得死亡意义的极少极少，据说猿猴会掩埋死去的同伴，大象有象冢，但是都还缺乏确凿的证据。远古时代的人类怎样对待自己死去的伙伴？我们现在只知道3万年前欧洲的尼安德特人已经懂得埋葬死者，并且会把鲜花撒放在死者的身上；1万8千年前中国的山顶洞人也已经懂得埋葬死者，他们让死者穿戴着生前使用的饰品，还在死者身上洒上赤铁矿的粉末。

懂得埋葬死者是一种文明的进步，丧葬习俗是人类文化的一个重要组成部分，不同的葬俗是区分不同考古文化和不同民族文化的重要内容。汉民族及其前身华夏族也许因为是从事农业生产的缘故，我们的祖先对于丧葬最基本的观念是"入土为安"，所以实行土葬。

最简单的土葬就是挖个坑，考古学家称其为竖穴土坑墓。有意埋葬的墓穴一般都挖成长方形，大小可容一人，大而深的竖穴土坑墓有的还留有一层台阶，考古学把它叫作二层台。新石器时代晚期有的遗址里常常发现把死人随意埋在窖穴、垃圾坑或吃剩的贝壳堆里的现象，这些其实不是墓葬，故被称作乱葬坑或贝冢。

大多数墓葬一次葬入后就不再迁移，但也有少数地区的居民有二次葬的习俗，即在埋葬几年后再把死者的骨骸取出来葬入别处，华县一带的仰韶文化墓地就常常见到这种多人合葬在一起的集体二次葬墓（图58）。

根据死者姿势的不同，可以把墓葬分为仰身葬、俯身葬、侧身葬、直肢葬、屈肢葬、蹲踞葬等等不同的葬式。死者头的朝向通常含有一定的意义，葬俗

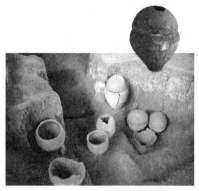

图 58 二次葬　　　　　　　　　图 59 仰韶文化瓮棺葬

不同，死者的头向也往往不同，所以考古学家很注意墓葬的头向。葬具的有无及其样式也是葬俗的一个重要方面，新石器时代的葬具因为年代久远往往难以保存下来，但是有无残留的板灰还是可以提供一些线索。一般用木质葬具即棺材，大型墓葬有的在棺材外面还用木料构成"井"字型或长方形的木椁，棺椁之间用来放随葬品。唐代贵族墓葬常常用石块搭建成类似房屋的石椁。古代小孩子的死亡率很高，小孩夭折后常常被放在大陶瓮中埋在住房附近，这种墓葬称作瓮棺葬，在半坡遗址中可以看到许多这种瓮棺葬（图 59）。

　　新石器时代墓葬中有无随葬品和随葬品的多寡被认为是与私有制产生、贫富分化、阶级对立密切联系在一起的，因而受到特别的关注。一般来说，早期因为随葬品普遍很少，所以显得差距很小，后期因为大墓的随葬品大大增加，所以对比就显得很强烈了。新石器时代人们都用实用器殉葬，反映了中国人"事死如事生"的丧葬观。

　　新石器时代大多数是单人葬，男女合葬的情况比较少。以前考古学家常常把合葬的情况与婚姻的状态联系起来，其实夫妻死后是否合葬？怎样合葬？都是由习俗决定的，并不见得取决于婚姻形态。中国人特别看重血缘关系，活着聚族而居，死后聚族而葬，所以在村落遗址附近常常都有墓葬群。新石器时代大墓和小墓一般都葬在同一个墓地，说明贫富的分化并没有割断血缘的纽带。但是在新石器时代晚期太湖流域的良渚文化中出现了大墓集中葬在一起、小墓另外葬在一起的现象。大墓和小墓分区埋葬的现象说明贵族和平民的界限已经变得非常清晰了。商周时代把贵族墓葬区叫作公墓，把平民墓葬区叫作邦墓，这种族葬制度大概就是从良渚文化发源的。

把人当作牺牲用来殉葬、用于祭祀、或者用来奠基的做法在新石器时代是很常见的，这种做法只能说明其野蛮，说明其轻贱人的生命，而不能说明已经出现了奴隶制度。然而把人当作牺牲奉献给祖先神灵在当时的人们看来一定认为是非常神圣的。

商周时代仍然流行长方形的竖穴土坑墓，但是大中型墓葬由于挖得比较深，为了便于下葬，因此要有斜坡墓道通往墓底。中型墓只有一条墓道，墓的平面呈"甲"字型；大型墓有的有两条墓道，墓的平面呈"中"字型；有的有四条墓道，墓的平面呈"亚"字型。墓的大小与形制和死者的身份、地位的高下有着密切的联系，殷墟最大的"亚"字型墓墓室面积有 330 平方米、深 15 米，最大的"中"字型墓墓室面积有 170 平方米、深 7 米，"甲"字型墓面积在 10 ～ 20 平方米之间，小墓只有 2 ～ 3 平方米。

墓是埋葬死人时所挖的坑，又叫圹，埋葬死人后在墓上堆筑起来的封土堆叫作坟。商周时代墓葬的特点是有墓无坟，不封不树，有的大墓像殷墟妇好墓在墓口上夯筑土台，在土台上建一座房屋，作为死者灵魂安息的寝殿。商人实行单人仰身直肢葬，没有发现过夫妻合葬墓。商人常常在墓底的中部挖一个坑，殉一条狗，大墓则殉一个人。商代十分迷信，盛行用人和犬马殉葬的做法，墓地上还有公共祭祀场，密密麻麻地分布着埋有人牲或犬牲的祭祀坑（图60），这是延续了新石器时代人殉人祭的习俗，并将其推到了极点。

西周的墓葬制度大体上是继承商代的，由于尚未发现西周王陵，因此只见过"中"字型墓和"甲"字型墓，前些年在周原发现几座"亚"字形大墓，但是均被盗掘一空，无法证明它们是西周王陵。按照西周的礼制，墓葬的规模、棺椁的重数、随葬品的多寡与组合都有严格的规定，例如天子用七重棺椁、诸侯用五重、大夫用三重、士只能用两重；天子陪葬用九鼎八簋、诸侯用七鼎六簋、大夫用五鼎四簋、士只能用三鼎二簋或一鼎。墓内葬不下的东西特别是车马，就在墓旁附设车马坑。西周大墓中杀殉的现象比商代大大减少，这是文明的进步，但是人殉现象一直到明清时代也没有绝迹。周人实行夫妻

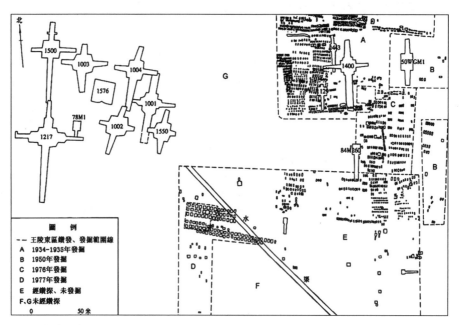

图60　殷墟王陵区平面图

异穴合葬，即夫妻死后分别葬在两个互相紧靠的墓坑中，这种制度到东周时更加普遍。

西周时生活在宁镇地区的吴人的墓葬叫作土墩墓。由于江南地下水位高，他们在平地放置棺材和随葬品后用土堆成馒头形土墩，有坟丘而无墓穴。而中原地区要到春秋时期才开始出现有高大封土的坟丘墓，或曰冢墓。《礼记》说坟丘的出现是因为孔子父母死后为了便于辨认墓葬而开始堆筑的。坟丘一出现就发展得极快，战国时《吕氏春秋》抨击说："世之为邱垄也，其高大若山，其树之若林。"春秋战国时期冢墓的这种高大封土堆仍有许多残留至今。春秋战国时代的葬制沿用周礼，但是诸侯贵族往往僭越逾制，丧葬的规格每每超过自己的身份，这也是"礼崩乐坏"的一个表现。

战国时期的大墓常常在墓室里堆积木炭来吸湿防潮，在墓室上部堆积石块作为防盗措施。南方的楚墓则用一种白色或青色的胶泥充填在棺椁周围，由于胶泥的密封性能很好，因此楚墓中的尸体和随葬漆器、丝织品往往能保持两千多年而不朽。

秦王朝延续的年代很短，但是秦朝所开创的许多制度却沿用了很长时间，其中在陵墓制度方面的一大改革就是把原来筑在墓顶的寝移到了墓侧，从而解决了礼制规定"适墓不登垅"和墓上筑寝的矛盾。秦国地处西陲，秦人习俗是死者头向西、坟墓面朝东，所以秦始皇陵的方向是朝东的，兵马俑的方向也是朝东的，这和中原华夏族死者头向北、坟墓面朝南的习俗不同。赵国与秦国的祖先是同宗，所以邯郸的赵王陵墓向也是朝东的。西汉皇室是楚人，但是西汉皇陵的方向也都朝东，可见"汉承秦制"是十分彻底的。

商周时代供死者灵魂起居的寝殿筑在墓上，祭祀死者的宗庙建在国都中。宗庙是供奉祖先神主牌位的地方，但是除了祭祖以外，朝会、聘礼、策命、授兵、献俘等等重大的政治活动和典礼仪式也都在宗庙里进行，所以宗庙的地位比朝廷还重要。战国时代随着天子的衰落和国君集权制度的确立，朝廷的地位大大加强，成为政治活动的中心，而宗庙则成为单纯祭祖的场所。到了西汉干脆把宗庙也搬到了陵园附近，这就是所谓的"古礼庙祭，今俗墓祀"。汉代不仅帝王墓祀，平民也把祠堂建在墓侧，进行墓祀。东汉时这种祠堂多是用石材建造的小屋，残留至今的有山东肥城孝堂山的郭巨祠和嘉祥县的武氏祠。

战国时期的小墓中出现了在竖穴旁侧另挖横穴作为墓室的土洞墓和用空心砖砌筑椁室的空心砖墓。这两种墓葬的出现意味着传统的竖穴土坑墓发生了变化。到了西汉中期首先在中原地区开始流行模仿房屋的横穴墓，西汉的横穴墓大多用空心砖建造，东汉时小砖逐渐取代了空心砖，西汉晚期还出现了用石材建造的石室墓，到东汉石室墓盛极一时。在这些筑墓的砖石上常常模印或雕刻有各种图案花纹和生活场景，故被称为画像砖和画像石。汉代还流行崖墓，即在山崖中穿凿洞穴作为墓室。对于砖室墓、石室墓和崖墓来说墓室本身起了椁的作用，所以这些墓里就不再用椁了，棺也只用一重而不用多重，商周旧葬制至此荡然无存了。

中国历代皇帝的陵墓在哪里？它们是什么样的？

皇帝为了显示出他们与众不同的身份，规定了许多只有他们能够使用的名称，例如自己称"朕"、图章称"玺"、命令称"制"等等，而皇帝的坟墓称为"陵"。

第一座皇帝的陵墓就是秦始皇陵，在西安的骊山脚下，现在还残存有46米高的巨大封土堆。秦始皇陵的陵园有内外两层园墙，寝殿和便殿在陵北的内城垣内；封土西侧发现了埋有两乘大型彩绘铜车马的车马坑，陵西内外城垣之间分布着大型马厩坑、跽坐俑坑、珍禽异兽坑和大片房屋的地基；外城垣以东有著名的兵马俑坑。整座陵园气势宏伟，可惜在项羽入关后被一把大火烧得荡然无存。

西汉共有11座帝陵，除了文帝的霸陵"因山为藏"以外，其余10座都有高大的坟丘，夯土筑成，呈覆斗形，俗称"方上"，其中武帝茂陵最大，240米见方，高46米，宣帝杜陵最小，150米见方，高26米。这些陵墓在咸阳原上一字排开，绵延几十里。每座陵墓四周有夯筑的陵园围墙，四面有门，门前立有双阙。汉制帝后同茔不同陵，后陵和其他大臣的陪葬墓大都分布在帝陵的近旁，形成匍匐于帝陵脚下的态势。先秦的公墓邦墓制度到秦汉也变成皇帝高高在上的帝陵中心制度了。

秦始皇把寝殿搬到了陵墓旁边，西汉干脆把宗庙也建到了陵墓的附近。寝殿是皇帝的灵魂起居的地方，里面陈设着死去的皇帝的"衣冠、几仗、象生之具"，"宫人随鼓漏理被枕、具盥水、陈严具"，"日上四食"，完全像侍奉活人一样地服侍死者。每个月举行祭祀时，还要把寝殿中皇帝的衣冠取出来送到宗庙里去转一圈，叫作"月一游衣冠"。

东汉的帝陵分布在洛阳北面的邙山上，规模没有西汉那么雄伟。从东汉明帝开始把正月和八月两次最重要的祭祀典礼也搬到了陵上的寝殿中，这样就形成了所谓的上陵制度。同时又废除了为每位祖先立一个庙的做法，改为把历代神主汇集于一个太庙的做法。这一改革对后世产生了深远的影响。

两汉的帝陵分别在赤眉起义和董卓之乱的时候被盗掘破坏了，所以曹魏时就把汉代的陵寝制度废除了，采取"因山为体，无为封树，无立寝殿"的做法，据说曹操自己还搞了72座疑冢，至今也不知道真墓在哪里。曹魏的这一做法对唐代的陵墓制度发生了很大的影响。

唐代的帝陵大多在山腰间凿洞作为墓室，埋葬后外面不露痕迹，在陵山前面建有祭祀用的献殿，而把寝殿搬到了山下西南方较远的地方，故又称下宫。墓园南门外是长长的神道，从高宗乾陵开始形成了夹神道两侧陈列石刻雕像的石像生制度。在帝陵前面的山上山下如群星拱月似的散布着众多的王子、公主和大臣的陪葬墓。

北宋帝陵在河南巩县，除了徽、钦二宗客死漠北外，其余七个皇帝都葬于此。宋陵筑在平地上，坟丘为覆斗式二层陵台，陵台之下就是墓室。陵前献殿称为上宫，下宫建在陵墓的西北方，神道两旁的石像中多了石虎石羊，石人还分出了文臣和武将。宋代规定皇帝生前不能兴建寿陵，而死后7个月内必须下葬，建墓的时间只有7个月，所以规模比唐代帝陵要小得多。巩县宋陵在金兵南下之时全部被发掘破坏了。

南宋6个皇帝的坟墓坐落在浙江绍兴城外的宝山下，既没有高崇的陵台，也没有神道两侧的石雕，原先只在墓上盖一座房子，叫作攒宫，意思是暂时攒集梓宫以便将来迁回北方老家的墓地去安葬，可是一直到南宋王朝灭亡也没能迁成，倒是在元军南下以后被洗劫一空。

西夏王陵在银川以西的贺兰山东麓，其陵园制度深受宋陵的影响，但又有自己的民族特点。每座陵园都有两道园墙，外城南门外有门阙，内有石像生，墓前也有献殿，但是墓室不在陵园的正中，而是偏在西北隅，封土也不做成覆斗式，而是夯筑成多层有檐佛塔的形式，这在历代陵墓中独具一格。

北方草原上游牧民族的墓葬常常采取潜埋、不起坟丘，也不立标志的做法，所以许多少数民族领袖的墓葬至今都不知所在。元朝的统治者是蒙古族，他们的陵墓也无从考证。内蒙古伊金霍洛旗的成吉思汗陵是一座纪念性建筑，并不是真正的成吉思汗的葬地。

明朝的帝陵发生了较大的变化。首先是封土堆由方形改为了圆形，叫作宝顶，其次是取消下宫、扩大献殿，再次是把陵园改成由前方后圆几个院落组成。明陵的第一院落较小，大门叫祾门，院内有碑亭、神厨、神库；第二院落的大门叫祾恩门，院内的祾恩殿是陵寝的主体建筑，两侧有配殿和焚帛炉；第三院落大门叫内红门，内有牌坊和五供台，台上供放着一个香炉、两个花瓶和两个烛台；其后就是宝顶，宝顶周围有墙，叫作宝城，宝城正面有一座方城，方城上的城楼叫明楼，明楼中间竖立着墓碑。朱元璋的孝陵在南京，朱棣以后的明朝皇帝都葬在北京十三陵。

清朝皇帝的陵墓分别葬在河北遵化马兰峪的东陵和河北易县的西陵，陵墓的制度基本上依照明陵的格局，变化不大。

太湖地区丘陵顶部的石室土墩墓是什么人的墓葬?

苏南浙北太湖周围一带许多丘陵低山的顶部都有顺着山脊分布的或多或少内部筑有长方形石室的馒头形土墩。这种有石室的土墩在民间和方志里被称为"风水墩""藏兵洞""古战堡""炮墩""烽火墩"等等。自1954年以来江浙两省的考古工作者已发掘了几百座这类石室土墩,认识到它们不是什么军事设施,而是一种特殊的墓葬。

石室土墩墓主要分布在太湖周围的苏州、无锡、常熟、江阴、武进、宜兴、长兴、吴兴、德清、安吉、余杭、临安、海宁等地,在浙东的萧山、绍兴、上虞及富阳、桐庐等地也有发现。其中太湖周围地区分布最为密集,据航空遥感技术调查,光太湖周围的吴县、无锡县、武进县,宜兴市、长兴县和吴兴县境内就发现了2700多座。

石室土墩墓筑于山坡与平地的极少,绝大部分都筑在山顶,顺山脊或远或近一字排列。筑墓时选择山顶平整的石面或板实的土面就地取材用石块垒成长条形的石室,石室大多朝向山的高处,方向与山脊走向一致。石室内壁砌得很平整,后壁直立,两侧壁上部逐渐内收,上面用大石盖顶,墓口用石块垒砌封门墙,墙外是长短不一的墓道。石室外面用土石堆成馒头形土墩,有的土墩外围底部还用石块砌出护坡。石室土墩墓的规模大小相差悬殊,小的石室长3米、宽0.45米,土墩高2.5米、底径8.5米,大的石室长20米,宽1.8米,土墩高7米,底径21.5米(图61)。

石室土墩墓都是一墩一室,随葬品一般放在石室后部。在不少石室中还发现有两组或多组时代不同的器物放置在前后不同部位或被淤泥间隔而上下

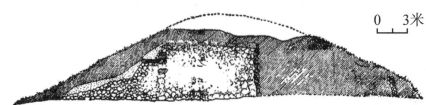

图 61　常熟虞山山顶石室土墩墓

叠压的现象。这些现象显然是由于人们在不同时期利用同一石室多次埋葬死者而造成的。这种特殊的葬俗既不是殉葬，也不是合葬，而是一种一墩多墓的特殊葬俗。

石室土墩墓中的随葬品较多，一般在 10 ～ 30 件之间，多的有 60 余件，少的仅 4 件。以陶瓷器为主，其中原始瓷约占 50%，硬陶约占 40%，泥质陶和夹砂陶占 10% 左右，几乎不见青铜器和石器。器类主要是豆、碗、坛、罐、瓿之类的盛器与食器，缺少鼎、釜之类炊器，从未发现过陶鬲，除陶纺轮和陶网墬外也很少见到生产工具和武器。

根据石室土墩墓中出土的陶瓷器可以断定，它的时代大约相当于西周中期到战国前期。

太湖地区的石室土墩墓和宁镇地区的土墩墓外形都有高大的土墩，出土的陶瓷造型、纹饰也都相近，但是它们仍有极其明显的差别，主要表现为：

（1）葬地不同。石室土墩墓大都筑在石山的顶脊或者坡垄上；而土墩墓大都分布在山坡或平地上。

（2）墓葬结构不同。石室土墩墓中砌有长条形石室；而土墩墓一般为平地堆土掩埋而成，有的在平地上用石块铺砌一层石床，也有挖掘浅墓坑的。

（3）出土器物的陶系不同。石室土墩墓中硬陶与原始瓷占 90% 左右，夹砂陶几乎没有；而土墩墓中硬陶、原始瓷、泥质陶和夹砂陶大约始终各占 1/4。

（4）陶器组合不同。石室土墩墓中没有炊器；而土墩墓中有鼎、鬲、釜、瓿之类炊器。

（5）石室土墩墓中不用铜器陪葬；而大型土墩墓中却出土大批青铜器。

（6）石室土墩墓中出土的陶器上已发现有十多个陶文，其字形和上海马桥、江西吴城等地发现的陶文相似，具有南方陶文的共同特征；而在土墩墓中没有发现这类陶文。

（7）渊源不同。石室土墩墓源于本地区的土墩墓。在衢州、义乌、江山、淳安、慈溪、海宁等地都发现过西周早期土墩墓，这些墓中常常用卵石铺底或挖一浅坑，坑内用石块砌筑坑壁，这些墓中也主要出土硬陶和原始瓷，陶瓷器的形制与石室土墩墓中的陶瓷器也可以衔接。在长兴便山、海宁夹山和慈溪彭东、东安等地还发现这类土墩墓和石室土墩墓错杂分布在山脊上的共存现象，证明两者确有渊源关系。在浙江的江山、遂昌、淳安和福建的光泽一带还发现了早到夏商时期的土墩墓。据研究，它们就是石室土墩墓的源头。浙西南地区的这种土墩墓和宁镇地区的土墩墓是有区别的。宁镇地区的土墩墓中虽也有铺砌石床的现象，但它从本地区平地掩埋的葬俗发展而来的脉络很清楚。宁镇地区的土墩墓是在湖熟文化基础上吸收了来自东南方向、即石室土墩墓的文化因素后形成的。

（8）延续年代不同。宁镇地区的土墩墓到春秋末随着吴国的灭亡就消失了；而太湖—杭州湾地区的石室土墩墓要晚到战国时期才逐渐被土坑墓和木椁墓所取代。

（9）分布区域不同。石室土墩墓主要分布在武进、宜兴一线以东；而土墩墓则主要分布在武进、宜兴一线以西。

上述种种差别表明，石室土墩墓和土墩墓是属于两种不同文化的墓葬，根据其分布的区域、存在的年代和包含的内涵来分析，石室土墩墓应是越人的墓葬，而土墩墓应是吴人的墓葬。

太湖周围大量分布的石室土墩墓证明，从西周中期到春秋中期这一带曾是越人生活的地区，但是到了春秋后期，吴人逐渐向东发展，不但占据了太湖北部地区，而且把都城也迁到了那里，于是吴越之间的矛盾就发展到形同水火、势不两立的地步了。

华南地区的悬棺葬是什么人的墓葬?

在我国的华南地区普遍分布着一种特殊的墓葬——悬棺葬。

悬棺葬主要分布在闽、赣交界的武夷山地区,浙南金衢地区与温州一带,湘西沅江、澧水流域,鄂西川东长江三峡地区,鄂西南清江流域,川南南广河与滇东北金沙江一带,川黔湘鄂交界处的乌江、酉水流域,湘南桂北的湘江流域,桂西南左右江流域以及台湾地区(图62)。

华南各地悬棺葬的年代先后不一:福建武夷山悬棺葬的年代最早,可以

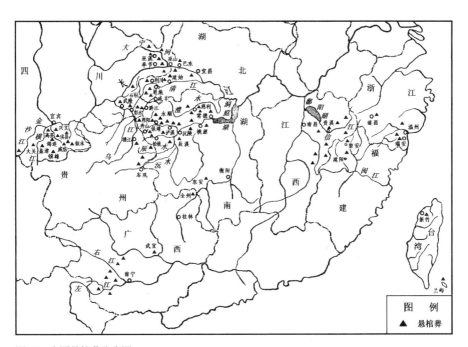

图62　中国悬棺葬分布图

早到商周时期；武夷山西北侧江西贵溪仙岩及其临近地区的悬棺葬约为春秋晚期至战国早期；浙江遂昌和浙南沿海地区的悬棺葬年代可能比贵溪略晚，但下限不晚于三国时期；台湾悬棺葬的年代上限至少到三国时期，下限直到近现代；长江三峡地区悬棺葬的年代大致为战国至东汉；川黔湘鄂交界地区的悬棺葬大约从西晋流行到明代中期；川南滇东北的南广河金沙江一带悬棺葬的年代上限为元朝，下限为明朝末年；湘南桂北的湘江流域悬棺葬流行于唐代到明代；广西左右江流域的悬棺葬年代较晚，延续的时间从唐朝到明清时期。从时间上看，年代最早的在东南沿海地区，越往西南内地年代越晚；从空间上看，悬棺葬有逆长江水系西上的特点——溯长江越往西去，悬棺葬的年代越晚。

华南悬棺葬的墓主是什么人？据研究，福建、浙江、江西、台湾的悬棺葬均与古越人以及与越人关系十分密切的南岛语族的民族有关；长江三峡地区的悬棺葬为古代濮人和越人后裔的墓葬；湘西黔东北的悬棺葬与五溪蛮中的僚人及其后裔仡佬族有关；川南滇东北的悬棺葬是春秋战国以来就劳动生息在这片土地上的僰人后裔——都掌人的墓葬；湖南广西的湘江流域的悬棺葬与古代越人、僚人有关；广西左右江流域的悬棺葬是广西壮族及其先民的遗存。

华南悬棺葬的时代与族属可以表列如下：

分布地区	墓主族属	延续时代
浙赣武夷山	干越、闽越	商周、春秋早—战国晚
浙南沿海	瓯越（东瓯）	战国—三国
台湾	外越	三国—近代
长江三峡	夔越、濮	战国—东汉
川黔湘鄂	僚	西晋—明中期
湘南桂北	陆梁（内越）	唐—明
广西左右江	西瓯、骆越—俚、僮（壮）	唐—明清
川南滇东北	僰人后裔都掌人	元—明末

图 63　各种不同形式的悬棺葬

悬棺葬最大的特点是葬地都选在临江面水的悬崖峭壁上，棺木距水面十几至几十米，甚至有高达一二百米的。棺木安置在悬崖上的方式有木桩架壑式、天然洞穴式、人工开凿横穴式、人工开凿方穴式、悬崖木桩式、岩礅式、岩缘式等多种（图 63）。

悬棺葬中所使用的最独特而富有情趣的葬具是由整木挖凿而成的船形棺，还有用整木挖凿而成的圆形或方形的独木棺，用木版拼合的葬具很少见。悬棺葬的葬制有一次葬和二次葬之分，少数地区如四川珙县、广西左江的龙州、崇左等地的悬棺葬周围还发现有崖画分布。

悬棺葬中的随葬物品因年代久远遭自然与人为因素破坏的缘故，保留下来的很少，据现在所掌握的资料，主要是生活用品，生产工具很少。由于悬棺葬延续的年代很长，各地出土的物品时代与风格不一。福建崇安武夷山悬棺葬中出土 1 件龟状木盘与竹席、纺织品等残片；江西贵溪仙岩悬棺葬出土了 75 件陶器，其中有 22 件黑皮灰陶、53 件酱褐色硬陶，49 件原始青瓷，56 件竹木器，36 件纺织器物与 4 件玉石器；川南南广河流域的珙县、兴文县一带保存悬棺最多，出土物也最丰富，1974 年清理了 10 具悬棺，出土 100 多件衣服、40 多件竹木器瓷器，均系生活用品；三峡地区的悬棺中出土过楚式木梳、巴式剑、汉半两与汉五铢钱、铜带钩等小件铜器、残竹木器与纺织品；贵州松桃苗族自治县仙人岭悬棺中出土过釉陶碗和麻布衣；此外，在湘西川东南的沅江、酉水、澧水、乌江流域，鄂西清江流域，广西左右江流域等地悬棺保存情况不好，出土物极少。

秦始皇陵被盗过吗？

秦始皇征服六国、统一天下，认为这是"自上古以来未尝有，五帝所不及"，于是定尊号曰"皇帝"。秦始皇是中国第一个皇帝，在他执政的短短 11 年中进行了一系列行政与文化建置，兴建了一大批建筑工程，其中之一就是在骊山脚下为自己营造规模巨大的陵墓。

据《史记·秦始皇本纪》记载："始皇初即位，穿治骊山，及并天下，天下徒送诣七十余万人，穿三泉，下铜而致椁，宫观百官奇器珍怪徙臧满之。令匠作机弩矢，有所穿近者辄射之。以水银为百川江河大海，机相灌输，上具天文，下具地理。以人鱼膏为烛，度不灭者久之。"《汉书·刘向传》也说秦始皇陵"珍宝之藏，机械之变，棺椁之丽，宫馆之盛，不可胜原"。

80 年代陕西的考古工作者用地球化学探矿方法——汞量测量技术对秦始皇陵封土堆及其周围地区土壤的含汞量进行了测量，果然发现封土堆中央土壤的含汞量异常偏高，超出正常状态十几倍，证明"以水银为百川江河大海"的记载是真实的（图 64）。

公元前 210 年秦始皇在巡游途中死于沙丘，九月下葬，秦二世又令后宫无子者皆从死。为了防止盗掘，"葬既已下……闭中羡，下外羡门，尽闭工匠臧者，无复出者"。汉末刘向说，宫人和工匠因此而致死者"计以万数"。清人钱锴作《始皇陵咏》诗感叹道："叩之空空但铜漆，复设机弩如警雷。骨枯何待工匠泄，羡门一闭万鬼哀。"

秦末大起义项羽在巨鹿击溃秦军主力后入主关中，当项羽退出关中东归时一把火烧了阿房宫，火三月不灭，但是项羽是否发掘了秦始皇陵？几千年

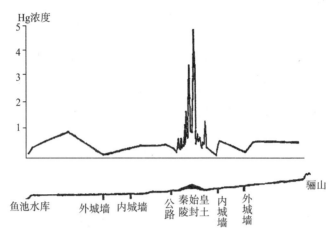

图 64　秦始皇陵汞含量图

来聚讼纷纭。据《史记》《汉书》记载，刘邦在广武与项羽对峙时指责项羽十大罪状，其中之一就是"烧秦宫室，掘始皇帝冢"。但是王充《论衡》说："秦始皇葬于骊山，二世末，天下盗贼掘其墓。"《太平御览》引《皇览》说是"关东贼发始皇墓"，但《水经注》说是"项羽入关，发之……关东盗贼，销椁取铜。"《三辅故事》则说："始皇葬骊山……为项籍所发。"项羽发掘秦始皇陵的传说后来被一些文人墨客渲染得沸沸扬扬。

关于秦始皇陵的被毁，《汉书·刘向传》中还有一种说法，说是项羽掘墓以后，有"牧儿亡羊，羊入其窟，牧者持火照求羊，失火烧其臧椁"。这种说法流传甚广，《水经注》《三辅故事》《三秦记》等文献都这么说，后世文人所作的咏史诗也多有论及此事的。

秦始皇陵究竟有没有被盗掘过？还是要根据考古发掘的结果来确定。

从秦始皇陵地面建筑的遗迹来看，寝殿、门阙、角楼、食官、园寺、吏舍等遗址上多残留有红烧土、木炭和残砖断瓦，食官遗址的铺地石中的木构都已成了木炭，大型板瓦和筒瓦都覆压在地下，这显然是整个屋面坍塌所致，可见当时火势之猛烈。

发掘秦始皇陵1号兵马俑坑时发现木构建筑大都变成了木炭或灰迹，证明它确实被大火焚烧过，而且许多陶俑是被打碎的，陶俑手中的兵器和车马器也基本上被拿走，连战车的轮子也都被卸下取走了，显然在焚毁前曾经遭到过人为的破坏。这种破坏绝不是私人盗掘所为，而是与重大的政治变故有关。联系到陵园内地面上现在还堆积着很厚的被烧过的残砖断瓦和炭灰、红烧土，有人认为1号兵马俑坑和陵园的地面建筑都是被项羽焚毁的。

　　然而根据秦始皇陵周围考古钻探所获得的资料表明，在地宫上口的围墙内以及通向地宫的墓道上至今还没有发现足以通向地宫的盗洞。在秦始皇陵西侧的铜车马坑上面倒发现了两个盗洞，但深度还不到9米，连通道侧室的铜车马都没发现，离开地宫还很遥远。所以有学者认为秦始皇陵地宫经历两千多年至今仍然完好，文献中关于项羽掘墓和地宫被焚的记载都可以予以否定。

现在已经发现了多少新石器时代的城堡遗址？

恩格斯在《家庭、私有制和国家的起源》一文中说："在新的设防城市的周围屹立着高峻的墙壁并非无故：它们的壕沟深陷为氏族制度的墓穴，而它们的城楼已经耸入文明时代了。"城堡作为一种文明社会的重要因素而受到考古学家特别的关注。

山东地区的龙山文化是一支高度发达的新石器文化，近年来发现了一系列龙山文化的城堡遗址，并且发现存在着由中心城或大型遗址、临近的城邑遗址和聚集在它们周围的村邑遗址构成的二级或三级聚落群。（见表一）

表一　　　　　　　　　　　　龙山文化聚落群

序号	位置	中心城或大型遗址	临近的城邑遗址	周围的村邑遗址
1	茌平	教场铺 40 万 M²	大尉、乐平铺、尚庄、王集等 4 座，面积 3 万～4 万 M²	31 处，1000 万 ～ 1 万 M²
2	阳谷	景阳冈 35 万 M²	皇姑冢 6 万 M²　王家庄 3 万～4 万 M²	？
3	章丘	城子崖 20 万 M²	6 个，3 万～6 万 M²	30 余处，1 万～2 万 M²
4	邹平	丁公 11 万 M²		16 个，0.5 万～2 万 M²
5	临淄	田旺 15 万 M²		17 个
6	寿光		边线王 5.7 万 M²	61 处

（续表）

序号	位置	中心城或大型遗址	临近的城邑遗址	周围的村邑遗址
7	日照 五莲	两城 90 万 M²	尧王城 48 万 M² 丹土 25 万 M²	7 个， 0.5 万～8 万 M²
8	临沂	张家寨里 75 万 M²	7 个， 25 万～49 万 M²	86 个， 1 万～20 万 M²
9	滕州		尤楼 2.5 万 M²	？
10	兖州	西吴寺	？	？
11	蒙阴	吕家庄	？	？
12	费县	古城	？	？

　　龙山文化聚落群的三级结构表明其社会结构已经非常复杂。有人认为，龙山文化聚落群的这种分布状态表明其社会形态已经进入了酋邦阶段，有人认为，这些具有"都、邑、聚"的金字塔形等级结构的聚落群都是东土古国，而且与五帝时代的黄帝、颛顼、唐尧、虞舜、蚩尤等有关。不管我们怎样理解龙山文化聚落群的复杂结构，如果与同时代中原地区的聚落群相比（见表二），我们可以看出，山东龙山文化的社会发展水平绝不比中原龙山文化低，而从已知的材料看，在某些方面可能还要高于中原龙山文化。

表二　　　　　　　　　　　　**中原龙山文化聚落群**

序号	位置	中心城或大型遗址	临近城邑遗址	周围村邑遗址
1	项城	毛冢 21 万 M²		5 个
2	辉县	孟庄 16 万 M²		？
3	安阳	后岗 10 万 M²		16 个
4	安阳	大寒 25 万 M²		17 个
5	淮阳		平粮台 5 万 M²	9 个， 0.5 万～6 万 M²
6	登封		王城岗 1 万 M²	？
7	郾城		郝家台 3.3 万 M²	？

（续表）

序号	位置	中心城或大型遗址	临近城邑遗址	周围村邑遗址
8	新密	古城寨 17.6 万 M^2	?	?
9	晋西南	陶寺早期 128 万 M^2 陶寺晚期 230 万 M^2	4 个， 24 万～50 万 M^2	29 个， 1 万～12 万 M^2

在长江中游地区的石家河文化同样发现了多座城堡遗址（见表三）：

表三　　　　　　　　　　　石家河文化聚落群

序号	位置	中心城堡遗址	周围村邑遗址
1	天门	石家河 120 万 M^2	40 个
2	澧县	鸡叫城 20 万 M^2	
3	江陵	阴湘城 20 万 M^2	
4	石首	走马岭 7.8 万 M^2	
5	荆门	马家垸 24 万 M^2	
6	应城	门板湾 20 万 M^2	

在长江上游成都平原上也发现了 5 座新石器时代的城堡遗址（见表四）：

表四　　　　　　　　　　　成都平原新石器文化城址

序号	位置	中心城堡遗址
1	新津	宝墩城 60 万 M^2
2	温江	鱼凫城 32 万 M^2
3	郫县	梓路古城 32.5 万 M^2
4	都江堰	芒城 12 万 M^2
5	崇州	双河古城 15 万 M^2

位于长江下游的浙江余杭良渚镇的莫角山遗址是一片面积为 30 余万平方米的高地，上面有三座人工堆筑的高大土墩，周围发现有一圈城墙遗址，城墙包围的面积达 290 万 M^2，这应当是相当于"都邑"的良渚文化中心遗址。

在莫角山遗址周围 10 公里宽、5 公里长的范围内还有 6 个 5 万～15 万 M^2 的遗址，17 个 1 万～5 万 M^2 的遗址，29 个 1 万 M^2 以下的遗址。

在内蒙古河套地区新石器时代曾经存在过一种与中原地区不同的石城遗址，据勘察，已在包头以东的大青山，凉城岱海西北岸和准格尔旗与清水河县之间的黄河两岸发现了 18 座用石头垒筑的城堡遗址，面积在 1 万～13 万 M^2 不等。最近在陕北神木石峁发现了一座面积达 425 万 M^2 的用石头垒筑的城堡遗址，年代从龙山文化中期延续到二里头文化早期。

上述这些城堡遗址都属于距今 4000～5000 年间的龙山时代，而属于年代更早的仰韶时代的城堡遗址也已经发现了 3 座（见表五）：

表五　　　　　　　　　　新石器时代早期城堡遗址

序号	位置	城堡遗址	年代
1	湖南澧县	城头山 7.6 万 M^2	大溪文化至屈家岭文化中期（公元前 4000～2800 年）
2	河南郑州	西山 3.4 万 M^2	仰韶文化晚期（公元前 3300～2800 年）
3	山东滕州	西康留 3.5 万 M^2	大汶口文化晚期（公元前 3000 年）

这众多城堡遗址的发现大大丰富了我们关于新石器时代的知识，改变了我们对新石器时代的看法。新石器时代也许并不像我们想象的那么"原始"和"野蛮"，它一定还隐藏着许多未知的信息，有待于我们去探索。

商周时代的"国"是什么样的?

商周时代的聚落叫作"邑",甲骨文写作 🀫、金文写作 🀫,上面是口,像一座城垣,下面为一个跽坐的人形,表示邑是住人的地方。商代的城市叫邑,村落也叫邑,而宗庙所在的城邑叫作"都"。《说文解字》说:"邑,国也。"商周时代还处于小国林立的状态,一个大的聚落、一个城堡就是一个方国,周天子"封邦建国",就是让诸侯带着自己的族人去征服一片地方,建造一个城堡,形成一片聚落,组成一个邦国。

城、市、城市这三个概念的内涵是不同的,城指城堡、城垣,是一种防御性的设施,市是指市场,而城市是人类社会发展到一定阶段才出现的一种有别于乡村的高级聚落形态。欧洲中世纪居住在庄园里的贵族建造了一个又一个城堡,而城市是以市场为中心逐步发展形成的,所以欧洲的城市是经济中心。然而在中国古代城堡是建造在宗族聚居的聚落周围的,而市场只是作为附属物依附在城里,《考工记》说"前朝后市",市场被安排在宫廷的后面,所以中国的城市是政治中心。东西方的城市虽然都有城堡的外形和交易的市场,但内涵却是不同的。

城市的周围不一定有城垣围绕,但是有城垣围绕的城市早在五六千年前的大溪文化和仰韶文化时期就出现了。到了商周时代城市的规模和数量都有了很大的发展。

商代的都城遗址现在已经发现了5处:偃师商城、郑州商城、小双桥遗址、洹北商城和安阳殷墟。

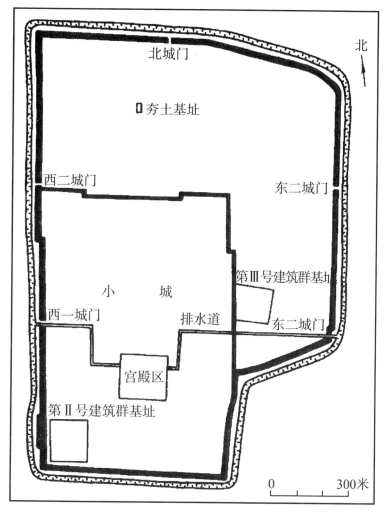

图 65　偃师商城平面图

　　偃师商城位于偃师市城区西南，有两重夯土城垣，内城的西垣和南垣与外城重合，外城面积约 2 平方公里，城墙宽 17 ～ 18 米，已发现 5 座城门和多条与城门相通的主干大道，路土之下还发现了由石板铺底、石柱或木柱承托木盖板构成的排水沟。内城正中有一 200 米见方的夯土建筑基址群，周围有围墙围绕，这应当是宫城，城的南部分布着 10 多处大型夯土建筑基址群，城的北部则发现了制陶遗址、铸铜遗址和中、小型房屋，城墙内侧有小型墓葬群。偃师商城可能是商代初期成汤的都城亳（图 65）。

　　郑州商城位于郑州市区及郊外，夯土城址坐落在中部，墙基宽 20 米，面积约 3 平方公里，在南墙外侧 600～1100 米处还有夯土的外城垣，遗址总面积达 25 平方公里。在城内东北部集中分布着夯土建筑基址群，这里应当是宫殿区，城内其他地区普遍发现有夯土建筑基址、大面积商代文化堆积和小型房址、水井。在城外则散布着居住遗址、各种手工业作坊遗址和中、小型墓地。郑州商城是商代前期继偃师商城之后建造的都城（图 66）。

　　小双桥遗址位于郑州商城西北 20 公里处，面积 144 万平方米，虽然没有发现城垣，但是已发现几处大型夯土建筑基址、大型青铜建筑饰件、祭祀坑、青铜冶铸遗址、朱书陶文等等规格很高的遗存。小双桥遗址的年代相当于郑

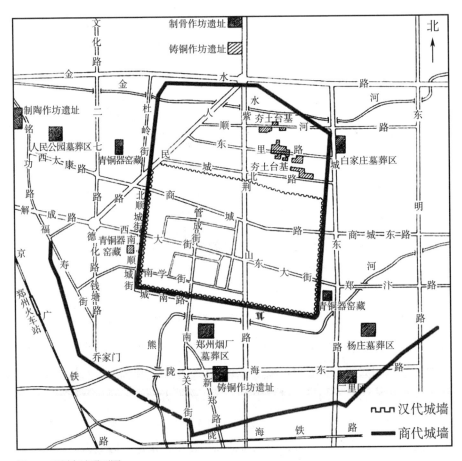

图 66　郑州商城平面图

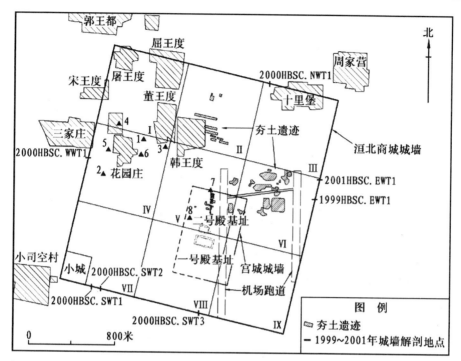

图 67　洹北商城平面图

州商城衰落之时而早于安阳殷墟，它可能是仲丁的隞都。

　　洹北商城位于洹河北岸花园庄，与殷墟遗址隔河相望。城址大体呈方形，东西 2150 米、南北 2200 米，面积约 4.7 平方公里。宫城位于洹北商城中部偏南，南北 795 米、东西 515 米，面积 41 万平方米。在宫城范围内发掘了两座宫殿遗址，皆为四合院式的建筑。洹北商城当是盘庚所迁之都城，但是使用时间不长就遭到一场大火，于是被放弃（图 67）。

　　安阳殷墟周围没有城垣，其中心的宫殿宗庙区在洹河南岸，有 70 万平方米，壕沟和洹河围绕在其外围，在洹河北的西北岗是王陵区，周围 24 平方公里范围内散布着许多居住遗址、各种手工业作坊和贵族、平民墓地。安阳殷墟可能是武丁从洹北迁来的，持续使用了 270 多年（图 68）。

　　西周的都城遗址有 3 处：周原岐邑、丰镐和洛邑。

　　周原位于陕西关中平原，范围有 200 平方公里，在古公亶父时周人迁居周原建立岐邑，周原是周人的发迹之地，岐邑是周人灭商前的都城。岐邑遗址在

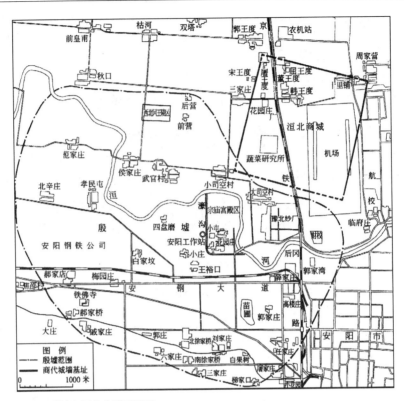

图 68　殷墟与洹北商城平面图

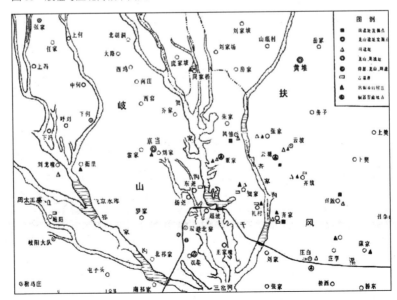

图 69　周原遗址平面图

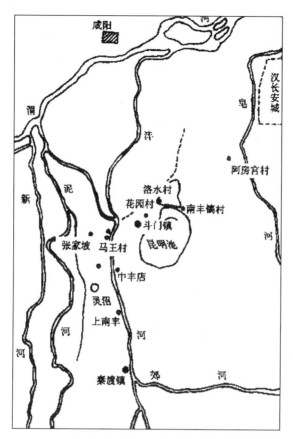

图 70　丰镐遗址平面图

岐山、扶风一带，面积约 15 平方公里，周围也未发现城垣，在这个范围之内大型夯土建筑基址、一般居住遗址、各种手工业作坊、青铜器窖藏和墓葬分布得非常密集。周文王迁都丰京以后，这里仍然是周人的政治中心（图 69）。

　　丰镐遗址位于西安市西南的沣河两岸，周文王"作邑于丰"，周武王又在沣河东岸兴建了镐京，两京隔河相望，总面积在 10 平方公里以上。丰镐遗址周围也没有发现城垣，但是在遗址的范围内已发现了大面积的大型夯土建筑基址群，出土大量板瓦、筒瓦和用陶水管铺设的排水道，发现了多处青铜器窖藏、大型墓葬和车马坑，散布着众多的一般居住遗址、水井、各种手工业作坊和中小型墓葬。平王东迁后丰镐才被废弃（图 70）。

　　洛邑遗址位于河南洛阳市东部的瀍河两岸，在 6 平方公里的范围内密集分布着西周遗址和墓葬，已发现多处大型铸铜遗址、贵族墓区、窑址、祭祀坑和车马坑。

除了都城以外，现已发现商代方国城址多处，但是规模要小得多：

城　　址	位　　置	面　　积
孟庄古城	河南辉县孟庄	不详
府城村古城	河南焦作市西南	8 万平方米
垣曲古城	山西垣曲古城镇南关	13.3 万平方米
东下冯古城	山西夏县东北	25 万平方米
盘龙城	湖北黄陂区	7 万平方米

西周初实行大分封，许多诸侯国的都城也多有线索可寻，例如山西翼城、曲沃交界处的天马—曲村遗址是晋国早期都城，总面积有 9 平方公里，还有山东曲阜鲁国故城遗址，滕州市薛国故城遗址等等，但是这些城址大多未经发掘，不知其详。现在确认有城垣的西周诸侯国都城遗址只有北京房山琉璃河的燕都遗址。遗址总面积在 5 平方公里以上，遗址中部是城堡，北城墙长 829 米，东、西城墙各残存 300 米，城垣南部已被大石河冲毁，夯土城墙宽 10 米左右。城址东墙外发现大片墓地，出土的青铜器铭文不少带有"匽侯"字样。

春秋战国是我国城市大发展的时期，据统计，这一时期的城址已公布材料和见于报道的就有 430 座之多，这些城址可以分为列国都城、一般城市和军事城堡三类，这里就不一一列举了。

汉长安、唐长安和宋汴梁的城市面貌有什么不同？

西汉时期我国人口大幅度增长，西汉末达到了 5959 万。在此基础上城市也大大发展起来了，城市数量增加到 1500 个左右，是秦代的 1 倍，城市人口也大大增加，长安成为我国最早的一个人口超过百万的大城市，是当时世界上最繁华的城市之一。

汉长安是在秦朝离宫兴乐宫的基础上扩建而成的，平面随地势走向呈缺角的不规则方形，周长 25.7 公里，面积 36 平方公里，城墙全部为版筑土墙，城墙外为护城河。全城有 12 个城门，每边 3 个，每个城门有 3 个门道，每个门道宽 8 米，可容 4 辆车并行。城内有 8 条笔直的大街，街宽 45 米，街中间被两条排水沟分为 3 股，中间一股宽 20 米是专供皇帝走的驰道，两边两股各宽 12 米，是百官和平民走的便道。长安城里有未央宫、长乐宫、桂宫、北宫、明光宫 5 座宫殿，此外官署、武库、府第林立，只有城的北部和东北部为居民区。居民区分为 160 个里，里是居民小区，周围也有墙垣围绕，住宅都建在里垣内，呈封闭状态。城西北有东西两市，买卖都集中在市内进行，沿街没有店铺。长安城外西郊是帝王贵族官僚田猎的范围，南郊有宗庙、社稷和明堂辟雍等建筑，是皇帝祭天地、拜祖宗、祀孔子的地方（图 71）。

汉代以后经过几百年的战乱到了唐代我国又进入了一个空前繁荣昌盛的时期。唐代在汉长安的东南方重建了一个长安城，唐长安是当时世界上数一数二的大城市，面积达到 84 平方公里。唐长安实行坊市制度，除了宫城、皇城以外，全城分为 108 个坊，每个坊都被坊墙包围，四面或两面开有坊门，坊门有坊卒看守，早开晚关、定时启闭，管理十分严密。坊内有巷，居民的

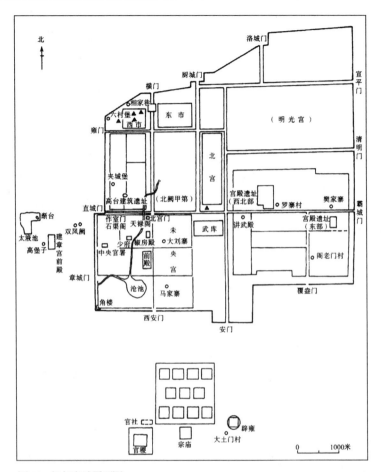

图 71　汉长安城平面图

房屋都建在坊里，宵禁后街上就不再有人往来，要到唐代末期才有权贵为了出入方便而破墙开门的。唐长安城街道纵横交错，坊市整齐划一，但是偌大的一个长安城里只有东西两个市场，每个市场占有两坊之地。市场也是封闭的，周围有版筑的土墙，四面有市门，市中心为管理市场的机构，市内有井字形的街道，沿街开设店肆，相同的货物放在一起，故称同行（图72）。

　　汉唐长安封闭式的城市格局要到宋代才被打破。盛唐以后随着士族的衰亡、人身依附关系的削弱和城市工商业的发展，严密的里坊制度遭到冲击和破坏，以北宋中期汴梁拆除坊墙为标志，中国的城市进入了开放式街巷的新阶段。

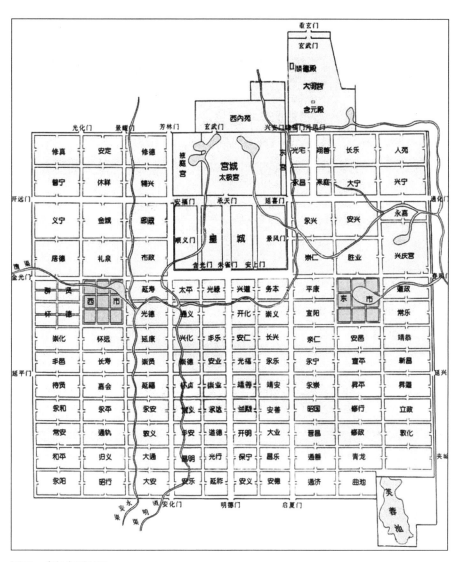

图 72　唐长安平面图

图 73　宋代汴梁街景

　　宋汴梁有内外三道城墙，中心是宫城，是皇帝居住的地方；内圈是皇城，是官署所在的地方；外圈大城周长 20 多公里，里面才是百姓居住的地方。汴梁城的三重城墙外面都有城壕围绕，每座城门外面都筑有瓮城，上面都建有敌楼，沿城墙设有马面，防卫十分严密。汴梁城里街道走向整专门设置的市场消失了，代之以沿街开设的店铺，于是出现了《清明上河图》里所描绘的那种店铺摊贩鳞次栉比的繁荣景象（图 73）。封闭的坊墙也没有了，居民区的小巷胡同直接通向街道，不再设兵把守。宋代以后的金中都、元大都和明清北京城虽然有附会《考工记》营国制度的地方，但实际上都是与北宋汴梁城的格局一脉相承的。

趣话文物

中国的塔有哪些式样？

　　塔，梵文称作 Stupa，在古印度是坟冢的意思，译成中文有窣堵波、佛图、浮屠等不同的音译名称和方坟、圆冢等意译名称。相传佛祖释迦牟尼涅槃以后他的弟子把他的遗体火化了，遗骨经火烧后凝结成五彩斑斓、击之不碎的结晶物，称作舍利子，传说释迦牟尼还留下了部分身骨、头顶骨、指骨、牙齿、毛发等，这些也是佛的舍利。当时印度有八个国家的国王带兵前来争夺佛舍利，结果他们一人得到了一份，回到本国就建造了窣堵波把佛舍利供奉起来，于是窣堵波就成了释迦牟尼的象征，成为佛教徒顶礼膜拜的对象。

　　窣堵波本来是覆钵形的圜丘，周围有环道，环道外侧是栏楯，四面有门，佛教徒就绕着环道做礼拜（图74）。随着佛教传入中国，窣堵波也传到了中国，

图74　印度窣堵波

它与当时中国流行的楼阁相结合，形成了中国式的佛塔。"塔"是中国人自造的一个名称，最早见于东晋葛洪的《字苑》。

中国的古塔有上万座，它在发展演变的过程中形成了7种类型：

1.楼阁式塔，这是汉民族特有的佛塔样式，保存至今的楼阁式塔数量最多，体形最高大，无论木结构还是砖石结构，内部一般都有楼梯，可以供人登高望远（图75）。

2.密檐式塔，这是楼阁式木塔向砖石结构塔发展时演变形成的（图76）。由于以砖石为建材无法把塔檐挑出很远，因此只能压缩层高，于是就形成了紧密重叠的密檐。密檐式塔的数量比楼阁式塔要少，形体也可以建得很高大，但是内部一般只是一个空筒，甚至是实心的，不能登高凭眺，但在其外部却往往做成仿木结构的门窗、柱子与斗拱。

3.亭阁式塔，这是与中国传统的亭阁建筑相结合而形成的一种塔的样式，外表像是一座亭子（图77），都是单层的，塔身内通常设有佛龛，安置佛像。这类塔结构简单、建造容易，常常被高僧用作墓塔。

4.花塔，这是在装饰亭阁式塔的顶部时吸收了楼阁式和密檐式塔的特点发展而成的一种塔的样式，用来表现佛教中的莲花藏世界（图78）。花塔数量不多，但是造型独具一格。

5.覆钵式塔，主要流行丁元代以后，塔身为一个覆钵体，下面有须弥座承托，上面有高大的塔刹（图79）。藏传佛教大量使用这种样式的塔，所以又被称为喇嘛塔，因其样子像花瓶，也被叫作花瓶式塔。

6.金刚座式塔，在高大的基座上建有五座塔，中间的比较高大，四角的比较矮小，塔形有密檐式的，也有覆钵式的（图80）。这种塔是密宗供奉金刚界五部主佛舍利的塔，主要流行于明代以后。

7.过街塔和塔门，过街塔是骑跨建在街道上的塔，塔下有门洞可供车马行人通行（图81），塔门是把塔的下部修成门洞，只能走人，不能走车马。这两种塔都出现于元朝以后，所以门洞上的塔一般都是覆钵式塔，有一塔、三塔或五塔并列等不同的形式。

不管什么式样的塔一般都由地宫、基座、塔身、塔刹四部分构成。地宫

图 75　应县木塔

图 76　嵩岳寺塔

图 77　山东历城四门塔

图 78　保定庆化寺花塔

图 79　北京北海白塔

图 80　呼和浩特金刚座塔

图 81　镇江昭关过街塔

是埋藏舍利和供奉物品的地方，中国人的丧葬观是"入土为安"，地宫实际
上是由坟墓转变而来的。佛塔下面都有地宫供奉舍利，但是佛塔如此之多，
根本没有那么多的真身舍利，于是佛经上说可以用金、银、琉璃、水晶、玛
瑙等珍宝来代替，甚至可以用砂粒、药草、竹节、树根来制造，这些仿制品
也被当作是舍利，称作影舍利。

　　刹是梵文 ksetra（刹多罗）的省译，原义有为佛国、国土的意思，把塔顶
命名为刹，是佛教世界的象征。塔刹由刹座、刹身、刹顶三部分构成，实际
上像是一座小型的覆钵式塔，所以有的塔刹上面还设有天宫来供奉舍利和供
养物品。刹身中央是一根刹杆，上面套叠着相轮、伞盖、圆光、仰月、宝珠
等饰物，令人一望就产生崇高敬畏之感。

　　佛教徒认为佛经中凝聚了佛的思想与智慧，所以有的佛塔在建造时就把
佛经嵌砌在塔身内，这些佛经被称为法身舍利。杭州西湖边的雷峰塔在建造
时每个砖孔内都填有一张《宝箧印经》的纸卷，后来传说其有灵验，人们争

相挖取塔砖祈求福佑，最终导致了雷峰塔的倒塌。

中国第一座佛寺是河南洛阳建于东汉的白马寺，据记载，当年的白马寺以一座九层的楼阁式佛塔为中心，塔的周围有周阁百间，信徒们可以绕着佛塔做礼拜。这种塔就是寺、寺就是塔，以塔为中心的寺院布局与绕塔礼拜的做法显然受到了古印度的影响。在同时代建造的中心塔柱式石窟中都有一座中心塔，形成了一个绕塔礼拜的空间。北魏晚期在洛阳兴建了永宁寺，寺的中心是一座九层高的木塔，但是塔的北面出现了一座佛殿，形成了前塔后殿的新格局。隋唐以后佛教徒修行的重点从注重身体力行的坐禅转向了注重讲经说法的修养，于是佛殿的地位越来越突出并逐渐取代了塔的地位，原来雄踞于寺院中心的佛塔被移到一侧，或者被置于大殿旁边的别院，还有很多寺院干脆就不再建造佛塔了。

塔本来是埋葬释迦牟尼骨灰的坟墓，中国的历代高僧死后他们的骨灰也被葬在塔里，这种小型的供奉高僧骨灰的塔叫作墓塔。现存的墓塔已逾万数，有的寺院墓塔聚集成林，形成了塔林，河南登封少林寺有历代高僧墓塔 250多座，是中国最大的一处塔林（图 82）。

塔这种外来的建筑被中国人接受以后就成为中国文化的一个组成部分，

图 82　少林寺塔林

塔这种建筑形式也被移作他用，用来表达中国人自己的思想了。

杭州的六和塔，原是吴越王钱弘俶为镇压钱塘江潮而修建的，建成后塔身上又装上了航标灯，被当作导航引渡的灯塔。这类塔一般都建在港湾、江边、水口、桥头、岬角等地势险要之处，如福建晋江安平桥头的宋代砖塔、泉州石狮海滨宝盖山顶的姑嫂塔、湖南岳阳洞庭湖畔的慈氏塔、安徽安庆长江之滨的振风塔、江西宁都的水口塔、四川奉节瞿塘峡口的白塔、福州闽江与乌龙江会合处罗星山上的罗星塔等等。

中国人对居处与坟地的地理环境存在着一种迷信，这就是所谓的风水。当一个地方的风水有点欠缺的时候，人们就用"降妖伏魔"的佛塔来改造风水，于是在明清两代出现了大量为改造风水而建造的风水塔。由于塔的造型像一枝直插云霄的笔，人们迷信它会给地方上带来文运，于是又出现了大量文峰（风）塔、文星塔、文昌塔。

由于塔可以登高远眺，因此就出现了专门用于瞭望敌情的塔，如河北定县开元寺的料敌塔、陕西榆林城东南山冈上的凌霄塔、延安东山上的宝塔、兰州白塔山上的白塔等都是这种具有军事目的的塔。

宋元以后"三教合一"的思想渐渐盛行，墓塔这种佛教高僧的丧葬形式也被道教借用来作为道士的墓塔了。

此外还有一些纪念塔，只是利用塔这种形式来纪念某个历史事件，如江苏太仓的云山塔是明代为纪念战胜倭寇而兴建的，相传塔下埋着倭寇的尸体；南京中山陵东侧的灵谷塔是1928年为纪念国民革命军阵亡将士而修建的，这些塔和佛教就没有任何关系了。

中国古代的石窟寺

　　石窟，佛语叫作"僧伽蓝"，意为佛祖及其弟子们坐禅修行的石室。在佛教的发源地印度和早期传播地阿富汗、巴基斯坦、伊朗等国都有许多这种僧侣们坐禅用的石窟。后来在石窟中又雕凿出佛像，饰以壁画石刻，绚丽华美，恢弘壮观，成为人们举行礼佛活动的中心。古印度最有代表性的佛教石窟是孟买东南的卡尔利石窟和温迪亚山中的阿旃陀石窟。

　　公元 3 世纪左右佛教向中亚各地传播，这一带聚居着大量从希腊、罗马迁徙来的欧洲移民，他们先后皈依佛门，把希腊雕刻艺术和佛教艺术相结合，形成了著名的犍陀罗艺术。犍陀罗是今克什米尔的一个邦，具有犍陀罗艺术风格的佛像讲究比例，体格健壮，具有希腊人的脸型、高鼻梁和卷发，但是佛的眉宇之间已经有了东方佛的"白毫相"和背光，被称为是"希腊哲人式的佛像"。犍陀罗艺术传入阿富汗，结出了辉煌的佛教艺术硕果——著名的巴米扬大佛窟，可惜的是两尊分别高达 55 米和 38 米的巴米扬大佛现在已经被阿富汗的塔利班炸掉了。

　　随着佛教的东传，石窟艺术首先传入西域，从十六国到北朝，沿着丝绸古道石窟寺发展极其迅速。在丝绸之路北道的西头是疏勒国（今喀什）和龟兹国（今库车），该地的石窟寺盛极一时，沿丝绸之路两侧星罗棋布的 500 多座大小石窟中最著名的有克孜尔石窟（图 83）、库木吐拉石窟、森木赛姆石窟、克孜尔尕哈石窟等。龟兹地区的石窟雕像深受希腊艺术的影响，非常推崇裸体艺术，形成了有名的"龟兹模式"。龟兹石窟的中间都有一个中心塔柱，塔柱把石窟分为前后两室，前室宽大明亮，后室狭小阴暗，塔柱正面龛中雕刻佛像，右侧刻佛诞情景，左侧刻八王分舍利场面，后室凹壁是佛祖

图 83　克孜尔石窟

图 84　敦煌莫高窟的覆斗式石窟

涅槃的壁画或雕塑，佛徒礼佛时绕塔柱右旋，正好观看到佛的一生事迹。

　　龟兹向东是高昌（今吐鲁番），高昌故城东南的吐峪沟石窟是当地最大的石窟群，吐鲁番东北有伯孜克里克石窟，交河故城附近有雅尔湖石窟，火焰山口有胜金口石窟，高昌地区的石窟雕像本土色彩浓厚，形成了所谓的"高昌模式"。高昌地区残留下来的石窟有中心塔柱式的，也有纵券顶和穹隆顶的。

　　在丝绸之路南道的西头是于阗（今和田），东边是鄯善（今楼兰），这一线现在仅留下了一些佛寺的遗址。

　　丝绸之路北道、南道与河西走廊的交汇点是敦煌，这里也是东西方文化交流融合的一个中心。河西走廊的敦煌、武威、张掖、酒泉、金城和雍州共有 17 处石窟群，最有名的是敦煌莫高窟（图 84）、安西榆林窟、酒泉文殊山石窟、武威天梯山石窟、兰州炳灵寺石窟等，形成了独具风格的"凉州模式"。凉州石窟除了中心塔柱式石窟以外，还有中国特有的覆斗式石窟和背屏式石窟，这两种石窟从内部看更像是一间佛殿或佛堂。

天水的麦积山处在东通关中、南连巴蜀、西接丝路的节点上，外来的佛教艺术和秦汉以来的传统艺术在这块沃土上相融合，形成了早期具有中原风格的石窟寺艺术，雕塑生动精美、造型纯熟，极富生活气息和人情味，被誉为"东方雕塑博物馆"。麦积山石窟（图85）是中国石窟艺术链条上重要的一环，和敦煌石窟、云冈石窟、龙门石窟并称为中国四大石窟。从天水向北还有泾川王母宫、合水莲花寺、庆阳北石窟寺、宁夏固原须弥山石窟等著名的石窟。

公元420年北魏定都平城（今大同），北魏时佛教大盛，由沙门昙曜主持开凿了云冈石窟（图86），云冈石窟规模宏大，东西绵延达1公里。公元439年北魏灭北凉后把3万多户居民迁徙到平城，其中有许多是开凿石窟的匠人，所以云冈石窟的艺术源头直接来自于"凉州模式"。北魏时期的石窟寺在云冈周围有太原天龙山石窟、平顺宝岩寺石窟，向东有宣化下花园石窟、济南千佛山石窟、徐州云龙山石窟，最远的是辽宁义县万佛堂石窟。

北魏孝文帝迁都洛阳后开始营造龙门石窟（图87），早期开凿的古阳洞、宾阳洞等都继承了云冈"昙曜五窟"的风格，到唐代武则天时洛阳佛教大盛，龙门石窟得到了长足的发展，开凿了大批规模宏大、雕刻精美的石窟。云冈早期石窟的佛像都是束高肉髻、鼻梁高隆、眉眼细长、蓄八字胡的造像，带

图85 麦积山石窟佛像

图86 云冈石窟

图 87　龙门石窟　　　　　　　　　图 88　乐山大佛

有明显的古印度笈多艺术风格和犍陀罗艺术的影响，但是到了龙门石窟，佛像就已经变成秀骨清姿、长脸细颈、衣褶飘逸的六朝名士或圆润丰腴、雍容典雅、褒衣博带的中原贵妇形象了。

在西南地区也分布着大量的石窟，仅四川一地就有 125 处，分别沿着青衣江、岷江、沱江、嘉陵江等江河分布，其中著名的有夹江千佛崖、乐山大佛（图88）、大足石窟等。

佛教传到江南已经是东汉末到三国的东吴时代了，东晋南朝江南佛教大盛，兴建了许多寺院，但是东南地区的石窟寺比起北方来还是要少得多，比较有名有南京栖霞山石窟，浙江新昌宝相寺大佛，杭州飞来峰石刻造像，余杭县南山摩崖造像，绍兴柯岩大佛龛等等。

大概从晚唐起石窟寺逐渐趋于衰落，因为开凿石窟需要大量人力财力，北魏隋唐都因王公贵族、达官贵人崇佛，才能依仗国家的力量修建宏伟的石窟寺，而晚唐以后佛教信仰更加普遍了，一般的平民难有力量去开凿石窟，于是砖木结构的寺院逐渐取代了石窟、泥塑木雕逐渐取代了石刻造像。由于儒道佛三教的竞争，还出现了与佛教无关的石窟，如山东益都云门山的陈博洞、河北北响堂山的岳飞洞、泉州的老子雕像等等。明清以后人们的注意力都转移到了寺院里，于是石窟寺就由衰落而荒废了。

什么叫作石像生？墓前设置石像有什么规矩？

历代帝陵和名人墓园现在大多已经开辟为旅游胜地，走在墓前的大道上，两旁陈列着一对对石人石马，你知道它们叫什么名称？又有什么规矩吗？

皇帝和达官贵人墓前的大路叫作"神道"，又叫"隧道"。神道两旁通常立有一些石人、石马和石刻的动物、怪兽，这种陈列在墓前的石刻群就是所谓的"石像生"。

放置在墓前的石刻群最早出现在西汉的霍去病墓前。《史记·霍去病列传》说其墓前"有石马相对，又有石人"，现存的石刻有卧马、卧虎、卧象、卧牛、鱼、龟、蛙、怪兽食羊、力士抱熊、马踏匈奴等14件（图89）。从这些石刻的内容来看，显然是为了表彰霍去病战胜匈奴的功绩，就像把他的坟堆筑得像祁连山的意思一样，并不是后来那种排列在神道两旁的石象生。

大概到了东汉时墓前开始出现成对的石刻群，《水经注·阴沟水》说：曹操父亲曹嵩墓地上"夹碑东西，列对两石马，高八尺五寸，石作粗拙，不匹光

图89　霍去病墓老照片

图 90　东汉石人

图 91　南朝石刻

武隧道所表象马也"。东汉时的墓前石刻基本上没有保存下来，据史籍记载，东汉时与西汉不同，不仅皇帝陵前有神道，而且大官的墓前也普遍开筑了神道，道口立石柱作为标志，叫作"表"，神道两旁模仿宫殿和官署前侍立的警卫也夹道陈列石人石兽。曲阜汉魏碑刻陈列馆汉石人亭内有两个石人，原立于曲阜东南张曲庄以西的一座汉墓前，一个胸前刻有"汉故乐安太守麃君亭长"，一个胸前刻有"府门之卒"，显然这两个石人是墓前的守卫（图90）。

魏晋时代废除了陵寝制度，自然也就没有墓前的石刻群。北魏恢复了东汉的制度，重新在墓前设置石象生，但是数量并不多。南朝陵墓的神道两旁引人注目的是陈列了一对石刻的神兽，右边的独角，当为辟邪，左边的双角，当为天禄，身上都有翅膀，造型生动，姿态优美，雕刻精细，具有很高的艺术价值（图91）。

唐太宗昭陵的玄武门内布置了14件少数民族首领石像和6匹骏马的浮雕，这就是有名的昭陵六骏（图92）。这些石刻的性质与霍去病墓前的石刻相似。唐代帝陵的石像生制度是从唐高宗、武则天的乾陵开始确定的。乾陵朱雀门前陈列有华表、石马、鸵鸟、石人、石碑共19对，还有61尊少数民族首领石像和门前的石狮（图93）。以后的帝陵大体上沿用乾陵的定制而有所变化，皇族和官僚墓前的石像生按身份地位的高下设置，但是数量要少得多，最多不超过4对，而且不许用石麒麟和石辟邪，只能用石羊和石虎，而帝陵前是没有石羊和石虎的。

宋朝帝陵的石像生制度为望柱石一对、石马一对、石虎二对、石羊二对、文武官二对、宫人一对和门前的一对石狮，但是实际上往往都会逾制，增加一些獬

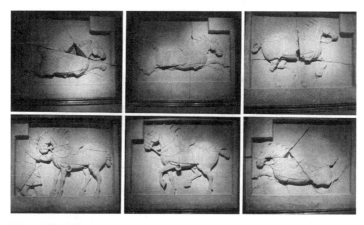

图92　昭陵六骏

图93　乾陵神道石像生

图94 南京明孝陵前的石象路

豸、大象和瑞禽等。宋朝官僚墓前的石像生沿用唐制，仍用石人、石羊、石虎。

明朝对帝陵前的石像生进行了调整，去掉了个体较小的石羊石虎，增加了大型的动物和神兽，明孝陵前的石兽有狮、獬豸、骆驼、大象、麒麟、马6种，六卧六立共12对，石人为2对文臣、2对武将，俗称"石像路"（图94）。长陵沿用孝陵定制而增加了一对勋臣。明朝官僚墓前石像生在石人、石羊、石虎以外增加了石马，从一品到五品依次递减，六品以下不准用石像生。

清朝大体上沿用了明朝的制度，没有大的变化。

"碑"原先是做什么用的?

《开心辞典》节目曾经出过一个题目:"'碑'原先是做什么用的?"参赛者回答:"用来测太阳的影子。"主持人说:"祝贺你,说对了。"其实是说错了。说"碑"原先用来测太阳的影子是把碑误解为日晷的指针了。用日晷测日影只需要一根棒状的指针就可以了,并不需要"碑"。

"碑"原先是立在墓口上面的一个木桩或石桩,用来安置绞车垂放棺木的,等到落葬完毕后碑没有用了,就被埋在坟堆里。木质的碑都腐烂了,所以一直没被发现。20世纪80年代在陕西雍县发掘秦公1号大墓时在墓口发现了残存的木碑(图95),从而证实了"碑"原先确实是用来垂放棺木的。

图95 秦公1号大墓木碑

图 96　东汉鲜于璜碑　　　　　　　　　图 97　魏晋墓碑

　　大概到了汉代，人们在安放好棺木以后不再把碑埋到坟堆里，而是把它仍然竖立在坟墓前，并在上面镌刻了死者的名讳，于是就成了墓碑。由于墓碑是从安放绞车的石碑演变而来的，所以，汉代的墓碑都是上尖下方、中间有孔（图 96），仍然保持着原来安放绞车用的石碑的形状。西汉的墓碑是年代最早的墓碑，保存至今的数量极少，仅在西安碑林能见到几块。

　　魏晋时期的墓碑与汉代相比已经出现较大的变化，碑身之上有题额的碑首，碑身之下有龟形的碑趺，但是碑身上仍然保持着没有实际功能的圆孔，而有的墓碑仍然保持着上尖下方的外形（图 97）。

　　唐代墓碑上部的碑首一般都刻成盘龙纹，碑首中央有一小块平面用小篆镌刻着死者的名讳，其形状仍然是上尖下方的，这其实是一块缩小了的石碑（图 98）。后来墓碑的形状渐渐变成上圆下方的了，篆额的形状也不再是上尖下方的了，说明这时人们已经完全忘记"碑"原先究竟是做什么用的了。

　　在一些研究生殖文化或性文化的书中，常常把后世墓碑上圆下方的形状说成是男性生殖器的象征，非常善于联想，但是缺乏根据，犯了"望形生义"的错误。

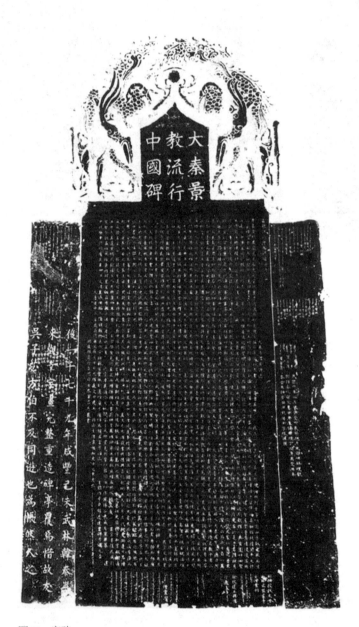

图98 唐碑

什么是镇墓兽?

在陕西历史博物馆的唐代展厅中有一尊三彩雕塑:人面兽身,两足前伸,昂首挺胸,肩生双翼,头生双耳,额生独角,环眼怒视,形象狰狞(图99)。许多第一次看到这件雕塑的朋友不知道它是何物,这件雕塑叫镇墓兽,是古代一种置于墓门外用以驱魔辟邪的陪葬品。它的形象给人以凛然不可侵犯的艺术感染力,也折射出大唐意气风发的时代精神。

中国古代,人们有"事死如事生"的观念,认为人死后灵魂会到另一个世界生活,于是便在墓葬中放置各种各样的陪葬品。从原始社会一直到商周时代都是用死者生前使用的一些日常生活用品如餐具、服饰、车马等来陪葬,后来人们渐渐意识到这些实用品对死人并没有用,于是便用一些陶制的模型

图 99　唐三彩镇墓兽

来代替，这种模型叫作冥器，也叫明器，做成人形的偶像叫作俑。在陪葬的明器中还常常能见到一些造型神秘的器物，例如人面兽身的镇墓兽。

用镇墓兽来陪葬的风气首先盛行于春秋战国时代的南方，在楚国墓中发现数百件用于镇墓辟邪的木制镇墓兽。春秋晚期到战国早期的多为单头单身，有人头也有兽头，都插有鹿角，战国中期又出现双头双身的镇墓兽。江陵天邑观1号墓出土了一件双头镇墓兽，背向的双头曲颈相连，头部都做成变形的龙头，巨眼圆睁，长舌伸至颈部，两头各插一对巨型鹿角。通体着黑漆后，又以红、黄、金三色绘兽面发，勾连云纹（图100）。

以后的各朝各代也有用镇墓兽陪葬的，但是镇墓兽的式样被做成各种不同的形状，安徽马鞍山三国时期朱然家族墓中出土的镇墓兽做成人的形状，山西勉县长林乡东汉墓出土的镇墓兽被做成独角兽的形状（图101）。北魏的

图100　战国楚镇墓兽

图101　三国人形镇墓兽

图 102 北魏镇墓兽

图 103 隋唐镇墓兽

镇墓兽通常是陶的,做成蹲兽状,有的头部为兽头,有的为人头(图 102)。唐代大墓流行用三彩镇墓兽,有人面,有兽面,身体实为蹲狮,两足前伸,昂首挺胸,肩生翼,额长角,两眼怒视,形象狰狞,神态威猛(图 103)。

　　唐代以后中国人口越来越多,人地关系越来越紧张,即使是达官贵人墓葬的规模也不能做得像以前那么宏大了,丧葬习俗也随之发生了改变。宋墓中还有在墓穴四角放置铁牛镇墓的,但是镇墓兽则渐渐不见了。

谁是"始作俑者"？明器（冥器）是怎样变化的？

孔子是个很讲仁义的人，他曾经说过："仁者，爱人。"他不仅对用人殉葬这样的事情极力反对，甚至连用人形的陶偶、木偶代替真人去殉葬都大为恼火，他恶狠狠地说："始作俑者，其无后也！"意思是第一个发明制造出俑来的人真该断子绝孙！俑就是专门用于陪葬的人形陶偶或木偶。

早在原始社会，人们在埋葬死者的时候就把一些其生前使用过的东西放在墓里，这样做一方面寄托了生者对死者的思念，另一方面也反映了人们的一种观念，即认为人死后就到了另一个世界，在那里他们和活着的时候一样，也要使用这些东西的。

一直到商代，人们都用实用器来陪葬，甚至用真人、真车、真马来陪葬。这在现代人看来既奢侈、又野蛮，但在当时这是人们的意识形态的真实反映。在商代的一些小墓里我们已经发现有陶制的小器皿，小到了无法使用的地步，显然这是一些用来蒙骗死者的模型。这种专门用来陪葬的器物叫作明器，或者叫作冥器。

2010年在山西翼城大河口的西周墓中出土了两件木俑，这是目前所见年代最早的木俑（图104），但是我们能够见到的木俑大多数是战国时代的，而且多数出于楚墓，因为保存得较好。

秦始皇陵出土的兵马俑是一群与真人大小相若的陶俑，其气势之宏大，实在是空前绝后。

汉代讲究厚葬，人们不仅陪葬许多实用器，而且还陪葬大量的明器，器类几乎包含生活与生产的每个方面，如灶、仓、井、磨、楼阁、碓房、猪圈、

图 104　翼城大河口西周墓漆木俑

车船、农田、家畜、钱币等等几乎无所不包。东汉时这种风气愈盛，汉代是明器大繁荣的时代。

汉代的明器大多数是陶的，或者用上了一层釉的釉陶。到六朝时烧制青瓷的技术成熟了，陪葬的实用器多为青瓷，明器也大多改用青瓷了。

唐代的瓷器更加成熟，但是明器又以陶器为主了，长安和洛阳一带达官贵人的墓里经常出土一种色彩绚丽的明器，俗称唐三彩。唐三彩是一种上釉的陶器，颜色好看，但质地远不如青瓷。看来唐代人们的丧葬观变得更加现实了。

唐宋时期随着佛教的普遍推广，火葬被越来越多的中国人所接受。实行火葬以后连尸骨都烧成了灰烬，明器还有何用？所以陪葬品无论是实用器还是明器都衰落了，用得既少，种类也简单，不过人们"事死如事生"的观念还是顽固地存在着，于是就出现了用纸扎的明器，形成了焚烧纸人纸马和纸钱冥币的习俗，这种习俗一直沿传至今。

什么时候有砖和瓦？什么叫瓦当和鸱尾？

砖瓦是人们用来建房、盖屋、筑墓的材料，但是它们是什么时候被发明出来并开始使用的呢？

在新石器时代还没有砖瓦，但是在新石器时代晚期的龙山文化中已经出现了用土坯垒墙的房屋。土坯是用泥土掼打制成的，未经烧制，所以又叫作日晒砖，现在在北方的干旱地区仍有用它来垒墙的。

商代的人们已经熟练地掌握了夯筑技术和使用陶制的排水管，但是在殷墟遗址里仍然不见有砖瓦，商代的宫殿都是"茅茨土阶"的泥墙草房。

在周原和丰镐遗址考古学家发现了最早的瓦，有筒瓦和板瓦两种，在瓦的中间或端头粘接有一两个瓦钉，用来固定瓦片使之不容易脱落。还有少量瓦当，瓦当是加在屋檐口筒瓦端头的圆形或半圆形堵头，大都是素面的。西周时瓦（图105）还是非常稀罕的东西，使用得很少，但这是一个划时代

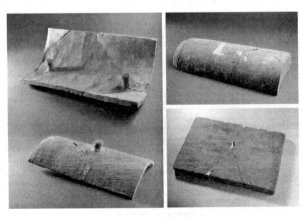

图105　西周板瓦

图 106　铺地砖　　　　　　　　图 107　东汉画像砖

图 108　战国瓦当

的进步。

　　春秋时代除了筒瓦和板瓦以外还出现了长方形和方形的薄砖，这种砖是用来铺地和镶墙根，但是出土的数量极少，说明还远未普及。战国时期各国的城市建设有了很大的发展，砖瓦得到了广泛的应用。战国时代的砖有两种，一种是小型的用于铺地和镶墙面的薄砖，呈方形或长方形，都模压成形、制作工整，表面一般饰有平行线纹、方格纹、太阳纹、米字纹、山字纹、蟠螭纹等等花纹（图106）。另一种是大型的空心砖，长约1米多，宽50厘米左右，壁厚2～3厘米，呈长方形条石状。空心砖大而稳重，结实坚硬，在当时的大型建筑中常常用来铺筑踏步和台阶，显得端庄雄伟；在墓葬中则用来代替木椁板建造椁室。空心砖的表面也常常印有几何形或龙凤形图案花纹，故又称为画像砖（图107）。这两种砖都不用来砌砖墙。战国时期已能大量生产各种筒瓦和板瓦，瓦的使用更加广泛。瓦的表面一般都有纹饰，瓦当有半瓦当，也有圆瓦当，纹饰有动物纹、植物纹、云纹、几何形纹等等，种类极其丰富（图108）。

　　秦汉时期除了继续使用这些种类的砖以外，还新出现了五棱形砖、曲尺形砖、楔形砖和一头带榫、一头有卯的子母砖等各种用于房屋特殊部位的砖。

西汉时期中原地区空心砖砖面上拍印的图样出现了各种题材广泛、构图简练、形象生动、线条健劲的纹饰，其内容有门阙、建筑、人物、乐舞、车骑、狩猎、击刺、禽兽、神话、历史故事等等。东汉后期四川平原地区汉墓中的画像砖则常常印制生产活动、庭院建筑、社会风俗、车骑出行和神话故事等题材的画面。这些画像砖不仅具有极高的艺术价值，而且是研究汉代社会生活的重要资料。秦代以前的瓦当纹饰多以动植物纹和云纹为主，汉代除了常见的云纹瓦当外，还出现了大量的文字瓦当，而图案瓦当中则以青龙、白虎、朱雀、玄武四神瓦当为其代表作，令人感到大气磅礴、姿态雄伟。

东汉以后大型的空心砖渐渐少见了，无论建房还是筑墓，大量使用长约35厘米、宽约17厘米、厚约5厘米的长方形青砖，墓砖的一侧常常拍印图案或纪年文字。南朝以后这种花纹砖上的图案发展为由数十或上百块组成一幅大型画面，内容有羽人戏狮、竹林七贤等题材，表现出这一时代的特色（图109）。瓦当上的卷云纹逐渐被莲花纹所代替。北魏时宫殿建筑上出现了琉璃瓦，大同北魏故城遗址曾经发现过一些绿色琉璃瓦碎片，其质地比唐三彩要粗糙。在宫殿屋脊的两端出现了压脊的鸱尾，尾部呈扇形高高耸起，后来演变为鸱鸮咬住屋脊的形状，叫作鸱吻（图110）。

图109　南朝墓砖浮雕（河南邓县）

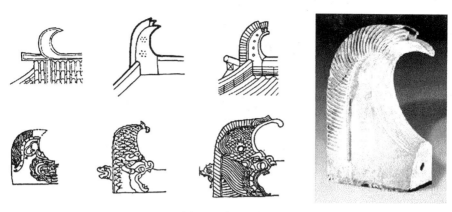

图 110　鸱尾与鸱吻

　　唐宋以后琉璃制品更为流行了。琉璃是一种以铅为助熔剂的低温色釉,施琉璃釉的砖瓦色彩绚丽,特别适合用来装点宫廷建筑、陵墓照壁、庙宇佛塔和制作供奉法器。开封铁塔、大同九龙壁和北京故宫分别是宋代、明代和清代琉璃的代表作。

　　到了明清时期,砖瓦的使用已经越来越普遍,烧制砖瓦的能力也越来越强,唐代的城墙还都是用土夯筑的,只不过在城门口用砖包砌一下,而到了明代,不仅各州、县、府都砌筑了砖城,连长城也全部用砖包砌了一遍,其工程量之浩大,令人咋舌。

"阙"是什么东西？

岳飞填过一首有名的词牌——《满江红》，其中末句为："待从头收拾旧山河，朝天阙。"这里所说的"阙"是什么东西呢？

《尔雅·释名》解释说："阙，缺也，在门两旁，中央阙然为道也。"也就是说，阙是建在路口或门前两侧用来标志入口处的一种建筑物。阙应该来源于栅栏门口的门柱和围墙门口的门楼，但是它究竟从什么时候开始出现的？已经难以考证了。最早关于阙的记载见于《诗经·郑风》："纵我不往，子宁不来，挑兮达兮，在城阙兮。"春秋战国时代的文献中关于阙的记载屡见不鲜，但是那个时代的阙已无一保存下来，保留至今年代最早的阙是汉代的。现存有名的汉阙有河南登封太室阙、少室阙、启母阙，山东嘉祥武氏祠阙，北京汉幽州书佐秦君石阙，四川绵阳平阳府君阙、雅安高颐阙、夹江杨公阙、忠县无铭阙、渠县冯焕阙、赵家村西无铭阙、沈府君阙等30余处。

阙按其所在位置的不同可以分为五种：

立于城门两侧的叫城阙，立于宫城和宫殿两侧的叫宫阙（图111），这两

图 111 东汉画像石宫阙图

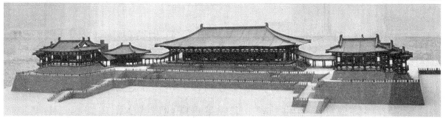

图 112　唐大明宫含元殿遗址（上）和复原模型（下）

种阙都很雄伟高大，阙与城墙或宫墙之间往往有短墙相连，可以登临眺望和守御。汉代以后常常在宫阙之间设门，门楣上有屋脊，屋脊上饰以凤鸟，故又称为凤阙。唐长安大明宫含元殿前的宫阙是两个高大的夯土台基，上面有两座雄伟的木结构楼阁——翔鸾阁和栖凤阁，从大殿经过走廊可以到达阁内，宫阙衬托着大殿，与大殿交相辉映（图 112）。宫阙的这种形式一直沿用到明清时代，故宫午门两侧有向前伸出的城台，城台上有阙楼，阙楼与城楼之间有行廊连接，其气势比含元殿要雄伟得多。岳飞《满江红》中所说的"天阙"，就是指皇宫门前的宫阙。

立在贵族府邸门前的阙叫宅第阙，宅第阙比城阙和宫阙规模要小得多。有的宅第阙独立于大门前的两侧，不与围墙相连，中间也没有门，就像两个门柱竖立在门前（图 113）。有的宅第阙中间设门、门上盖有屋顶，两侧有短墙与围墙相连，形成一个门院。有的宅第阙两侧也有短墙与围墙相连，但是中间不设门，就像围墙门旁的门柱。汉代的豪宅大院大多有宅第阙，从汉墓中出土的画像砖、画像石和陶楼明器中常常能见到它的形象，但是实物已无留存。

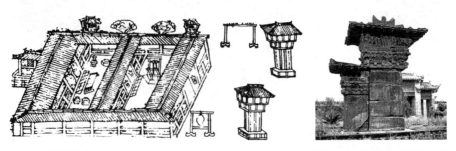

图 113　汉代门阙

图 114　东汉高颐墓阙（四川雅安）

立于祠庙入口两侧的叫祠庙阙，其规模较小，但留存至今的祠庙阙不少，如太室阙、少室阙、启母阙、武氏祠阙、忠县无铭阙等等。祠庙阙立在祠庙前的神道两侧，两阙间不设门，更没有门楼，两边不连围墙，但是一般在阙的两侧附有一段象征围墙的子阙，形成子母阙的形式。祠庙阙盛行于汉代，汉以后不用此制，所以后世不再有祠庙阙了。古代木结构的阙现在都已荡然无存，现存的汉阙都是实心的石阙，不能登临，但是其外表都模仿木结构，雕出斗拱、柱、枋等构件，阙身雕刻人物、车马、百戏、狩猎等图案。

立于墓前神道两侧的叫墓阙，规模最小，东汉时墓阙最为盛行，县令、太守以上官吏都可以在墓前建阙，所以存世汉阙中墓阙的数量最多。汉代以后只有帝王陵前才能建墓阙，但是历代破坏极其严重，现在都只剩下了一些残存的夯土台基，上面的木质阙楼都已经荡然无存。元明清三代帝王陵前都不再使用墓阙了。

阙的功能原先只是作为建筑群入口的标志，后来渐渐成为身份地位的标志了。高大的阙上盖有楼阁，可供登高望远，阙身上则被利用来张贴告示、宣布号令。东汉时期阙发展到了顶峰，以后便渐渐衰落，又回复到门柱的形态，一般的墓葬也不建墓阙，而改用比较简单的墓表来标志神道，墓表又逐渐演变为华表，所以明清两代帝陵都用华表作为神道的标志了。

陶器是怎样做成的?

陶器是人类历史上一个划时代的发明,制作石器只是改变了自然物的形状,而制作陶器是人类第一次改变了自然物的性质。

以前人们曾经认为,先民们最早是在篮子里抹上黏土、经火烧烤后制成不透水的容器,后来发现不用篮子也能达到同样目的,于是就发明了陶器。但这只是推测而已。现在考古学家对年代最早的陶片进行分析,发现它是一片一片贴上去的,并不是糊在篮子上烧成的。所以,陶器应该是在人们发现了黏土的可塑性和黏土具有经火烧烤会变硬的性质后发明的,至于最早的制作方法是利用篮子、直接用手捏还是用泥片粘贴,则不一定,不过早期的陶器都是不借助工具直接用手制作的。

手制成型的方法有四种,第一种是捏塑法,小型的陶器可以直接用手捏制,捏制出来的陶器不大规整,而且器壁上常常会留有指窝和指纹。第二种是泥片贴塑法,把坯泥先制成泥片,再贴塑成型。第三种是泥条盘筑法(图115),先把坯泥搓成泥条,再圈叠成型,将里外抹平。第四种是模制法,先用模型制成部件,再拼合成型,这实际上是晚期一种比较高级的制陶方法。制成的陶器要阴干后才能入窑烧制,为了防止沾黏泥土,要在器底衬垫布片、席子或树叶,所以用手制法制成的陶器器底常常有布、席或叶脉的印痕。

大概到仰韶文化中期出现了借助陶轮来制造陶器的轮制技术,先出现的是慢轮制陶,所谓慢轮,就是一个转盘,可以用来修整陶器使之形体更加规整。因为慢轮旋转得慢,所以用慢轮修整的陶器器身上常常会留下一些平行的弦纹。

大汶口文化晚期出现了快轮制陶法(图116)。快轮也是一个转盘,先

图 115　泥条盘筑

图 116　快轮制陶

用人力使其快速旋转，由于快轮的质量较大，因此可以依靠惯性保持较长的转动时间，这样把泥坯放在陶轮上借助快轮旋转的力量用手拉制成型。现代制陶也是用快轮，只不过是利用机械来带动其连续旋转。用快轮制成的陶器器形规整、厚薄均匀，但是器底常常有切割陶坯时留下的螺旋纹。

　　快轮制陶法是新石器时代最先进的一种制陶工艺，以今山东地区的龙山文化制陶水平最高，制作的陶器质量最高。

怎样识别陶器？

陶器是新石器时代考古中出土数量最多的遗物，陶器也是最能反映古代人类共同体的特征和技术水平的标志性器物，所以发掘出土的陶器虽然其貌不扬，但是却备受考古学家重视。那么考古学家是怎样来识别陶器的呢？

考古学家主要是根据颜色、胎质、装饰、形制和组合这五个方面来考察陶器的。这五项也被称为陶器的五要素。

第一是陶色。陶器的颜色有红、灰、黑三大类。这三种颜色是因为烧制工艺不同而造成的。由于烧陶用的黏土中含铁量比较高，如果在氧化气氛中烧制陶器，黏土中的铁元素被充分氧化成氧化铁，陶器便呈红色；如果在还原气氛中烧制陶器，氧化铁被还原成铁，陶器就呈灰色；如果用黑色的淤泥做原料就可以烧出黑陶，如果在烧制的过程中进行渗碳处理则可以烧出黑皮陶，如果在陶土中掺入稻壳茎叶就可以烧出夹炭黑陶。除了这三大类陶器以外还有少量白陶，白陶是用含铁量极低的高岭土作原料烧成的。江苏宜兴盛产的紫砂陶是用一种质地细腻、含铁量很高的特殊陶土作原料烧成的，有褐、红、紫、黄、黑等多种颜色。

第二是陶胎。陶器的胎质可以分为泥质与夹砂两大类。陶器一般都是用纯净的黏土或者经过淘洗滤澄的黏土来制作的，所以大多数陶器都是泥质陶。如果在黏土中混有砂粒或者有意掺入砂粒烧成的就是夹砂陶。夹砂陶比较坚硬，而且耐烧，一般用来制造炊器。

陶土中通常都含有一定量的铁、钙、镁、钾等金属元素，它们在陶器烧制的过程中起着助熔剂的作用，可以降低陶器的烧成温度，因此陶器在900℃

左右就能烧成，如果窑温过高则会把陶坯烧成熔融状态而变形。商周时代长江中下游地区盛行一种用高温烧制的、表面印有几何形纹饰的陶器，质地很硬，被叫作几何印纹硬陶。烧制白陶和硬陶的技术是后来发明瓷器的基础与前奏。

第三是装饰。陶坯制成以后还要进行一些表面处理与修饰，最简单的是用木、石或陶制的陶拍拍打陶坯，这样可以使器壁更加结实坚固。为了防止陶拍粘坏陶坯，先民们就用细绳缠在陶拍上，或者在陶拍表面刻上一些花纹，这样经过拍打的陶器表面就会留下绳纹或印纹，成为陶器的一种装饰。有的先民不喜欢这种拍打的花纹，就再沾水将陶器表面磨光，这样就形成了素面陶器。素面陶器光滑的表面为先民们提供了一个施展艺术才能的小天地，他们在上面绘制各种图案，形成了有名的彩陶。在光滑的表面上也可以用针、管、篦等工具刻画戳点出各种花纹，或者粘贴堆塑各种用黏土捏制的小饰物来进行装饰。

新石器时代的先民还不会在陶器上施釉，到了商代人们发明了以氧化钙为熔剂、以铁为着色剂的石灰釉，于是能烧制出黄绿色的原始瓷。西汉时发明了以氧化铅为熔剂、以铁或铜为着色剂的低温铅釉，于是又出现了翠绿色或黄褐色的釉陶。唐宋时代出现的唐三彩、宋三彩、辽三彩和明清时代流行的琉璃瓦、琉璃砖都是釉陶。

第四是形制。不同时代、不同地区、不同人群的审美观不同，他们制作与使用的陶器造型式样也都不同，所以陶器的形制就成为判断考古文化的性质与时代的重要依据，同时，形制也是给陶器进行分类和命名的主要依据。根据陶器的用途一般可以把陶容器分为食器、水器、盛器和炊器几大类。分析陶器的形制主要看盖、口、唇、颈、肩、腹、底、足、耳、鋬、流等几个部位。由于陶器形制的变化往往是一个渐变的过程，因此努力寻找出陶器形制变化的规律就成为一项非常重要的工作，考古学上称之为类型学研究。根据不同类型陶器出土的地层关系，就可以排列出它们演变的规律。根据陶器类型的变化，也可以分析出具有不同文化的人群之间的关系，所以考古学家非常重视陶器形制的变化。

第五是组合。各种不同类型的陶器并不是在每个时期、每个地区、每个文化中都有的，不同时代、不同地区、不同人群的习惯、风俗不同，他们经常使用的陶器的种类和式样也都不一样。一般说来，在某一时期、某一地区、某一人群所使用的陶器大体上是相同的。这一现象反映在考古上就是陶器的组合。陶器的组合和陶器的形制一样也是区分文化特征和时代特征的一个重要因素。

除了陶容器以外，还有用陶做的工具如陶刀、陶纺轮、陶网坠、陶拍，以及陶埙、陶祖和陶塑的小玩具等等。

壶是怎样发展演变的？

壶是中国古代广泛使用的一种器皿，但是不同时期的壶形制各不相同，那么壶是怎样发展演变的呢？

壶是模仿葫芦做成的。葫芦的原产地在中国，嫩的时候能吃，老了以后形成木质化的外壳，纵剖开可以做成舀水的瓢，横截掉端头可以做放东西的盛器，这就是壶的原型。无论新石器时代用陶做成的壶，还是青铜时代用铜做的壶，造型都像是直立的葫芦，只是在葫芦上面加上壶盖、下面加上圈足、两边加上附耳罢了，甲骨文"壶"字写作，金文写作，都是象形字。

壶是用来盛米汤或者酒浆之类饮料的。先秦时代还没有馒头，平时吃蒸的米饭，走路或行军时就吃炒米之类的干粮。干粮盛在竹篮里，饮料盛在壶里，吃的时候用汤泡来吃，所以孟子说："箪食壶浆，以迎王师。"

壶两边的附耳可以穿上绳子，以便提拎携带，用的时候就从壶口往外倾倒（图117）。先秦时有一种叫"盉"的盛器，在顶部或肩部有管状的流。楚式的盉上有提梁、下有三足，样子很像现在的茶壶或酒壶。其实先秦时代尚无饮茶习俗，酒也都是低度酒，是用斗从酒尊里舀的，并不是用盉来斟的。据考证，盉是用来调酒的，并且到秦汉以后就消失不用了。

各地出土的汉代陶壶和铜壶非常之多，说明那时用得很普遍。到六朝时出现了一种鸡头壶（图118），即在壶的肩部安了一个陶塑的鸡头当装饰品。早期鸡头壶的鸡头是实心的，仅仅起装饰的作用，后来演变为空心的嘴，这样就可以注水了，但是在其肩部仍然保留着系绳的附耳。

随着丝路贸易日渐发达，西方的文化通过丝绸之路纷纷传入我国。波斯

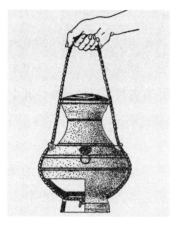
图117 壶的用法

图118 西晋鸡头壶

流行的一种单把壶也传入了我国，并被我们所吸收，于是在鸡头壶的鸡头对侧被安上了一个把，这样就形成了后来茶壶酒壶的雏形。

从唐代长沙窑烧制的壶（图119）来看，唐代的壶和汉代相比已经有了很大的区别，颈部变短、腹部变高、整体形状更像是个罐子而不像葫芦，而最大的变化是出现了壶嘴，壶的使用方法与以前不一样了。

宋元时期人们饮茶喝酒的习俗发生了变化，一方面，唐代煎煮烹茶而饮的饮法变成了冲泡茶叶而饮的饮法；另一方面，出现了蒸馏制造烧酒的方法，于是各种前有嘴、后有把的茶壶酒壶就应运而生了（图120）。由于壶的用法已由倾倒变成了灌注，因此俗称注子，又名执壶。执壶简朴实用，出现后发

图119 唐长沙窑贴花执壶

图120 宋景德镇青白瓷注子注碗

图121 明洪武青花缠枝牡丹纹玉壶春瓶

展迅速，很快就取代了鸡头壶，并且一直沿用到现在。

但是原来那种形状的壶并没有被淘汰，而是改作他用了。在唐代的壁画中我们看到了最早的盆花，而到了宋代，种花赏花已经成为时尚，于是原来的那种壶就被用来作为插花的花瓶了。宋代瓷器中有各种各样的花瓶，其中最常见的玉壶春瓶（图121）分明就是从原来的壶演变而来的，只是名称不同罢了。

当壶的形制定型以后，它的演变就脱离了葫芦的原型，走上了自身的发展的轨道。造壶的工匠充分发挥自己的想象力与创造力，制造出各式各样不同造型的壶，这一点只要看一看明清以来千变万化的宜兴紫砂壶就可以知道了。尽管现在的壶只有它的读音还和葫芦一样，但是我们仍然知道它就是从葫芦演变而来的，而且可以得出这样一条从葫芦到茶壶、酒壶的演变的轨迹（图122）：

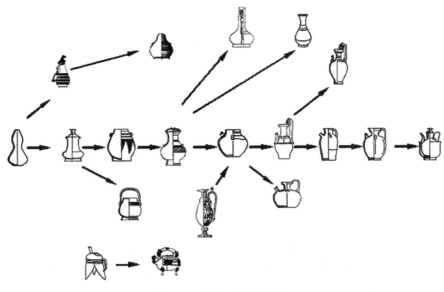

图122　从葫芦到执壶的演变

瓷与陶有什么区别？
中国古代有哪些窑系和名瓷？

　　瓷器是中国人的一大发明，其意义决不在四大发明之下。在没有发明瓷器之前人们只能拿着陶盆木碗吃饭，瓷器的发明使我们生活的质量大大提高了。中国的瓷器通过丝绸之路传到了西方，使当时只知道使用陶器、木器和玻璃器的欧洲人为之倾倒，于是他们就把瓷器叫作 china。

　　瓷和陶常常被连在一起称作陶瓷，然而陶和瓷实际上是性质不同的两种东西，它们的区别主要有这样几点：

	陶	瓷
原料成分	一般为陶土，$Fe_2O_3 > 6\%$	必须是瓷土，$Fe_2O_3 < 3\%$
烧成温度	低于 1000℃，通常为 700℃ ~ 800℃	高于 1200℃，达到烧结的程度
性质特点	一般带色，不透光 吸水性强 叩之声音不脆	白色，薄层透光 吸水性弱或不吸水 叩之有铿锵之声
表面处理	一般表面不施釉，或施低温釉	一般均施高温釉

　　原料的不同和窑温的高低是造成陶和瓷具有不同性质与特点的决定因素，根据这两点我们就可以把陶和瓷分开。虽然陶与瓷是两种不同的东西，但是两者之间又存在着一系列过渡的中介类型，例如硬陶和紫砂陶的原料都是黏土，但是烧结温度却达到了 1100℃ ~ 1200℃；白陶的原料是高岭土，但是烧

成温度却不超过 1000℃；原始瓷在原料和窑温方面都达到了瓷器的要求，但是胎质的白度和透明度又不够。尽管存在着一系列中介类型，然而瓷并不是一种高级的陶。正因为陶和瓷既有本质的区别，又有密切的联系，所以学术界一直存在着陶瓷同源和陶瓷异源的争论。

最早的瓷器在商周时代就出现了，但那时数量极少。春秋时江南地区的越人在烧制硬陶的基础上已经能大量烧制瓷器了，但是由于胎质的白度和透明度不够，因此被称为原始瓷。原始瓷施用的釉是含铁元素较高的石灰釉，烧成的瓷器都呈黄绿色或青灰色，所以又称原始青瓷。近年来在浙江湖州德清发现了一系列商周到战国时期烧制原始青瓷的窑址，而且在江浙一带出土了大量战国时期的原始青瓷器，其质地完全可以与六朝青瓷媲美，然而令人感到奇怪的是在其后的 400 年里原始瓷器却绝迹了，两汉时期只有釉陶而无瓷器，一直要到东汉末期，浙江一带的窑场才首先烧出真正的青瓷，这实在是瓷器史上的一个谜。西晋潘岳的《笙赋》中有"倾缥瓷以酌醽"的句子，第一次出现了"瓷"这个字。六朝时期越窑青瓷名满天下，六朝青瓷是我国陶瓷史上一个重要的里程碑。

六朝时期是青瓷的天下，一直要到公元 6 世纪末才出现白瓷。河南安阳北齐武平六年（575 年）的范粹墓中出土的白瓷器是迄今所知年代最早的白瓷。虽然早期的白瓷还有点泛黄，但是白瓷在北方迅速发展起来，到唐代已经形成"南青北白"的局面。河北内丘的邢窑白瓷和浙江的越窑青瓷分别代表了南北瓷业的最高水平。

宋代我国的瓷业有了飞速的发展，形成了定窑、钧窑、磁州窑、耀州窑、龙泉窑和景德镇六大窑系。定窑系的窑场分布在漳河和汾河流域，以河北曲阳涧滋村的定窑为代表，产品主要是白瓷。钧窑在河南禹县，属于北方青瓷系统，但是钧瓷的釉色接近于蓝色，而且带有一种莹莹的光泽，有的蓝色中还带有缕缕红色，犹如蓝天中的一抹晚霞。红色是釉料中含铜元素的缘故，铜红釉是钧窑的一大发明，钧窑还能烧制全红的瓷器，称为钧红。磁州窑分布在冀、豫、晋三省交界一带，以河北邯郸观台窑为代表。磁州窑是民窑，所以名不见经传。磁州窑既烧白瓷，也烧黑瓷，其最富有特色的是使用白地黑花和黑地白花的装饰手法，使起产品具有浓郁的乡土气息和民间色彩。耀州窑的中心在陕西铜川黄堡镇，属青瓷系统，烧制的青瓷颜色深沉，边缘呈姜黄色，以丰富多彩的图案花纹而著称。龙泉窑在浙江龙泉县，属南方青瓷系统，是唐代越窑的继承者，南宋时达到极盛。龙泉窑发明了石灰碱釉，能烧制色泽淡雅可与青玉媲美的粉青瓷和色泽青翠可与翡翠媲美的梅子青瓷。景德镇在宋代还刚刚兴起，其代表作是风格独特的青白瓷，釉色青中带白、白中泛青，是一种影影绰绰的青，又称影青瓷。

宋代瓷业十分发达，一些技术精湛的窑场生产的瓷器质量极佳，不但为时人所喜爱，而且宋瓷也被后人所珍藏。明朝《宣德鼎彝谱》记载："内库所藏：柴、汝、官、哥、钧、定。"其中的"汝、官、哥、钧、定"就是宋代的五大名窑。

除了上述的钧窑和定窑以外，汝窑窑址近年已在河南宝丰县被发现了。汝窑专为宫廷烧制瓷器，胎色为香灰色，釉色为淡淡的天青色。汝窑烧造时间不长就因金兵南下而停烧，所以汝瓷传世数量极少，流传至今的公私藏品不足百件。

官窑是指专为官府烧瓷的窑场，北宋有开封官窑和余姚官窑，南宋有杭州官窑。余姚官窑继承了五代越窑的技术，专烧用于进贡的青瓷，这种青瓷质地特别细腻，色泽特别柔和，一般官僚和臣民都不许使用，显得十分神秘，所以被叫作秘色瓷。杭州官窑在杭州南郊，窑址已被发现，产品多为紫口铁足、青釉开片，和哥窑的产品相近。

哥窑属于龙泉窑系统。传说南宋时龙泉有章生一、章生二兄弟二人，两人各主一窑，哥哥烧的窑叫哥窑，弟弟烧的窑就是龙泉窑。龙泉青瓷是白胎、青釉、表面没有裂纹，而哥窑青瓷的胎是紫黑色的，俗称铁骨，在器口和器底无釉处露出紫黑色的瓷胎，叫作紫口铁足，青灰色的釉面上布满了如同薄冰开裂似的纹理，俗称开片，这些都是哥窑瓷器与众不同的特色。

排名在五大名窑之上的柴窑是五代周世宗柴荣的御窑，柴窑瓷器被形容为"青如天、明如镜、薄如纸、声如磬"。虽然柴瓷有如此盛名，但是迄今为止也没有人见过一件真正的柴窑瓷器，所以明代就有"片柴值千金"的说法。

柴窑虽然名噪一时，但到底有没有还是一个谜。

元代瓷业的卓越成就是青花瓷和釉里红。

青花是指用含钴元素的釉料在瓷胎上绘制花纹，再上一层透明釉，在高温下一次烧制而成的白地蓝花的釉下彩瓷器。青花瓷的起源可以追溯到唐代，到元代烧制青花瓷的技术趋于成熟，并已能大量生产青花瓷器。在青花出现之前瓷器的装饰手法只有刻花、划花、印花，没有色彩，形式单调，而青花瓷的美观一下子博得人们的青睐，迅速发展成为中国瓷器的主流。青花瓷的生产也给景德镇带来了空前的繁荣，景德镇成为生产青花瓷的主要基地。

釉里红是元代景德镇的一大发明。釉里红的制作方法和青花一样，只是用铜红料代替钴料，从而使烧成的花纹呈红色。但是由于铜红料对温度的要求很苛刻，对窑室气氛的要求很严格，因此烧制釉里红很困难，成品率很低，所以釉里红比青花少得多，传世的釉里红瓷器比青花瓷更珍贵。

明代景德镇已经成为中国的瓷都，除了大量生产青花瓷以外，永乐宣德时期又烧成了红、黄、蓝、白、绿各种单色瓷。瓷釉的颜色早先只有青、黑、白三色，宋代的钧红和元代的釉里红颜色都不纯正，而明代能够烧出鲜红色的瓷器，这种鲜艳的红色就像红宝石一样美丽，故名宝石红，又名霁红、祭红。蓝色是以钴为着色剂的，明代在青花的基础上烧出了纯蓝的瓷器，叫作霁蓝或祭蓝。绿釉早在汉代就能烧制，但是颜色偏暗，明代烧制的绿釉翠绿光亮，就像孔雀羽毛的色彩，故名孔雀绿。黄色的釉在唐三彩上就有，到明代才烧成真正的黄色瓷釉，黄釉用浇釉的方法上釉，故名浇黄，因其色泽娇艳，所以又叫娇黄。元代的白色釉还不很纯，叫作卵白釉，明永乐时能够把白度很高的瓷坯做得很薄，再施加纯净的透明釉，使烧成的瓷器晶莹剔透，给人以一种"甜"的感觉，故称甜白。

明成化年间又发明了斗彩。斗彩是在青花瓷上再涂以彩釉，形成釉下青花和釉上彩色争美斗艳、相逗成趣，故又称逗彩。明代斗彩所用的手法都是单色平涂，色彩鲜明、对比强烈，没有浓淡明暗之分，所以叫作硬彩，又叫古彩，所用色彩有红、黄、蓝、绿、紫五色，所以又叫五彩。

　　清初从西方引进了珐琅彩，雍正年间在珐琅彩的影响下发明了用玻璃粉打底、色彩有浓淡明暗之分的粉彩，用粉彩绘制的图案花纹像国画一样有立体感，故名软彩。粉彩远比斗彩淡雅秀丽，所以出现粉彩瓷以后，斗彩瓷就很快被淘汰了。

唐三彩是做什么用的？

在西安和洛阳的唐代大墓中常常出土一种有绿、蓝、黄、白、赭、褐等色彩斑驳鲜艳的陶器，其中黄、绿、褐是主要的色调，所以称其为"唐三彩"。

唐三彩是盛行于唐代的一种彩釉陶器，据有纪年的唐墓考察，早于唐高宗时期的唐墓中还没有出土过三彩陶，而开元时期是它的极盛时期。唐三彩的用途主要是作为随葬的明器。唐代盛行厚葬，朝廷多次颁发过不同等级官员死后允许随葬明器数量的规定，有明文见于唐代的典章制度。三彩陶器的兴起正是这种厚葬风气的反映，但是三彩陶在唐代流行的时间并不长，到天宝以后数量就逐渐减少了。

因为唐三彩主要是达官贵人用于陪葬的明器，所以主要出在西安和洛阳两地，此外在扬州也有出土，而其他地方就很少见到了。

唐三彩是一种低温铅釉陶器，用白色黏土作胎，用含铜、铁、钴、锰等元素的矿物作釉料的着色剂。唐三彩是在汉代铅釉绿陶的基础上发展而来的，由于釉料中含有大量铅的氧化物作为助熔剂，釉料在烧制过程中容易扩散流动，所以烧成的釉色互相浸润，色彩斑驳亮丽。

作为明器的唐三彩可以分为器皿、人物和动物三大类。器皿类的三彩陶有生活中常见的瓶、壶、罐、钵、杯、盘、盂、盒、烛台、枕等十多种，每一种又有许多不同的式样。人物雕塑有文官、武士、贵妇、侍女、马夫、胡人、天王、乐师等等，形象刻画细致入微，造型和神态都极其生动，继承和发展了秦汉以来我国雕塑的写实传统。动物雕塑在唐三彩中最为多见，有镇墓兽、马、骆驼、驴、牛、狮、虎、羊、狗、兔、鸡、鸭等等，其中尤以三彩马和骆驼形神俱佳，最为出名。

唐三彩中出现了大量骆驼俑，骆驼是丝绸之路上主要的交通工具，各种各样高鼻、深目、多须的胡人俑表现出当时常见的胡商形象。各种仿金银器的器皿造型更具有波斯的风格，而三彩中的蓝彩还是从波斯进口的，所以唐三彩不仅展现出雍容华贵的盛唐气派，而且闪露出绚丽多彩的异国情调，其本身就是中外文化交流的产物。

唐三彩的制造工艺不仅开创了后来"宋三彩"和"辽三彩"之先河，以铜、铁、钴、锰四种元素为着色剂的工艺也为后世低温色釉陶器和釉上彩瓷器奠定了基础。

青铜食器为什么有腿？

商周时代贵族使用青铜制成的食器。青铜食器或者有三条长长的腿，如爵、斝、鬲、鼎；或者有高高的圈足，如觚、觯、豆；或者干脆接一个器座，如簋、簠、盨、盂盉。总之，青铜食器都有腿，不像战国以后的漆食器和瓷食器，只有一圈矮矮的圈足而已，这是为什么呢？

原因很简单，因为商周时代吃饭时既无桌，又无案，人们的生活习惯是席地而坐，食器就直接放在地下的席上，所以必须用高高的腿把食器支撑起来，这样食器就都有腿了。

战国以后发明了案，写字用书案，吃饭用食案。案类似今天北方用的炕桌，或像有腿的大托盘，于是食器的腿就变矮了。唐代以后出现了高腿的桌子，人们改席地而坐为垂腿而坐，于是食器就只剩下一圈矮矮的圈足了。

鼎、鬲、斝既是食器，又是煮肉、烧水、温酒的炊器，它们有三条高腿还因为腿下的空当是烧火的地方。商周时代尚未发明灶，炊煮是直接架起火来烧的，所以炊器下面都有三条高腿。像司母戊鼎那样的大鼎是放在庭院广场上烧煮牺牲祭祀用的，而日常使用的食鼎高度大约都只在二三十厘米上下，腿下的空间不过一二十厘米，在这么小的空间里烧火，只能使用木柴或木炭做燃料。由此可以推测出，商周时代树林一定还很多，生态平衡也一定还没有被破坏。联系到当时收割的工具主要是无柄的铚刀而不是有柄的镰刀，也可以推测出，商周时代收获庄稼只割穗不割秸秆，因为当时平原上还有许多未开垦的处女地，饲草和苫草都不缺。

战国以后发明了灶，食器也发生了变化。灶的发明是一个进步，它意味着在炊煮时热效率提高了；灶的发明也使鼎被淘汰了，代之而起的是无腿的釜。但是，因为灶塘内的空间比鼎足之间的空间要大，所以灶内可以烧草和秸秆。灶的发明意味着燃料结构发生了变化，而燃料结构发生的变化意味着中原地区由于人口的增长已导致了生态环境发生变化，草莽之地大量被开垦，森林面积减少了，收庄稼也要割回秸秆，土地会慢慢变得贫瘠，争夺土地——生存空间和生产资料的斗争也变得激烈起来。

历史的发展确实如此。当然，社会并不是因为灶的发明才发展的。我们只不过通过灶的发明这件小事作一些逻辑推理，见微而知著罢了。

西周就有火锅吗?

鼎是商周时代使用的一种主要的炊器。圆鼎三足,方鼎四足,足间的空当是填柴烧火的地方。但是在已发现的西周铜鼎中却有一种与众不同的鼎,这种鼎的鼎足中部多了一个托盘,或者在鼎腹下有一个围起来的炉膛。这种鼎至少已经发现了几十件。它的特殊结构显然不适宜烧柴,但是却可以在托盘或炉膛里放置炭火温热食物,所以被叫作温器(图 123)。

战国初期的湖北随县擂鼓墩一号墓中出土了一件被叫作煎盘的特殊铜器,它由四根立柱连接上下两个圆盘组成,上盘深,盘边有铜环提链;下盘浅,盘底有长方形镂孔,出土时上盘里残存有鱼骨和梅核,下盘内放着木炭。这一发现为我们提供了温器用法的实例(图 124)。

战国以前还没有发明带烟囱的封闭式炉灶,鼎是直接放在火塘上烧的,食物煮熟后就连鼎一起端上席,所以,鼎既是炊器又是盛器。用鼎盛食物在冬天很容易冷凉,而温器的下部可置炭火加热保温,构思十分巧妙。可是这种特殊的炊器马上使人联想到:它会不会是用来涮肉的火锅呢?

图 123 西周温鼎

图124　曾侯乙炉盘

　　火锅的起源曾引起过许多学者的兴趣。有人说汉代文物中常见的谯斗是火锅，又有人说白居易《问刘十九》诗中所说的"红泥小火炉"是火锅。唐代火锅传入日本，于是涮肉食俗又风靡了东瀛。不过现在能看到的用火锅涮肉的记载最早见于南宋泉州名士林洪著的《山家清供》一书，此书中记叙了涮兔肉的吃法，并特地注明"羊肉亦可"，他还为之起了一个雅名曰：拨霞供。

　　到了清代吃火锅已经十分普遍，无论宫廷还是民间都盛行吃火锅。乾隆皇帝尤其喜欢吃火锅，所以他六次南巡时所到之处都为他准备了火锅。嘉庆元年宫内举行千叟宴，据说总共用了1500多个火锅。至于慈禧太后最喜爱吃的是菊花火锅，它的做法和吃法在德龄所著的《御香缥缈录》中有详细的记载。

爵是用来喝酒的酒杯吗?

青铜爵的造型很像饮酒器,于是影视剧中常常见到古人用爵来饮酒,甚至电视连续剧《三国演义》中的诸葛亮都拿这青铜爵饮酒,这是错误的。爵不是饮酒器,而且三国时爵也早已绝迹。爵是一种在祭祀时用来注酒的礼器。

商周时代有一种祭礼叫茜(缩)礼,甲骨文写作 ,像双手捧茅草束在酒坛旁的形象。祭法是用一束茅草竖立在裸圭(玉器)上,把香酒顺着茅草束慢慢灌入,以象征神灵喝酒。春秋初管仲伐楚,指责楚国"尔贡包茅不入,王祭不供,无以茜(缩)酒"。举行茜(缩)礼所用的茅草是楚国进贡之物,而茜(缩)酒所用的注酒器就是爵。

商人好酒,而酒的度数又低,所用的饮酒器觚、觯的容量都很大;周人禁酒,饮酒器大大减少,但从夏代到西周一直有爵。爵的形制虽有变化,但其容量一直不大,因为爵并非实用的饮酒器,而是如《说文解字》所言是一种礼器,只是用于象征性地向茅草束注酒而已。至于《说文解字》又说爵的形状像雀,并引申为告诫饮酒者要节制和满足云云,则纯粹是许慎的臆测与附会了。

爵始见于夏代,盛行于商周,春秋以后渐渐不见了。究其原因,应是春秋时代礼崩乐坏,商周旧礼遭到破坏所致。以爵注酒于茅草束的茜礼渐废,于是爵的用途也渐渐不为后人所知。不过祭祀时以酒歆神的做法还是保留了下来,只是变为直接把酒洒在地上,没有茜礼那么繁琐复杂了。到了汉代,人们喝酒普遍使用耳杯或卮,绝对不会用爵的。

铜鼓真是铜做的吗？

每逢喜庆佳节人们就会敲起欢乐的锣鼓，古代打仗也用鼓声作为信号，"击鼓进军，鸣金收兵"，一鼓作气，"咚咚"的鼓声能引起人们心灵的震撼，产生一种催人奋进的力量。传说黄帝在征伐蚩尤的逐鹿之战中曾经造了80面大鼓以振军威。在商代的甲骨文"鼓"字写作 $\boxtimes$ ，是鼓的象形，中间是鼓面，上面是饰物，下面是鼓座。甲骨文中还有 $\boxtimes$ 或 $\boxtimes$ ，这是敲鼓的"鼓"字，像手执鼓槌或鼓棒击鼓的形象。还有与鼓声有关的"彭"字，写作 $\boxtimes$ ，鼓边的短撇表示鼓声。商人祭祀祖先时有一种祭法，叫作彡（肜）祭，就是以击鼓的方式来娱神。在仰韶文化、大汶口文化、马家窑文化遗址中都出土过一种长筒形的陶器，一端有一圈突起的陶钉，考古学家认为在陶钉上蒙一张皮就成了一面陶鼓（图125）。陶寺文化遗址中还出土过蒙鳄鱼皮的鼍鼓（图126）。

鼓，俗称铜鼓，实际上平时敲的各种鼓都是在木质的鼓腔上蒙以皮革制成的，并不是用铜制成的。殷墟曾经出土过一件用铜制成的鼓，鼓身横置，

图125　陶鼓　　　　　　　　　　　　图126　鼍鼓

图 127　商代铜鼓

形如现在的腰鼓，上踞双鸟，下有四足，鼓面的鳄鱼皮纹和钉鼓皮的三行鼓钉都做得惟妙惟肖。1977 年在湖北崇阳也出土了一个类似的铜鼓，但是没有双鸟。这类铜鼓并不是真正用来打击作乐的鼓，而是模仿木鼓制成的仿制品，应该是一种贵族陪葬用的冥器（图 127）。

我们所说的铜鼓，是指古代流行在我国南方的一种真正用铜铸成的鼓，其特征为"平面曲腰、一头有面、中空无底、侧附四耳"，但是不同时期、不同地区的铜鼓有各自的特色（图 128）。铜鼓只有一个鼓面，鼓面中央有一个微微隆起的光体，四周有数量不等向外辐射的光芒，形成一个太阳纹。鼓面上以太阳纹为中心还有多圈弦纹，构成了多少不等的晕圈。有的铜鼓在鼓面的外圈铸有多少不等的立体饰物，最常见的是青蛙，个别也有鸟、龟、骑士等。有的铜鼓鼓面直径大于鼓身，边缘向外突出形成一圈面檐。铜鼓的鼓身一般分为三节，与鼓面相连向外凸起的一节叫鼓胸，中间一节略微内收叫鼓腰，底下一节外撇的叫鼓足。在鼓身上也有晕圈，在鼓面与鼓身的晕圈之

图 128　西南铜鼓

图 129　瑶族打鼓图

间常常饰有各种图案。突出的鼓胸、内收的鼓腰和外撇的鼓足构成了铜鼓独特的造型。

这种铜鼓主要分布在我国西南的广东、广西、云南、贵州、四川、湖南、海南等地，以广西和云南出土铜鼓最多。关于铜鼓的记载最早见于《后汉书·马援传》：马援"于交趾得骆越铜鼓"，东晋时裴渊的《广州记》说"俚僚铸铜为鼓"，南宋范成大的《桂海虞衡志》说"铜鼓，古蛮人所用，南边土中时有掘得者"。五代词人孙光宪有一首《菩萨蛮》吟咏南国风光曰："木棉花映丛祠小，越禽声里春光晓。铜鼓与蛮歌，南人祈赛多。"现在在黔南桂西的一些少数民族中还有使用铜鼓的，但是现在存世的数以千计的铜鼓多半是出土的，考古发掘所得到的铜鼓年代最早可到春秋，数量最多的是汉代。

铜鼓可以鼓面朝天悬挂或平放在地上敲打，唐代杜佑《通典》曰："铜鼓，铸铜为之，虚其一面，覆而击其上。"铜鼓的腰间有两对附耳，因此击鼓时应把它横挂在树上或者木桩上，从侧面敲打，还可以抬着铜鼓边走边用手拍打，最有趣的是一人在敲打铜鼓时另一人手持木桶在鼓的后面接音（图129），用改变共鸣腔的办法来调节鼓音，使之更加悦耳动听。

铜鼓是一种乐器，在逢年过节娱乐的时候和迎神祭祀的场合常常要敲打铜鼓，广西南丹白裤瑶族在为老人"砍牛送葬"时还一定要设铜鼓场，击鼓祭奠。铜鼓是一种重器，常常作为权力的象征而用于陈设，作为财富的象征而用于赏赐。铜鼓也是一种礼器，贵族死后有用铜鼓作陪葬品的，在祭祀山水神祇后也常常将其就地埋藏，所以考古发现的铜鼓少数出于墓葬、多数孤零零地出土在山坡河畔。

铜鼓产生的时间大概在春秋时期，它的发祥地在云南滇西以楚雄为中心的地区，在战国晚期到汉代，铜鼓向东、南、北三个方向传播开去，向东传到广东西部的云浮、阳江一带，向南传到越南的中北部和缅甸的掸邦，向北遍及贵州全省并散布到川南和湘西，此外在老挝、柬埔寨、马来亚、印尼都有零星的发现，至于在这个范围之外所见到的铜鼓就都是通过掳掠、赏赐、贡纳、买卖等方式传播出去的，成了博物馆和收藏家的收藏品。

我国古代的车马器是什么样的?

传说商人的祖先王亥王恒"服牛乘马"驯服了牛马,但是一直到战国,华夏族主要还是乘车而不是骑马。马与车是相连的,因此古人所谓御车就是御马,乘马就是乘车。古代驾二马为骈,三马为骖,四马为驷。《论语·季氏》云"齐景公有马千驷",这不是说他有四千匹马,而是说他有一千乘车。马车是供贵族出行和作战用的,牛车只用来载运货物。

古代马车的车厢叫舆,舆的前面和两旁以栏杆或木板为屏障,乘车的人从舆的后面上下车,车上供人上车时拉手用的绳子叫绥。古人是站着乘车的,舆两旁用来倚靠身体的木板叫輢,舆前面有一横木用来扶手,叫轼。《左传·庄公十年》说:"(曹刿)登轼而望之",是说他站到车轼上去瞭望。在讲究的车舆上还有用来遮阳挡雨的伞盖。

车轮的边框叫辋,中心有孔的圆木叫毂,《老子》说:"三十辐,共一毂。"辐是一根根的木条,一头接辋,一头接毂,四周的辐都向车毂集中,叫"辐辏"。车轴插在毂中,并在两端套上一个铜质的轴套,叫軎。軎上用一个三四寸长的销子卡住,以防止车轮脱落,这个销子叫辖。这些车上的这些铜零件统称为车器。

有一句成语叫"南辕北辙",辙是车轮在泥道上碾出来的痕迹,辕是驾车用的车杆。车辕的后端与车舆相连,前端连接着一根横木,叫衡。车辕前端与衡的连接处的铜饰物叫轪,衡的两边各系有一个扼于马颈上的轭,轭的首端常常插有铜铃铛,叫銮(图130)。

古人乘车尚左,尊者居左,御者居中,另有一人在右边陪乘,叫骖乘,

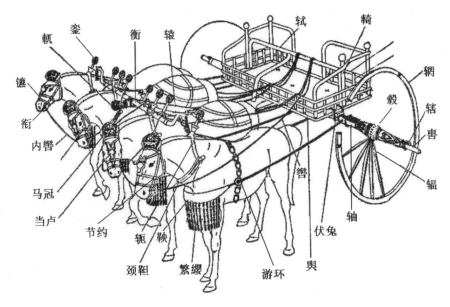

图 130　车马器部件名称

图 131　汉代的四支轺车（上左）、斧车（上右）、骈车（下左）、辎车（下右）

又叫车右。兵车情况则不同，主帅居中，御者在左，另有一人在右边保护主帅，《左传·僖公三十二年》说："子墨衰绖，梁弘御戎，莱驹为右。"

驾车的马如果是三匹或四匹，则有骖服之分。两旁的马叫骖，中间的叫服。另一种说法是服之左为骖，右为騑。王勃《滕王阁序》曰："俨骖騑于上路。"

战国时代赵武灵王胡服骑射，向匈奴学习骑术，骑马之风才渐渐兴盛起来，骑兵和步兵也逐渐取代了车兵。汉代已经不再进行车战，车辆主要用于交通和运输，马车仍然是人们代步的主要工具。先秦的马车都是独辕车，至少要 2 匹马才能拉动，一般都要 4 匹马来拉，而汉代都是双辕车，只要 1 匹马就能拉动，说明汉代的马车比先秦的马车要先进。汉代车辆据其用途不同可分为轺车、斧车、辒凉车、大车等等（图 131）。

战国以前马是专门用来拉车的，但是驾车的马也需要套上用皮条做成的马络头来驾驭，马络头上连接皮条用的铜质零件即马器。勒在马嘴里的衔俗称马嚼子，是由两根两端各带一环的铜条互相套接而成。马衔的两端与马镳相系连，马镳有长方形的、角形的，也有圆形的。在编组马络头的皮条的交叉处或衔接处都有一个连接用的铜管，叫作节约，铜节约有十字形的，也有 X 形的。在马的面额正中可以再连接一个铜制的装饰物，叫作当卢（图 132）。

图 132　战国马面饰

为什么先秦时代用得最多的武器是戈?

　　戈的形制一看就知道它是从石制的镰刀演变而来的。华夏族是农业民族,农民之间发生战争,拿起镰刀去砍人,把农具变成武器,也是顺理成章的事情。青铜戈最早见于商代,形状就像一把镰刀(图133)。

　　戈的前端叫锋,有刃部的戈体叫援,援向后伸出的部分叫内,援向下弯曲延伸的部分叫胡,胡部有突起的阑,阑前的小孔叫穿(图134)。戈的木把叫柲,柲上开槽,安柲时把内插入木柲抵住阑,用皮条通过穿和内上的孔把戈绑紧在柲上。柲的顶端还可以加一个铜冒,柲的尾端可以加一个铜镦,既美观,又能保护柲。早期的戈没有胡只有内,以后胡部越来越长,战国时可

图133　石镰与铜戈

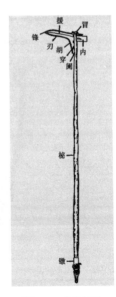

图134　戈的结构

图 135　车战油画

达到有三四个穿那么长；早期的戈援部较平，以后逐渐上昂，内上也出现了锋刃，使戈的杀伤力变得更大了。

先秦时代戈是用得最多的一种武器，出土的戈的数量远远超出了其他的兵器，这是为什么呢？

商周时代中原地区作战都乘车，战车上要乘三人：一人为驭手，专司御马驾车，战士在驭手左边，副手在驭手右边，叫车右或戎右，负责护卫，因此车舆本身的宽度就有 1.5 米左右。战车车体很笨重，为了保持平衡车轴要向两边伸出一大截，有的战车还在轴端安装了锋刺以增强杀伤力，因此当两车错毂交会时两辆车车厢侧面之间的距离也要在 1.5 米以上。因为交战时双方战士之间的距离比较远，所以戈柲的长度都要达到 3 米以上才能杀伤对方（图135）。商周时代的战车都用四匹马拉，一个回合只来得及交一次锋，车就跑开了，在这种场合下长矛是不适用的，而戈的前部有锋，适合于砍啄，刃部呈弧形，适合于勾拉砍杀，这一特点使它特别适合于车战，所以在商周时代戈是用得最多的一种武器。

春秋战国时代战争十分频繁，战略战术都有飞速的发展，武器也有了长

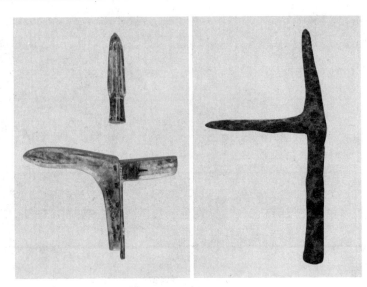

图 136　战国铜戟与西汉铁戟

足的进步。人们在戈秘的顶部再安上矛头，组合成兼有戈和矛两者优点的新式武器——戟（图 136）。

秦汉以后灵活的骑兵和步兵逐渐取代了车战。对于骑兵和步兵来说短刀和长矛比戈和戟更加适用，于是戈和戟也逐渐被淘汰了。骑兵用的矛长度只有 2 米左右，而步兵用的更短，只要 1.5 米左右就可以了。戈和戟曾经是一种被长期使用的武器，虽然在战场被淘汰了，但是秦汉时代人们仍然把戈戟作为一种仪仗来使用，因为不是实战用的武器，制作得就粗劣了，戟被连铸成一件薄片，就像一个"卜"字。戈、戟、矛、铍等武器作为仪仗陈列在大门口的武器架上，叫作列戟。列戟制度后来演变为陈列十八般武器的兵器架。

"丈八蛇矛"是什么兵器？

《三国演义》中的张飞、《说唐》中的单雄信使用的兵器都叫作"丈八蛇矛"。"丈八"是说这种矛很长大，"蛇矛"则被画成矛身弯曲如蛇、矛尖分叉如蛇舌的一种兵器，样子倒是符合"蛇矛"的名称，可是从结构上分析，这种样式的兵器前端既不尖锐，两侧也不锋利，在考古中从来也没有出土过这种兵器，所以，这种样式的"丈八蛇矛"完全是想当然地向壁虚构出来的。那么有没有一种体形长大、被称作"蛇"的矛呢？有的，它在先秦称作"铍"，到了后世被叫作"槊"。

1983 年在湖北江陵马山出土了一件形制奇特的兵器，其形状似矛但是比矛要长大，两侧像剑一样有刃却又有装柲的鏊，这是一件长兵器而不是一柄短剑。该器器身上有"吴王夫差自乍用鈼"八个错金铭文，说明这是吴王夫差的兵器，但是"鈼"是什么兵器呢？张舜徽先生释"鈼"为"猎"的异文，读若"筰"，释作矛，所以这件兵器被称为"夫差矛"。其实类似的兵器 1977 年在安徽贵池就已出土过一件（图 137），形制、大小、花纹都几乎相同，只是没有铭文，这件兵器也被定名为矛。但是，这两件兵器比普通的矛要长一倍，而且两边有刃，形状更像剑，这种形状似剑、装法如矛、功能介于矛与剑之间的兵器应该叫作铍。

关于铍的记载最早见于《左传》。《说文解字》把"铍"解释为"剑如刀装者"，意思不太明确。汉晋以后文献中几乎见不到"铍"字了，于是铍也被人们遗忘了。1979 年秦俑 1 号坑出土了 16 件形似短剑而带有扁铤的青铜兵器（图 138），因为其后连接着带有铜镦的木柲，所以被确认是铍，再联系

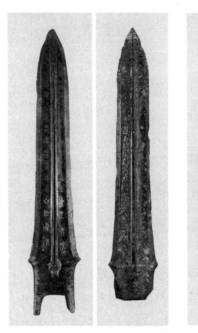

图 137　春秋吴国有銎铍　　　图 138　秦铍

《说文解字》才令人恍然大悟，所谓"剑如刀装"原来是"剑如矛装"之误。后来有学者对铍作了进一步的研究，发现铍在战国秦汉是一种非常流行的兵器，只是后人不认识它，把它误认为是长矛或短剑了。

在江陵和贵池出土的两件铍是目前所见时代最早的铍，证明关于铍起源于春秋吴国的论断是正确的。战国时楚国的铍继承了吴国铍的特点，都是以銎装柲的，这类铍可以称之为有銎铍。有銎铍装柲的特点与矛是一样的，说明铍确实是从矛发展演变而来的。但是，当铍传到北方后，北方各国却以本地惯用的扁茎剑为母本发展演变出了扁铤铍，于是形成了南北两系特点不同的铍。

铍在战国时代曾被广泛使用，但是扁铤铍由于结构上存在着弱点，使其在横劈时无法克服铍头与木柲结合不牢的毛病，因此在实战中渐渐被淘汰，到汉代扁铤铍已经很难见到了，但是有銎铍却没有这个弱点，还发展出一种在铍头和銎之间加一段短柄的有柄铍，使铍头的分量更重、杀伤力更强。出土的汉代的铁铍大多数都是这种有柄的铍。

汉代以后扁铤铍逐渐淘汰了，但是有銎铍和有柄铍仍在仪仗和实战两个方面被广泛地使用着。铍比矛更长大，作为仪仗更加威武。西汉军队中有"长铍都尉"一职，可见汉代军队中一定用铍做兵器。在汉画像石中常有武库的画面，常常可以看到兰錡（兵器架）上插着铍（图139）。战国秦汉时期不仅汉人广泛用铍，而且周边少数民族也受其影响使用铍这种兵器，从而形成了许多具有地方特色的铍，如蜀式有銎铍、滇式有銎铍、巴式扁铤铍等。

既然战国秦汉时代铍是一种普遍使用的兵器，那么为什么东汉以后人们却变得好像不认识铍为何物了呢？原来这是因为汉人对铍的称呼发生了变化。汉代南方人把铍也叫作"鏂""鈒""铊""铩"，音都读作 shi、she、sha，吴王夫差铍自名之"鈛"读作 zuo，两者读音在吴语中都是相通的。汉代以后铍并没有消亡，它的名称读音也没有变，但是它的名字被改写为"稍"

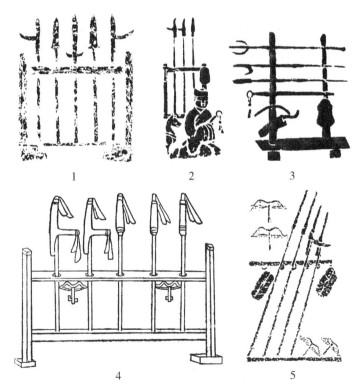

图139　汉画石上的兰錡（兵器架）图

1. 徐州白集　2、3. 成都曾家包　4. 山东沂南　5. 河南唐河

或"槊"了。《集韵》解释说："稍，长矛，或作槊。"《释名》解释说："矛长丈八尺曰稍，马上所持，言其稍稍便杀也。"可知稍是骑兵用的长兵器，所以又称马稍或马矛，但是稍与矛的区别不仅在于稍比矛长，还在于稍的两边有刃，所以又称为"两刃稍"，这种"两头有刃"的稍就是铍。吴语中"稍"和"槊"的读音和"鈹""鈼"也都相通，而且和"蛇"的读音也相通，所以民间就把"稍"或"槊"称作蛇矛，因为槊比矛要长大，所以又称之为丈八蛇矛，后人望文生义，把它画成弯曲如蛇的矛了。

铍这种兵器在汉代以后仍然一直在被使用，江苏丹阳出土的南朝萧齐墓画像砖上有持槊的侍卫像，敦煌的西魏壁画中有手持马稍的骑兵像，从铍（槊）前有锋、侧有刃的特点来看，《西游记》中二郎神杨戬拿的兵器——三尖两刃刀也应该是一种变形的铍。由于铍的体形大、分量重、杀伤力强，所以使用铍（槊）的将军常常都是猛将，不过隋唐以后铍（槊）在战场上已经较少使用了，但在仪仗队里还是屡见不鲜，例如中国军事博物馆的古代兵器馆内陈列的十八般兵器中就有三分之一是各种变形的铍。正因为汉代以后铍的形制与名称都发生了变化，所以后来的人们就慢慢地变得不知道铍为何物了。

剑是怎样起源与演变的？

　　"十年磨一剑，霜刃未曾试。今日把视君，谁有不平事？"剑为"百兵之首"，在现代人的眼里剑已经成为中华兵器的象征，侠客英雄无不仗剑走天下。关于剑的传说故事，诸如干将莫邪、鱼肠剑、季扎挂剑、荆轲刺秦王、项庄舞剑等等也远远多于其他兵器。

　　最早的剑出现于西周，1956 年在陕西长安张家坡的西周墓里曾经出土过一把柳叶形的青铜短剑（图 140），全长不过 27 厘米，扁茎，茎上有用来装木柄的孔。后来在北京琉璃河和宝鸡竹园沟都出土过类似的青铜剑，琉璃河出土的剑只有 17.5 厘米，这样短的剑更像是匕首，只能用于防身，不能用于刺杀格斗。西周时以车战为主，打仗时先用弓矢远射，再用戈戟格杀，很少有机会用剑来搏斗，所以《尔雅·释名》说："剑，检也，所以防检非常也。"

图 140　西周铜剑

剑在车战时代并不是一种重要的武器，因而出土的数量极少。

　　春秋战国时期由于步兵和骑兵的兴起，剑作为一种近身格斗的短兵器也随之发展起来了。春秋时期中原地区流行的是柱脊剑，圆柱形的剑茎向前延伸形成剑身的凸脊，剑茎的另一端有的有剑首，有的没有剑首，剑的长度都比较短，一般在 28 ～ 40 厘米之间。春秋时期剑已经成为贵族的佩饰之一，所以剑柄和剑鞘常常被精心地加以装饰，洛阳中州路出土过一把装有象牙柄和象牙鞘的短剑，陕西宝鸡出土过用黄金做柄的青铜短剑。

　　南方水网地区不宜车战，作战以步兵和水军为主，因此，吴越之人善于用剑，铸剑技术也远比中原地区要高明，《考工记》说："吴粤之剑，迁乎其地而弗能为良。"传世和考古发掘所得到的吴越铜剑数量极多，仅仅著录的有铭文的吴王剑和越王剑就有几十把。这些剑的剑刃不是平直的，前部略略内收形成剑锋，做工精良，有的表面布满菱形暗纹，在地下埋藏两千多年仍然未被锈蚀（图 141）。吴国灭于越、越国灭于楚，战国时期楚剑的样式与水平几乎与吴越之剑相同，说明楚国全面地继承了吴越的铸剑技术。

　　青铜剑由于受到材质的限制，长度一般只有 50 厘米左右，难以满足战争

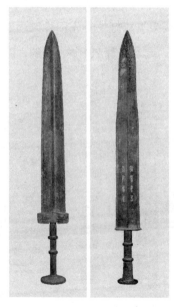

图 141　春秋战国吴越式剑

的需要。战国时期钢铁制的剑登上历史舞台,《史记》记载秦昭王曾对范雎说:"吾闻楚之铁剑利而倡优拙。"可见楚国的铁剑仍然驰名全国。铁剑的长度可以达到70厘米以上,1米左右的也不少,最长甚至可达1.4米。荆轲刺秦王时秦王政背的就是这种长剑,以至于危急之际都拔不出来了。但是战国时代铁剑的数量还是不多,军队中使用的武器仍然以青铜的为主,连秦始皇兵马俑坑中出土的剑也都是青铜剑。

汉代用反复锻打来制造"百炼钢"的技术已经成熟,刃部淬火可以使剑刃更加锋利,而未经淬火的剑脊仍然保持着较好的韧性,从而可以收到刚柔相济的效果。考古中出土的汉代铁剑数量很多,汉代的画像石和画像砖上也常能见到佩带和使用这种长剑的武士形象。

虽然剑的两边都有刃,但是先秦时代剑的功能主要是用于直刺,而不是用于砍劈。汉代以后车战被淘汰了,在与匈奴的战争中骑兵成了最重要的兵种。对于骑兵来说,杀敌主要靠挥臂劈砍而不是靠剑锋刺敌,再说剑虽然两边有刃,但是劈砍时只能用一边,而两边有刃的剑制造起来工艺较为复杂,所以,在西汉时出现了一种有环柄的长铁刀(图142)。由于环首刀比剑更有利于劈砍,而且制造工艺又简单,厚重的刀背也不易折断,因此在实战中剑无可奈何地被刀取代了。汉代以后刀变化出各种新的样式,有了长足的发展,而剑则退出了实战领域,成为一种佩饰和权力的象征。

汉代的佩剑镶上用玉制成的剑首和剑格,在剑鞘末端镶上玉珌,在剑鞘中部镶上穿挂绳的玉王彘,这种用玉器装饰的剑叫作玉具剑(图143)。后世的佩剑也都制作精良,朝廷的作坊——尚方所制造的宝剑叫作尚方宝剑,常常作为王权的象征赐给钦差大臣。

图142 东汉环首刀

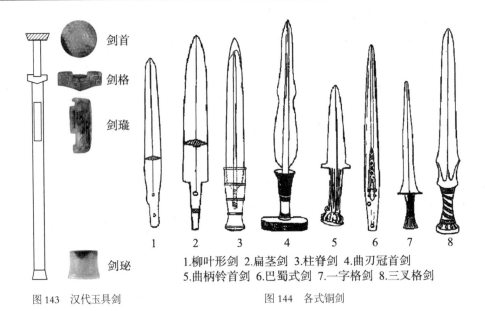

剑首

剑格

剑璏

剑珌

图143 汉代玉具剑

1.柳叶形剑 2.扁茎剑 3.柱脊剑 4.曲刃冠首剑
5.曲柄铃首剑 6.巴蜀式剑 7.一字格剑 8.三叉格剑

图144 各式铜剑

　　周边地区的少数民族也使用剑，但是他们所使用的剑的样式和华夏汉族使用的剑很不一样。北方草原地区的游牧民族早在商周时期就使用一种曲茎铃首或兽首的青铜短剑，这种剑和曲茎铃首刀、曲茎兽首刀、管銎斧等兵器构成了商周时代北方草原地区青铜文化的特色。西周时期在辽宁地区流行曲刃的青铜短剑，可分为曲刃銎柄剑、曲刃短茎剑和曲刃短茎冠首剑三类。巴蜀地区流行柳叶形短剑，形制与周人的柳叶形短剑极其相似，两者应有密切的传承关系，但剑上镌刻的图案则有独特的民族风格。战国时期云贵地区的滇文化开始显现，滇人使用的三叉格式剑是典型的滇式剑，曲刃一字形格剑则是受到北方的影响，而茎部有斜行的螺旋状缠缧花纹却是滇式剑的特征（图144）。

钢铁是怎样炼成的？

奥斯特洛夫斯基写了一本著名的小说《钢铁是怎样炼成的》他是打了一个比方，用炼钢来比喻革命者的成长，那么在中国钢铁究竟是什么时候发明的？中国古代的钢铁又是怎样炼成的呢？

我国古代用铁的历史可以追溯到商代。1972年在河北藁城县出土了一件商代的铁刃铜钺，1977年在北京平谷刘家河也出土了一件商代的铁刃铜钺，类似的商代兵器还有铁援铜戈（图145），这些兵器上的铁刃经分析鉴定为陨铁锻成的。这说明商代人们虽然还不会炼铁，但是已经认识铁的性质了。1990年在河南三门峡上村岭虢国墓地西周晚期的虢季墓中出土了一件铁援铜戈和一件玉茎铜芯铁剑（图146），经鉴定所用的铁均为人工冶炼的块炼渗碳钢和块炼铁。这是目前已知并经科学检测认定的我国人工冶铁的最早实例。

商周时代我国的青铜铸造业非常发达，这意味着采矿、鼓风、冶炼等技术都很先进，在这个基础之上，冶铁业也迅速发展起来了。由于早期的冶炼

图145　商代铁刃铜钺

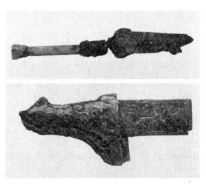

图146　虢季墓铁器

技术很简陋，炼炉很小，鼓风能力也不强，无法使矿石充分熔化，因此只能炼成海绵状的熟铁块，这种技术叫作块炼法。在海绵铁中还含有很多杂质，需要经过反复锻打才能得到较纯的铁块。欧洲曾经长期使用这种方法炼铁，一直要到14世纪发明了水力鼓风炉以后才能冶炼铸铁，比我国晚了2000多年。

文献上关于冶炼生铁的记载最早见于《左传》，公元前513年晋国曾在国都征收"一鼓铁"的军赋，并把成文的刑法铸在铁鼎上，即所谓"铸刑鼎"的事件，这说明春秋晚期民间已经出现了炼铁作坊，并且已经能够铸造鼎这样一类复杂的铁容器了。目前发现的铁器大都是春秋时代的，如江苏六合程桥吴墓出土的铁条和铁块，长沙识字岭楚墓出土的小铁锄，常德德山和长沙龙洞坡出土的铁削等等，长沙窑岭春秋战国之际楚墓还出土了一件铁鼎。这些铁器经金相分析有的是用块炼法制造的，有的是用铸铁铸造的，有的是把铸铁加热退火柔化处理为展性铸铁制成的，显示出技术已经非常熟练了。

战国时期人们已经广泛使用铸铁制成的工具了，各地出土的战国铁器已经屡见不鲜，河北兴隆县还曾经出土过大批铁质的铸范，有六角锄范、双镰范、双凿范、钁范、斧范、车具范等，大多数是结构复杂的复合范（图147）。兴隆铁范本身是用白口生铁铸造的，用铁范来铸造铁器可以反复使用，铁器的质量还稳定，说明当时的铁器铸造工艺已经达到很高的水平。

早期的铸铁是白口铁，质地脆而硬，容易折断，不耐用。战国时期人们已经掌握了铸铁柔化技术，他们把铸铁加热锻打脱碳，得到白心可锻铸铁，如果经过长时间加热退火，则能得到韧性更好的黑心可锻铸铁，如果脱碳不完全，仅使铸件外层成为钢而内层还是铸铁，就可以得到一种钢和铁的复合品，使铸件的质量更加优良。欧洲要到18世纪才有白心可锻铸铁，美国要到

图147　战国兴隆铁范

图 148　西汉冶铁图

19 世纪才有黑心可锻铸铁，我国的铸铁柔化技术也比他们早发明了 2000 多年。

　　生铁、熟铁和钢的区别在于含碳量的不同，生铁的含碳量大于 2%，熟铁的含碳量小于 0.04%，而钢的含碳量介于 0.04%～2% 之间，含碳量较高的高碳钢硬度大，含碳量较低的低碳钢韧性好。钢可以通过生铁脱碳制得，也可以通过熟铁渗碳制得，渗碳制钢技术春秋晚期在楚国已经发明了。1976 年在长沙杨家山春秋晚期楚墓中出土一把钢剑，经化验分析就是用含碳量 0.5% 左右的中碳钢制成的。到了战国时期这种渗碳制钢技术更加成熟，燕下都出土的一部分兵器就是把"块炼铁"放在炽热的木炭中长时间加热使其表面渗碳，再经过锻打成为渗碳钢片，再把渗碳钢片对折锻打多次制成的。这种炼钢的方法也叫"百炼成钢"，汉代有些用这种方法炼成的钢刀上常常还刻有"卅炼钢""百炼钢"等字样。

　　汉代冶铁业的一项突出成就是出现了球墨铸铁。河南巩县铁生沟出土的汉代铁钁经化验证明其具有和现代的球墨铸铁一样具有带放射状的球状石墨，像这样带有球状或球团状石墨的铸铁工具已发现了 6 件，这是我国古代铸铁技术的杰出成就，而现代的球墨铸铁要到 1947 年才研制成功（图 148）。百炼钢工艺的日益成熟和炒钢技术的发明也是汉代钢铁制造技术进步的标志。西汉中晚期出现了利用生铁"炒"成熟铁或钢的新技术，即将生铁加热到半液体、半固体状态再进行搅拌，利用空气或铁矿粉中的氧进行脱碳以获得熟铁或钢的技术。运用这种技术可以有控制地把生铁"炒"到所需要的含碳量，然后再加热锻打成质量较好的钢件，从而大大地促进了百炼钢的发展，东汉前期炒钢以及以炒钢为原料的百炼钢工艺已经相当成熟了。

　　南北朝时在汉代炒钢和百炼钢的基础上钢铁制造技术又有了新的突破，

图 149　炼钢图

出现了灌钢。陶弘景说："钢铁是杂炼生鍒作刀镰者。"所谓"杂炼生鍒"，就是把生铁和熟铁合炼成钢，这是关于灌钢最早的文献记载（图 149）。灌钢法是先把含碳量较高的生铁熔化，然后浇灌到熟铁上，使碳渗入熟铁以增加熟铁的含碳量来制成钢的方法，在坩埚炼钢法发明之前灌钢法是当时最先进的炼钢技术。

坩埚炼钢法最早是波斯人在萨珊王朝（224 ～ 651 年）时发明的，约在北魏时期传入西域，为西域的少数民族所掌握。大概在宋元时期传入内地，所以当时人们把用这种方法炼成的钢铁叫作镔铁。镔铁是一种优质钢材，它是用磁铁矿石先炼出海绵状的熟铁块，再把海绵铁配合一定分量的渗碳剂放在坩埚中密封，用木炭加热 4 ～ 5 个小时后炼成的。炼成的镔铁还得进行锻打和淬火才能成为优质钢。由于用镔铁制成的刀剑质地优良、工艺精湛，因此常常被用来作为送给达官贵人的礼品。

中国什么时候开始有货币？它是怎样演变的？

　　货币是商品交换发展的产物，在我们的日常生活里货币是须臾不可缺少的东西，那么，中国古代的货币是何时起源的呢？它又是怎样发展的呢？

　　中国最早是用海贝和布帛作为货币使用的，所以，"货"字从贝，"币"字从巾，凡是与财物和交换有关的字都是"贝"字旁或"巾"字旁，例如货、贷、帐、帑等等。据说货币是从夏代开始出现的，但是在考古上还缺乏证据。商代的墓葬和遗址中则出土过数量众多、背部被磨平的货贝，还有用陶、石、骨、蚌、青铜等不同的材料仿制的贝（图150），讲究的铜贝外面还包了一层金皮，这些仿贝的出现证明了贝在商代确实具有特殊的地位。甲骨文中"贝"字写作 ，就是货贝的象形。还有这样是字： ，就像人扛着用绳子穿着的一串贝。

　　商人因善于经商而得名，周人则擅长于农业，所以周人在使用货贝的同时也把铲地用的"镈"和"剗"拿来进行交换，这就是所谓的"布"和"钱"。原始布其实就是作为农具的剗镈，体大銎短、厚重粗糙，春秋时代的布币体型变薄变小，但是仍然保持着装柄的銎首，所以被称作空首布（图151）。战国时代的布币首部扁平，所以叫作平首布，重量从 30 克降到只有 5 克左右，完全变

图150　商代贝币　左起：货贝正面、货贝背面、骨仿贝、陶仿贝、铜仿贝

成了一种符号。布币的首部、肩部、足部变化很多，有平首、圆首、耸肩、圆肩、方足、尖足、圆足等等区别。布币主要流行于三晋两周地区（图152）。

在齐国和燕赵地区流行刀币，刀币显然是从小刀演变而来的。齐国的刀币体型较大，重量可达40克，俗称大刀。燕国流行的刀币大都铸有一个"明"字，所以称为明刀。此外还有体形较小的尖首刀和圆首刀（图153）。

圜钱是从纺轮演变而来的，圜钱体圆有孔，先是圆孔后来变成方孔，先是周边无郭后来变为有郭（图154）。到战国后期除楚国外各国都有圜钱，反映出货币走向统一的趋势。

楚国的货币自成一系，与其他各国都不相同。上币叫爰金，是加盖"郢"字印鉴的金版，故称郢爰；下币是铜质贝币，重2～5克，铸有文字，根据钱文分为蚁鼻钱、鬼脸钱和君字钱三种（图155）。

秦始皇统一中国后实行了统一货币的措施，废除原先各国通行的货币，统一发行方孔圆形的半两钱，钱文为"半两"，重量亦为半两。方孔钱在加工时便于打磨周边轮廓，但其形状又与古人"天圆地方"的观念相吻合，因此无论先秦诸子还是现代学者都常常把方孔圆钱说成是法天象地的产物。

经过秦末大起义和楚汉相争的破坏，汉代初年社会经济已十分凋敝，朝廷财政困难，就允许地方和私人自由铸钱，于是出现了各种重量只有8铢、4铢、3铢、2。4铢、甚至只有1铢的"半两钱"。秦汉时代1两等于24铢，所以秦代的半两钱既大又重，而汉代的半两钱既轻又薄，甚至小如榆荚。汉武帝元鼎四年（公元前113年）下诏不准郡国铸钱，专令上林三官统一铸造五铢钱，重如其文，郭文细致，制作精整。废除以前各种钱币，统一使用五铢钱，武帝以后各朝也继续铸造和使用五铢钱。东汉一代仍然铸造使用五铢钱，三国魏晋南北朝时期币制混乱，有直百当千的大钱，也有轻薄质劣的小钱，钱文也有各种名目，但大体遵循五铢钱的体制，隋文帝时发行了最后一种五铢钱，从汉到隋这一时期就被称作五铢钱时期（图156）。

王莽建立新朝后对汉代的货币进行了改革，实行"宝货制"，货币分为金银铜龟贝五物二十八品，其中铜钱有钱货六品、布货十品，还有错刀和契刀，把币制搞得既复杂又混乱，但是王莽新币铸造得非常精美，成为收藏家们的

图 151　铜铲与空首布　左起：商代青铜铲、春秋银空首布、斜肩铜空首布、耸肩尖足铜空首布、平肩空首布

图 152　平首布

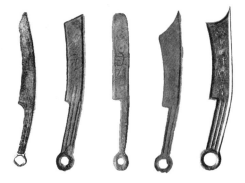

图 153　铜削与刀币　左起：商代铜削、燕国明刀、赵国小直刀、尖首刀、齐国大刀

图 154　陶纺轮与圜钱　左起：陶纺轮、"共"字圜钱、"垣"字圜钱、"西周"圜钱、"东周"圜钱

图 155　楚国铜钱与郢爰　左起：郢爰、鬼脸钱、蚁鼻钱、君字钱

钟爱之物（图157）。

　　唐高祖武德四年（公元621年）废隋五铢，铸开元通宝，从开元通宝开始钱币不再以重量命名，而改称通宝、元宝、重宝等等，中国的币制进入了通宝钱时期（图158）。开元通宝的形状也是外圆内方、肉好皆有周廓，直径约2.4厘米，重约4克，10文钱的重量正好为1两，从此就废除了1两等于24铢的衡制，改为1两等于10钱，开后世两以下十进位衡法之始。

　　开元通宝的"开元"不是年号，而是开辟新纪元的意思，北宋初宋太祖也曾仿铸过"宋元通宝"。年号钱是从唐高宗铸"乾封泉宝"开始的，以后历朝所铸造的钱币大多数是年号钱。宋代的年号钱是从宋太宗铸"太平通宝"开始的，除最初两朝外几乎每个皇帝改一次年号就铸一种新钱，而且每一种年号钱还有真、草、行、隶、篆等不同，叫作对钱（图159）。宋钱品种繁多，许多钱文出自司马光、苏东坡等名家手笔，还有宋徽宗御笔瘦金体，为后世的收藏家提供了极大的乐趣。

　　辽、金、西夏、元等王朝的钱币都是在学习仿照汉族钱币的基础上铸造的，发行流通的数量较少，钱文除汉文以外还有契丹文、西夏文和八思巴文的，比较少见。金元时期钱钞并行，元代甚至建立了纸币本位制，多次禁用铜钱，政府通过滥发纸币搜刮了大量民间的财富（图160）。

　　明朝把本朝所铸的钱币称为"制钱"，而把前朝的钱统称为旧钱，但是明代各朝币制始终不稳定。明初企图推行纸币制度，时常停铸禁用铜钱；后期钱法大乱，大钱恶钱迭出，因此民间盛行用白银或实物交易（图161）。

　　清朝顺治年间制定钱法，规定了钱的成色、重量和5种钱式，100文钱为一吊，1000文钱为一贯，银钱比价大约是1两白银值1000文铜钱。康熙晚期发行过一批特殊的康熙通宝，钱文与普通的康熙通宝不同，"熙"字写作"熈"，"通"字只有一点，据说是为了庆祝康熙皇帝六十大寿而在这批钱中化入了金罗汉，故被称为罗汉钱（图162）。罗汉钱色泽金黄、质地精良，民间收藏罗汉钱，视为辟邪吉祥之物。清钱比较稳定，只是咸丰年间因为太平天国起义，朝廷为筹措军饷而发行了许多大钱，造成了物价飞涨和通货膨胀。清末开始模仿香港的"仙"发行机器制造的银元与铜元（图163），方孔圆形的制钱终于寿终正寝了。

图 156　秦汉半两与五铢钱

图 157　王莽钱币

图 158　唐代开元通宝　　　图 159　宋代对钱

图 160　元明宝钞

图 161　明清各种宝银　左起：银元宝、马蹄银、长鳍、方鳍、小元宝、锞子

图 162　康熙通宝与罗汉钱　　　图 163　清末银元与铜板

中国最早何时有轿子?

根据席娟的小说《上错花轿嫁对郎》改编的同名电视剧深受广大青少年的喜爱,两位女主人公都不满意自己的婚姻,但是因为同一天出嫁时坐错了花轿,结果各自得到了幸福。对她们来说,"花轿"功不可没。

花轿是舆轿的一种,舆轿作为一种代步工具最早见于《史记·夏本纪》:大禹治水"山行乘檋",《史记·河渠书》作"山行即桥",《集解》释曰:"桥,一作'檋'"。檋是过山用的,由一前一后两个人抬在肩上,远远望去"状如桥中空离地也",所以又称作桥,而"桥"与"轿"古代音同字通。

现在能够见到的年代最早的舆轿实物是春秋末期的。1978年在河南固始侯古堆一座春秋墓的陪葬坑中出土了三乘木质舆轿,其中一乘经复原可以看到它是由底座、边框、立柱、栏杆、顶盖、轿杆和抬杆等几部分构成的(图164)。底座为长方形,顶盖仿四面坡的屋顶形式,轿身四周原来应有帷幔围住,

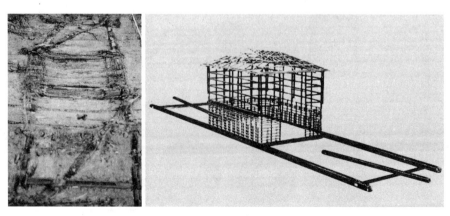

图164　春秋肩舆出土时的状况(左)和复原后的肩舆(右)

前开小门供乘坐者出入。轿杆捆绑在底座的边框上，这和后来固定在轿身中部的形式不同。从这乘舆轿的结构看，当时制造舆轿的技术已经非常成熟了。

"舆轿"一词始见于汉代，《汉书·严助传》中有"舆轿而逾岭"的记载。当时日常使用的舆轿多用竹子编制而成，因此又有"竹舆""便舆""编舆""筤"等名称。这种竹编便轿的形象在云南晋宁石寨山汉代滇人墓出土的铜贮贝器上也可以看到，呈长方兜形，有抬杠，但没有帷幔和顶盖，乘者席地坐在轿中，由四人肩抬而行。不过这种便轿属于古滇人所用，中原汉人用的轿子是否也是这样的？还有待于进一步考证。

魏晋南北朝时舆轿已经不仅仅用于爬山逾岭，也用作日常代步，其形制也发生了很大变化。当时因舆轿形制不同而有八扛舆、版（板）舆、襻舆、篮舆等等不同的名称，但因为都是"人以肩举之而行"，所以统称为"肩舆"。其中以八扛舆最大，需要八个人来抬，顾恺之《女史箴图》中的"班姬辞辇图"中就有这种舆轿（图165）。它的轿身较大，可以乘坐两人；轿上笼罩帷帐，前面有栏杆，乘者可以倚栏而坐；抬轿时直接把轿杆放在肩上，不用抬杠。一般的肩舆由四人肩抬，四周有帷幔，顶上还加饰华盖，山西大同北魏司马金龙墓中出土的朱漆彩绘屏风和河南邓县南北朝墓出土的模印彩绘画像砖上都能见到其形象（图166）。板舆是一般民间用的，形制较为简陋，只是把一块木板固定在两根抬杠上就做成了，乘者盘腿或跽坐在板上，由两人抬行。

盛唐之世舆轿的种类和名称更多了，有步辇、步舆、担子、檐子等等，民间的板舆又叫作昪床，"昪"为合力抬东西的意思。它们和以前的舆轿不同的地方在于轿夫以襻带一头系挂在杠端，一头系挂在肩头，双手下垂提杠而行，而不是直接把轿杠抬在肩上，这样做可以降低舆轿的重心，使乘坐者更加稳重安全。唐代的舆轿普遍采用这种抬轿的方式，所以又把舆轿称为"腰舆"，以有别于以前的肩舆。在阎立本画的《步辇图》中我们能够看到唐代皇帝乘坐的步辇的形象（图167）。

宋代以前舆轿多单称为"舆"，"舆"原指车上的车厢，车不用马拉而用人拉，叫作"辇"；不用人拉而用人抬车厢，叫作"步辇"。宋代以后才出现"轿子"一词。宋人王铚《默记》中提到"艺祖（赵匡胤）初自陈桥推戴入城，周恭

图165 《班姬辞辇图》中的人杠舆

图166 北魏司马金龙墓漆屏风上的肩舆

图167 《步辇图》中的步辇

帝即衣白襕,乘轿子,出居天清寺"。

唐宋之际国人的生活习俗发生了一大变化,即由席地而坐转变为垂腿而坐,于是家具也随之发生了一大变化,即出现了高脚桌椅,由此引起了一系列生活用具的变化,轿子也是其中之一。这时的轿身已呈立式长方体,四周全部遮蔽,左右开窗,门上挂帘,盔帽式顶盖,四角上翘,乘者也由席地而坐改为垂腿而坐。由于轿身增高重心上移,过去将轿杆捆绑在轿底的做法已不适用,因而改为固定在轿身的中部,既容易保持平稳,又有利于轿夫起放。自宋代至近代,轿子基本上保持了这种格局,区别只在于材料质地、装饰纹样、尺寸大小、抬轿人数不同而已。《清明上河图》中有不少二人抬轿子的形象(图168),1958年河南方城宋墓中也出土过一顶石质的轿子模型。

到了明朝轿子又有"显轿"和"暖轿"之分。"显轿"实际上是一把两边绑有竹杠的靠椅，椅下有踏脚板，顶上有遮阳伞，四周没有帷幔，结构简洁，乘坐凉快，所以也叫"凉轿"。"暖轿"和宋代的担子差不多，因为四周帷幔围得严实，冬天也不透风，故称暖轿。1960年上海卢湾区明墓中曾经出土过木质显轿和暖轿模型各一顶。

清代典章制度繁缛而森严，连乘轿也不例外。皇帝乘坐的轿子叫"舆"，分为礼舆、步舆、轻步舆和便舆四种。礼舆用楠木制成，上面有两层顶盖，第一层呈八角形，第二层为四角形，每只角上都装饰着金色的行龙，顶盖正中是镶珠错金的宝瓶，盖檐垂明黄色绸缎，轿帏也用明黄色云缎，左右开窗，冬装玻璃，夏装蓝纱，轿内放金龙宝座。轿子通高六尺二寸，纵三尺七寸，横三尺。轿身左右的直杠长一丈七尺，大小抬杠共十四根，都涂红漆，绘金云龙纹，需用16个轿夫抬行。礼舆是最尊贵、最庄重、最豪华的轿子，皇帝只有在祭天和祭祖的时候才乘坐它。步舆是皇帝在皇城里巡游时乘坐的显轿，轻步舆是皇帝到皇城外狩猎、巡视时乘坐的显轿，规格比步舆稍小。便舆是时刻伴随在皇帝身边的小轿，有显轿和暖轿之分，以便皇帝在宫廷里、园囿内随时乘坐。皇后乘坐的轿子与皇帝的相差无几，只是装饰图样用凤凰，故称"凤舆"。皇贵妃、亲王妃和公主则乘"翟轿"，纹饰用翟（一种长尾野鸡），

图168　《清明上河图》的轿子

尺寸比凤舆更小一些。王公大臣都有显轿、暖轿各一，但质地、纹饰各不相同。清代把四人以上抬的轿称作大轿，二人抬的称为小轿，在清代徐扬画的《盛世滋生图》中可以看到有许多这种小轿往来于苏州城中。

虽然轿子出现得很早，但是历代的习俗与规定却并不相同。南北朝时官员乘轿只限于寓所私苑之内，上朝出门仍须乘车，乘轿并不普遍，所以对乘轿并没有严格的规定，不过八杠舆只有皇公贵族才能乘坐。初唐，除皇帝外一般人都不许乘轿，只有年老体弱的大臣进宫议政，经皇帝特许后方可乘轿。唐武宗开成五年（840年）正式规定，除"宰相三公诸司官及致仕疾病者许乘檐子"外，其余的人一律都不许乘轿。北宋时许多士大夫自命清高，认为乘轿"以人代畜"是有伤风化的不道德行为，所以除了老弱病者外，朝廷命官都不乘轿子，但是对于品官家眷和民间富户乘轿则不加限制，仅规定轿夫只许用二人。南宋时因为南方多雨道路险阻，而车辆、马匹又几乎都被金兵抢走，所以乘轿者逐渐增多，对乘轿的限制也渐渐放宽。仅仅过了几十年就形成轿子不绝于道、乘轿者比比皆是的局面，于是抬轿子也成为谋生的三百六十行之一。明清时轿子有官轿和民轿之分。官轿等级森严，根据官品和身份不同，所乘轿子的质料、装饰、大小和轿夫数量都不一样，民轿则都是黑油、平顶、皂帏、二人抬的小轿。

妇女乘轿始于唐文宗在位期间（827～840年），而且限于朝廷命官的妻子和母亲，《册府元龟》记载说："唐文宗时，妇人本来乘车，近来率用檐子，事已成俗。"但是《上错花轿嫁对郎》的故事却发生在唐贞观年间，当时一个武师和一个富商嫁女儿是不可能乘轿子的，而且即使能乘轿子，唐代也只有"腰舆"，并没有剧中那种垂腿而坐的花轿。事实上嫁娶迎亲乘坐花轿的习俗始于南宋，当时把这种轿子叫作"花轿""彩轿""喜轿""彩亭"等等。这种花轿原来比较简朴，只用兰色绸布作轿帏，四角架悬桃红彩球，以后日趋华丽，《清俗纪闻卷》就描绘过这种披红挂彩、精雕细镂的花轿，民国时还有专门备有花轿、经营迎亲仪礼的"喜轿铺"，而《上错花轿嫁对郎》中的花轿出现的时代显然太早了。

古人是怎样"席地而坐"的？用什么坐具？

古人生活起居的行为习惯与今人有很大的不同，其中一个明显的区别就是古人席地而坐，今人垂腿而坐。

古代在室内的地面上要铺一层用竹篾或芦苇编制的粗席，叫作"筵"，为了保持室内清洁，所以古代进屋后都要脱鞋，即使是庄严的朝廷庙堂也是如此，只有德高望重的老臣才能被特许"着履上殿"。在筵的上面再放置一些用莞、蒲等编制的细席，人就坐在这些细席上，所以叫作"席地而坐"。长沙马王堆汉墓就出土过这样的莞席（图169）。席可以只铺一层，也可以铺几层，叫作"重席"，天子最多可铺五层。会客时尊者独坐一席，卑者数人同席，身份不同的人不能共坐一席，如果卑者要发言，则要起身避席，以示尊敬。学者们辩论学问，要把辩输者的席子拿掉，加到辩赢者的座下，这叫作"夺席谈经"。

甲骨文中的"爿"字，写作ᛒ，就是一张竖放的床的形象，作为偏旁，即"疒"字头。湖北荆门包山楚墓中出土过战国时期的折叠床（图170）。床在古代不仅是卧具，而且是坐具，人们也是脱掉鞋坐在床上的，所以汉晋时代皇帝登

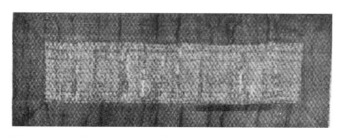

图169　西汉莞席

图170　荆门包山出土的战国楚木床　　　图171　秦跽坐俑

基都叫"坐龙床"，而不叫"升宝座"。比床短小的叫"榻"，更小的叫"枰"，《通俗文》释曰："床三尺五曰榻，板独坐曰枰，八尺曰床。"床的三边有围栏，榻没有围栏，所以榻是一种简易的坐卧具。小型的榻仅能供一人坐，大榻稍长，可供侧卧，所以住宿也叫下榻。

　　不管席地而坐还是坐在床榻上，坐姿都是一样的，即两膝着地，脚背朝下，臀部落在脚后跟上。如果将臀部抬起，上身挺直，这是表示对对方的尊敬，叫作跽，也叫长跪。秦始皇陵和汉景帝阳陵陪葬坑中都出土过跽坐俑（图171）。《史记·孟尝君列传》中提到，秦王跽而问之曰："何以使秦无为雌而可？"这里的"跽"表示秦王对冯驩的尊敬。乐府诗《饮马长城窟行》："长跪读素书，书中竟何如？"这里的"长跪"表示读信者恭敬而又急切的心情。如果已经坐在席上，为了对尊者表示谦虚则要起身避席，还要伏地以示恭敬，如果只是把头在地上碰一下，叫作顿首，如果头在地上停顿的时间长一些，叫作稽首。如果把两腿平伸像簸箕似的分开，这种坐法叫作箕踞，是一种极其随便的坐法，如果当着他人箕踞，是极其不礼貌的，所以《礼记·曲礼》曰"坐毋箕"。

　　无论坐在席上还是坐在枰榻上，上面都铺有讲究的席子或坐褥，如邹阳《酒赋》曰："绡绮为席，犀璩为镇。"《西京杂记》曰，"绿熊席，席毛长二尺余"，"有四玉镇"。《颜氏家训》曰："坐棋子方褥。"为了避免席褥在起身时卷起跌落，四角要用玉石或金属做的席镇压住，席镇多半做成半球形或动物形（图172）。唐代以后生活习惯由席地而坐改变为垂腿而坐，席镇就没有用处了，但是那时用纸书写绘画又兴起了，于是它就被改作为压纸的书镇了。

　　古人居必有席，无席就是违礼，对于坐席也十分讲究，如"席不正，不坐"。坐席不仅有上下之分，而且有许多礼仪规矩，如父子不同席，男女不同席，忧者侧席而坐，丧者去席而坐等等。

　　大约汉代以后胡床传入我国。胡床是游牧民族随身携带的一种轻便坐具，因是坐具，故名为床，实际上就是折叠椅。《后汉书·五行志》说："灵帝好胡服、胡帐、胡床……京都贵戚皆竞为之。"说明东汉后期在宫中已经使用胡床了。用胡床的坐法与席地而坐的坐法不同，不再需要脱鞋跽坐，而只需要垂腿而坐即可。随着胡床的推广并逐渐演变为椅子以后，席地而坐的习俗也就渐渐地消失了，但是在朝鲜、韩国和日本现在还沿用着这种坐法，这真是"礼失求诸野"了。

　　在北方农村为了取暖现在仍然保持着睡火炕的习惯。炕不仅是晚上睡觉在地方，也是白天起居待客的地方，但是在炕上的坐法已经不再是汉晋式的跽坐，而是向佛教徒打坐学来的盘腿而坐了。

图172（上）　汉代铜鎏金兽形席镇

图172（下）　满城西汉鎏金铜豹席镇

桌椅是从哪里来的?

中国人的生活习惯大约在唐代发生了一个大变化——从以前的席地而坐改为垂腿而坐。这一习惯的改变和十六国北朝时期大量北方游牧民族迁居中原是分不开的,而这一习惯的改变给中国人的生活带来了一系列的变化,其中之一就是家具发生了从案几到桌椅的变化。

先秦和汉晋时代中国人都习惯于席地而坐,因为人坐在地上,吃饭时饮食器皿都直接放在筵上,所以商周时代的饮食器皿都有高高的腿或器座。商代青铜器中有铜俎,西周铜器中有铜禁(图173),样子都有点像案桌,然而实际上俎是切肉用的砧板,禁是放置祭器的器座,都不是日常起居用的家具。

商周时代室内主要的家具是床,床也是床腿只有几十厘米高的矮床,并不像后来明清时期的雕花大床那么豪华。床是卧具,也是坐具,无论坐在席上还是坐在床榻上,坐法都是跽坐,跽坐时间长了容易疲劳,大概在春秋战国时期就出现了几。"几"是一个象形字,指一种 Π 形的家具,有两种形式,一种平直的只有两条腿,是放在身前供凭靠用的,叫作凭几,另一种略带弧

图173 商代铜俎(左)和西周铜禁(右)

图174　凭几（左）与曲几（右）

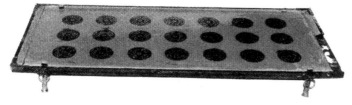

图175　信阳长台关出土的战国漆案

形有三条腿，是放在身后依靠的，叫作靠几或曲几（图174）。同时还出现了一种低矮的案，式样有点像现代北方用的炕桌，根据用途的不同，可以分为食案和书案两种，分别用来放置食具和文具。因为普遍使用食案，所以战国以后饮食器皿的高度渐渐趋于低矮，汉代以后就不再使用带有高足的器皿了。食案一般做得很轻巧，就像一只长腿的大托盘（图175），所以才会有梁鸿之妻"举案齐眉"的佳话。

魏晋南北朝时期北方游牧民族纷纷南下，把他们的坐具——胡床（图176）也带到了中原。胡床并不是床，而是类似于折叠椅或杌子那样的坐具，因为是坐具，所以叫作床。《尔雅·释名》曰："人所坐卧曰床。床，装也。"梁朝庾肩吾《咏胡床应教》诗云："足敧形已正，文斜体自平。"形象地说出了胡床的特征。隋炀帝忌讳胡人，改称为交床。

唐代以后，随着生活习惯从席地而坐变为垂腿而坐，原先矮型的家具都逐渐长高了：床榻的腿加高了，枰的腿也加高而成为椅子，原来枰后面的靠屏和曲几相结合演变成为椅子的靠背和圈手，所以椅子有靠背椅和圈椅之分。椅子因为有背可倚，所以叫"椅"，而无背可倚的坐具就叫作墩或凳。汉晋时代就有用竹或藤编制的墩，唐代的墩常常做成腰鼓形，妇女坐墩的时候喜欢在墩面上铺一块刺绣的手帕，故又名绣墩。还有一种方形的小凳子，叫作杌，

图 176　胡床（左）与交椅（右）

是简易的坐具，达官贵人也用来作为上马登车用的踏步。案腿也加高了，于是改称为"桌"。"桌"与"卓"音同字通，《说文解字》释曰："卓，高也。"可见桌子之所以名"桌"，就是因为它比较高大的缘故。

　　宋代人们把圈椅和交床结合在一起做成了一种新式的椅子，因为其椅腿相互交错，所以叫作交椅。南宋时京尹吴渊在交椅上再加一个荷叶形的托首，使坐的人更舒服，他把这把椅子送给秦桧，秦桧官至太师，当时人们就称之为太师椅。由于太师椅结构不坚固，加上人们又憎恨秦桧，因此元代以后这种太师椅就被淘汰了。明代把圈椅叫作太师椅，清代则把扶手椅叫作太师椅。太师椅比一般的椅子要宽大，坐着更气派、更舒服。

　　随着桌椅等高型家具出现后，案和几这些矮型家具也就消失了，但是"案"和"几"的名称却被保留了下来，人们用"案"来称呼切肉切菜的俎，如案板、肉案等，用"几"来称呼放置茶具、香炉、琴瑟的小桌子，如茶几、香几、条几等，所以，唐代以后"案"和"几"之名犹存，而所指之物已经完全不同了。

古人为什么"身高八尺"？

我们读古书时常常会看到描写古人的身材时说"身高八尺"。现代人能长到五尺就算高个子了，是不是我们现在比古人矮了呢？其实，考古学家发掘出来的古人骨骸并不比现代人更高大，原来那是因为古今的度量衡不一致所造成。

通常认为，度量衡是在生产与生活中"布手知尺""手捧成升""迈步定亩"自然形成的。《尚书·舜典》说：舜"协时月正日，同律度量衡"，这是关于度量衡最早的记载。关于度量衡的起源可以追溯到尧舜时代，但是考古所发现的年代最早的尺是 3 把商代的骨尺和牙尺（图 177），尺面朴实无华，上面有分格，1 尺分为 10 寸，1 寸分为 10 分，但是骨尺长仅 17 厘米，牙尺长只有 15.8 厘米，比现在的尺要短得多。

春秋时期已经出现了衡器，安徽寿县朱家集楚墓中出土了一套完整的木衡铜环权，有一套重量从六铢到半斤共 6 枚环形铜权（图 178）。这种小型的衡器应该是用来称黄金货币"郢爰"的。

春秋战国时期各国的度量衡是不统一的，秦国的重量单位用铢、两、斤、钧、石，魏国用镒、釿，东周用孚，中山国用石、刀；容量单位多用升、斗，但是单位量值也不统一，秦国 1 升合今 200 毫升，赵国合 175 毫升，韩国合 169 毫升，楚国合 225 毫升。秦始皇并吞六国后发布了统一度量衡的诏书，监制了大量标准器发送到全国各地（图 179），直至今日，各地多有秦权、秦量出土。秦统一后的度量衡 1 尺 = 23 厘米，1 升 = 200 毫升，1 斤 = 250 克。这一量值一直沿用到东汉末年。

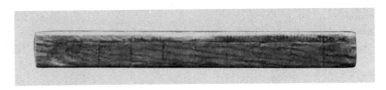

图177　商代牙尺

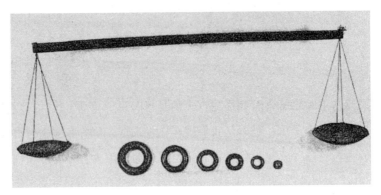

图178　楚国木衡与铜环权

公元9年王莽建立新朝后由国师刘歆设计制造了一套标准量器，称为新莽铜嘉量，由龠、合、升、斗、斛五部分所构成，上为斛、下为斗、左耳为升、右耳为合、龠（图180），实测1尺长23.1厘米，1升为200毫升，1斤重226.7克。新莽铜嘉量现存台湾故宫博物院。

魏晋南北朝时期度量衡很混乱，出土器物也极少，总的趋势是单位量值都变大了，其原因很简单，加大量值可以在不增加数量的前提下多征收租税布帛。到了隋朝时据《隋书·律历志》记载，1尺已合29.5厘米，1升约为600毫升，1斤重约750克了。由于隋朝国祚短暂，迄今未见有确切纪年的隋代度量衡器，而唐代留存至今的度量衡器较多，据实测唐代1尺约为30.2厘米，1斤重约664克。度量衡量值的增大对于征收租税布帛是有利的，但是对于医生、乐师、天文学家来说换算度量衡就很不方便，于是仍用古制，这样就形成了大小两种度量衡制度，官民日常用大制，而调钟律、测晷影、合汤药和冠冕之制悉用小制。

自秦汉以来长度和容量都是十进位制，唯独重量是非十进位制。唐初废五铢钱，发行开元通宝，规定每枚钱重2铢4累，正好10文钱重1两，以10

图 179　秦诏版与铜权

图 180　新莽嘉量

钱为 1 两比 24 铢为 1 两计算起来更方便，于是就改用 10 钱为 1 两，宋代又把铢以下 24 进位的累和黍也改为十进位的分和厘，只保留了 16 两为 1 斤的进位制。由于隋唐时容量单位的量值已经三倍于古代，1 斛谷物的重量太重，使用起来很不方便，加上斛和石两个单位常常混用，于是宋代又规定把 10 斗 1 斛（或称 1 石）改成 5 斗为 1 斛、2 斛为 1 石，并把斛的形状从以前的圆柱形改为口狭底广的陵台形，以后历代沿用不废。

明清时期度量衡大约已经与现在相近了，1 尺约为 32 ～ 34 厘米，1 升约为 1022.3 毫升，1 斤约为 593.1 克。鸦片战争以后中国的市场渐渐对外开放，度量衡有清政府法定的营造库平制、英制、法制，还有海关自定的海关尺和关平称，使用十分混乱。1915 年北洋政府制定《权度法》，规定营造库平制和米制并用。1927 年南京国民政府制定了《中华民国权度标准方案》，规定了公制与市制的换算关系：1 米＝ 3 尺，1 尺＝ 33.3 厘米；1 公升＝ 1 市升＝ 1000 毫升；1 公斤＝ 2 市斤，1 市斤＝ 500 克；1 亩＝ 6000 平方尺。这一度量衡制度一直沿用到今天。

我们戴的冠帽是怎样变化的？

冠和帽是不同的：冠只束住发髻，要用簪子把冠和发髻插在一起，戏文里贾宝玉戴的就是冠；帽则要包住整个头部，并且要护及耳朵。《释名》曰："帽，冒也。""冒"字上从冃、下从目，而不是上从曰、下从目，本来就是帽子戴在头上的会意字。《说文解字》说："冃，小儿及蛮夷头衣也。"华夏族一般不戴帽子，小孩子戴帽是为了保暖，民间至今流行给小孩戴虎头帽，但是游牧民族因为北方天气寒冷，所以平时也习惯戴帽。

先秦时代的冠帽我们只发掘到过武士戴的青铜头盔（图181），其他因为缺乏考古资料，知之甚少。

汉代的冠有冕冠、长冠、进贤冠、武冠、法冠等等不同的式样（图182），分别为不同身份的官吏所戴。古制"士冠庶人巾"，庶人只能用一块黑布扎住发髻，先秦时叫作苍头，秦代称作黔首。汉末太平道起事，用黄巾包头，所以叫作黄巾起义。汉代还流行用巾裹住额前的鬓发不使之下垂，这种包头

图181　商代青铜胄

图 182　汉代各种冠　上排：长冠、冕冠　下排：武冠、进贤冠

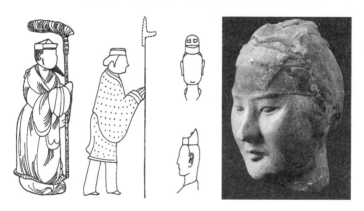

图 183　汉代巾帻

的巾演变成为一种便帽，叫作帻（图 183）。帻有平上帻、介帻、平巾帻、空顶帻等等各种不同的形制。

儒家的冠冕制度在魏晋间受到了强烈的冲击，士人不戴冠、光包块巾的风气很盛行。《后汉书》说孔融"秃巾微行，唐突宫掖"。苏轼描写诸葛亮"羽扇纶巾"等等所言即是。即使戴冠，也很少见戴汉代流行的那种梁冠，而是戴高高的笼冠（图 184）。笼冠用纱制成，涂以黑漆，使之定型不致变形。笼冠实际上是帽，所以也叫作乌纱帽。

图 184　笼冠

　　汉晋时代流行的包头的巾经过北周武帝的修改，"裁出脚、后幞发"，制成了所谓的幞头。唐代的幞头是用轻软的织物做成的，仍属于巾帕一类。幞头有四只脚，两只脚在额上打结，另两只脚垂在脑后，或者将其反曲朝上插入脑后的结内，叫作折上巾。幞头是唐代男子常戴的冠帽。官员的礼帽仍是漆纱笼冠，但是唐代的乌纱帽尚无定制，也没有帽翅。唐代流行胡服，汉人也常戴胡人的尖顶帽。

　　唐代幞头的脚是软的，又叫软脚幞头，每天需要拆戴，不大方便。到了宋代将软脚幞头改制成为固定形状的硬脚幞头，这样幞头就不再是巾帕而变成了帽子。宋代的硬脚幞头有各种形式，百官戴的两脚平伸，叫展脚幞头（图185），公差皂隶戴的有交脚、曲脚、圆顶等不同的幞头。南宋时幅巾又流行开来，有东坡巾、山谷巾、逍遥巾等种种式样。

　　辽代契丹族男子有髡发的习俗，一般官吏和平民都科头露顶，只有皇帝和高官可以戴冠。妇女梳发髻，额头用一块巾帕裹扎，或者戴一顶环形小帽。

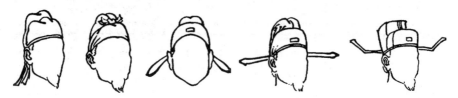

图 185　各式幞头

图 186　罟罟冠　　　　　图 187　明代的帽子

女真族和蒙古族都有辫发的习俗，把头发辫成辫子垂在肩上。元代蒙古族男子喜欢戴用藤篾做成的瓦楞帽，贵族妇女戴高高耸起的罟罟冠（图186），极有民族特色。

明朝官员戴的乌纱帽也是用漆纱制成的硬脚幞头，两边的展脚为长圆形，长1尺2寸，帽内用黑色细绳编织而成的网罩束住发髻，叫作网巾。便帽有两种，一种是方形的，叫作四方平定巾，多为官吏和文人所戴，另一种是圆形的，由六片罗帛拼合而成，朱元璋美其名曰"六合一统帽"（图187），其实就是瓜皮帽，多为市井百姓所戴。

清朝官员的礼帽分暖帽和凉帽两种，暖帽为圆形的，帽檐用毛皮镶边，凉帽呈圆锥形，形如斗笠，帽顶都有红缨顶珠，顶珠下有二寸长一支翎管，用来插翎毛，顶珠的质地与颜色，翎毛的色彩与花纹都因品级高低而异。日常便帽即瓜皮帽，帽子的额前缀一块方形玉片作为装饰，叫作帽准。

我们穿的衣裳是怎样变化的？

地球上所有的动物中只有人类是穿衣服的。人为什么要穿衣服？有人说是为了护身、为了御寒，这是从功能的角度来解释的；有人说是为了遮羞、为了礼貌，这是从道德的角度来解释的；也有人说是为了好看、为了吸引异性，这是从审美的角度来解释的。当猿刚刚进化为人的时候肯定没有穿衣服，我们的祖先从什么时候开始穿衣服的？不得而知。上古传说把衣服的发明归功于黄帝，《易经》说："黄帝、尧、舜垂衣裳而天下治。"实际上衣服的出现要早得多，我们在周口店的山洞里就发现了骨针，从而可以知道 1 万 8 千年前的山顶洞人已经穿衣服了。在 6000 年前的仰韶文化遗址中发现过每平方厘米经纬各有 10 根的粗麻布印痕，在 4000 年前的良渚文化遗址中发现过每平方厘米经纬各有 20 ～ 30 根的细葛布和每平方厘米经纬各有 40 ～ 50 根的绢，那时的人们一定也穿衣服了，只不过我们无法知道他们穿什么样的衣服罢了。

商周时代衣服的基本形制是上衣下裳，《说文解字》说："上曰衣，下曰裳。"下身穿的"裳"实际上是裙子，而不是裤子。金文中常见有周天子赏赐给臣下"赤芾"的记录，"赤芾"是一块红色的布，系在腰间垂于腹前，是贵族的服饰和身份的标志，又叫韦韠，后世称为蔽膝。华夏族的习俗是束发的，发髻要用笄别住，商代遗址中就出土过许多骨质的发笄。先秦时代华夏族服饰的特点是上衣下裳、宽衣博带。衣服是右衽窄袖、长度在膝盖上下，领、袖、襟、裾都用花边装饰，没有纽扣，以带束腰（图 188），而胡人的服饰是短衣窄袖、左衽长裤，革带皮靴。赵武灵王把胡服引进中原，这对战国秦汉时期华夏族

图 188　商代衣裳复原图　　　　　图 189　西汉深衣

服装的变化产生了积极的影响。

　　春秋战国之际出现了一种新式服装叫作深衣，孔颖达《五经正义》说："深衣衣裳相连，被体深邃，故谓深衣。"战国秦汉之人不论贵贱、男女、文武都穿深衣，贵族以冕服为礼服、深衣为常服，平民以深衣为吉服、短褐为常服。深衣连衽钩边，穿时要束腰带，贵族用丝织的绅带，故称绅士或缙绅，皮带已经流行，皮带的两端分别用带钩和环相连接，叫作钩络带或蹀躞带。皮带上可以悬挂佩带刀剑、弓箭、印玺、荷包等各种物件。男子的外衣亦统称为袍，袍身长大的下摆叫袂，袖子宽松，紧窄的袖口叫袪。袍有衬里，是夹衣，单衣叫禅。袍和禅的衣襟都有曲裾和直裾两种，曲裾就是深衣，深衣穿着时包裹身体行动不便，慢慢地被直裾的襜褕（图 189）所取代了。女子穿连体的深衣或者分体的襦裙，汉代女装的式样与男装差别不大。

　　先秦时没有棉花，所谓"布衣"是指用麻布裁制的衣服，夏天穿的细麻布叫葛，冬装有袍和裘。袍是穿在里面的夹衣，内实丝绵，充填新绵的叫襺，充填旧絮的叫袍，穷人填不起丝绵只能填些碎麻，叫作缊袍。袍是内衣，可以居家穿着，但不能作为礼服，外出时只能衬在正服里面。短袍叫襦，也就是后来所说的袄，质地粗劣的襦叫褐。裘是皮衣，先秦时代也是主要的冬衣。

　　秦汉时代的服饰比先秦要丰富。《礼记》曰："衣不帛襦袴。"这是因为襦和袴都是内衣，儒家崇尚俭朴，认为不应该用丝绸来裁制内衣，而到了六朝时那些世家子弟居然用白色的丝绸来做裤子，所以被称为"纨绔子弟"。古代的裤子通常都没有裤裆，只有两只裤脚管，上端连在一起，用带系在腰间，所以叫作袴。《释名》曰："袴，跨也。两股各跨别也。"袴是内衣，不能外露的，袴的外面一定还要穿裙或深衣。平民劳作时穿短衣，则袴内要系一兜裆布，就像日本大相扑运动员的装束，在宋初的《盘车图》中还能见到这种穿法。或者穿连裆的短裤，叫作裈，裈短如牛鼻，俗称犊鼻裤，司马相如带卓文君回到成都，就穿着犊鼻裤当垆涤器以羞辱卓王孙。

魏晋南北朝时期的服饰出现了两个变化，一个是汉装的定式被突破了，另一个是胡服被大量地吸收融合进汉人的服饰之中。

男子的服饰以衫代替了袍。《释名》曰："衫，衣无袖端也。"就是说衫的袖端没有祛，因此衫袖比袍袖更加宽大，大到"一袖之大，足断为两；一裙之长，可分为二"的地步，这样走起路来甩手的时候就显得更加潇洒了。秦汉时服色以青、紫为贵，平民布衣只能穿白色的衣服，而六朝一反常态，服色尚白。由于经学的独尊地位受到冲击，儒家的冠服制度也动摇了，不仅服装的式样、颜色都突破了汉代的规矩，而且穿法、打扮也常常标新立异，或科头跣足，或袒胸露背，或袍裙襦裤，或奇装异服，突破了旧时的礼仪。妇女服饰也崇尚褒衣博带，有的把裙摆放长，裁剪成三角形，叫作髾；有的在肩臂间搭一帔帛，走起路来大袖翩翩、华带飞髾，显得格外飘逸（图190）。

图190　六朝服饰

图 191　北朝袴褶　　　　　　　　图 192　唐三彩胡服俑

　　胡人的裤褶和皮靴已经被汉人普遍接受。胡服的裤是作为外衣穿的长裤，裤腿宽松，膝盖处用带束缚，叫作缚裤。褶是与裤相配的紧身齐膝短衣，裤褶和皮靴都适合于骑射（图 191）。

　　隋唐时代经过长期的民族融合，加上经济繁荣、社会开放，服饰也日趋丰富华丽。开元以前女装以窄袖为时尚，胡服尤其盛行，初唐妇女多喜欢戴胡帽，穿翻领窄袖袍、条纹小口裤，着软靴、系蹀躞带（图 192）。中唐以后衣衫又趋于宽大。唐代社会上思想比较开放，常有妇女穿着男装，还流行袒胸的低领衣服，喜欢在襦衫外面罩一件对襟短袖衣，叫作半臂或半袖，肩部搭一条披帛。唐代女裙的式样繁多、色彩艳丽，尤其流行像石榴花那样的红裙，诗人称之为石榴裙。男装以圆领窄袖袍衫为主要的服饰，靴已成为士庶通用的鞋了。

　　宋代把单上衣叫作衫，衫的袖口没有祛，有作为内衣的短小的衫，也有作为外衣的长大的衫，下摆加接一幅横襕的襕衫是男子的常服（图 193）。夹衣和绵衣叫襦和袄，襦袄是平民的常服。宋代还流行在衣衫外面加罩一件不加横襕的宽大外衣，斜领交裾的叫直身，直领对襟的叫鹤氅。女装外衣以襦衫和裙为主，上衣趋向短窄贴身，下裳流行褶裥裙，内衣有抹胸和裹肚，裤子是不露在外面的，只有下等人才单穿裤子。唐代流行的半臂是一种短袖外套，而宋代流行的外套叫背子。背子有长有短，有长袖有短袖，其特点是两边的

图 193　宋代文人形象

衽一直开到腋下（图 194）。

建立辽、金、元朝的都是少数民族，契丹族、女真族、蒙古族的服饰都有鲜明的民族特色。契丹族的服装不论男女都穿左衽、圆领、窄袖的长袍，袍里面衬衫袄，下身穿套裤，裤腿塞在靴中。妇女在袍里穿裙，也穿皮靴。女真族的服饰和契丹族相似，由于北方气候寒冷，衣服以毛皮为主。元朝时汉人保持原来的服饰，蒙古族男子也以窄袖长袍和套裤为主要服饰，但由于受汉人影响多改为右衽，而妇女的袍服还是以左衽居多。

明代官员的袍服为团领衫，系革带，带上镶有玉片，这就是所谓的玉带。职官服色和花纹按品级高低而异，前胸和后背各织一块方形的纹饰，叫作补子，文官的补子绣飞禽，武官的补子绣走兽，纹样按品级各不相同。儒生都穿镶黑边的蓝色直身，戴有黑色垂带的软巾，又称儒巾（图 195）。皂隶穿青色布衣，市井富民商人虽然能穿绫罗绸缎，但是只许用青色或黑色，万历以后禁令松弛，艳衣丽服才偏及黎庶。

朝廷命妇的礼服为凤冠、霞帔和大袖衫，常服为袄衫和裙，很少穿裤。背子穿得更加广泛，合领大袖的背子可以作为礼服，直领小袖的背子则为便装。还有一种无领、无袖、长至膝盖对襟的马甲，叫作比甲，深受青年妇女喜爱。

满族入关建立清朝后用武力强迫汉人接受了满族的服饰。

男子的服饰有袍、衫、褂、裤。清代的长袍以开衩来区分贵贱，皇族宗室开四衩，官吏士人开两衩，一般市民不开衩。袍的袖口装有箭袖，平时翻起，行礼时放下，因其形似马蹄，又称马蹄袖。职官朝服的胸背正中也各缝一块补子，称为补服，补子也沿用明制文禽武兽，但是花纹与明朝不同，而且由于清朝的补服是对襟的，所以胸前的一块分成两半。有一种长不及腰、袖仅掩肘的短褂，叫作行褂，又叫马褂。马褂以黄色为贵，非皇帝特赐不能穿。还有马甲，北方称为坎肩或背心，是无袖短衣，男女都能穿。男子下身穿裤，穿裙的已不多见。

清初改服易冠规定"男从女不从"，所以妇女的服饰有满汉两式，汉族妇女的头饰有簪、钗、冠子、勒子等等，满族妇女则以高如牌楼的"大拉翅"最具特色。满族妇女的服装和男子相似，也是穿袍衫马褂，但一般比较紧窄，不像汉族女装那么宽大。汉族妇女在清初仍然穿明装，以裙衫为主，以后满汉服饰慢慢合流，衣衫渐趋短小，外面罩一件齐膝的背心。女装特别讲究用花边来装饰衣缘，于是花边越滚越多，形成宽宽的衣缘。晚清流行穿裤子，穿裙子的渐渐少见了。

图 194　宋背子襦裙

图 195　明代文人服饰

中国人的主食有些什么变化？

中国人的主食即所谓的五谷，五谷是指稷、黍、稻、麦、菽。

稷，或称禾、粟，也即小米，色泽金黄，质地优良。粟是我国北方人民最早培育成功的粮食作物，也是我国北方人民的主粮，所以被称为"五谷之长"。

黍，比粟长得高大，黍子脱粒后也是黄色的圆形颗粒，俗称黄米，质量优良的叫作粱，在古代是仅次于稷的主粮。

稻，是我国南方人民首先栽培成功的粮食作物，以后传入日本和东南亚。稻是南方居民的主粮。

麦起源于中亚，甲骨文中就有"麦"字，说明至少在商代的时候小麦已经传入我国，但在那时种得并不多，要到春秋战国以后才在北方普遍种植和食用。

菽即大豆，是我国东北地区的山戎首先培育出来的一种作物，含有丰富的蛋白质，它为摄食动物蛋白较少的中国人提供了人体必需的蛋白质，在古代也被当作粮食看待。

五谷再加上麻就成为六谷。麻的纤维是古代主要的纺织原料，但是麻的种子也可以食用，所以被列为六谷之一。

稷、黍、稻、麦、菽、麻是古代的六谷，而现代中国人的主粮则是稻、麦、粟、高粱、玉米和甘薯6种，其中高粱、玉米和甘薯都是从国外引进的粮食作物。

高粱原产于非洲的苏丹、埃塞俄比亚一带，后经中亚、印度传入我国。以前认为高粱要晚到南北朝时才传入我国，现在在考古发掘中已经发现了西汉甚至西周的高粱的实物，这就把高粱传入的时间大大推前了。由于高粱首先传入我国的西南地区，因此西晋张华的《博物志》最早称其为蜀黍。明清以后才在全国普遍种植。

玉米原产于美洲，大约明朝的时候通过朝圣的伊斯兰教徒把玉米从麦加带到新疆，再逐步传到华北。玉米刚刚传入时被视为属于高粱一类的，故被叫作玉蜀黍。玉米并被作为贡品敬献于御前，所以也叫作御麦。明朝田艺蘅的《留青日记》说："御麦出西番，旧名番麦。"也道出了玉米传入的途径。

甘薯又名白薯、红薯、番薯、红苕、地瓜、山芋等等，原产于中美洲，明万历年间首先由闽人从吕宋传到福建，19世纪末才推广到黄河流域，但现在我国已成为世界上产红薯最多的国家了。明朝以前的古籍中也有称甘薯的，这是指中国土产的薯蓣，也就是山药。山药原产于华南地区，至少在商周时代就开始种植，因为也能充饥，所以也被视为谷物之一，汉代杨孚的《异物志》说山药是"南人专食，以当米谷"。当高产的红薯推广后，山药就只被当菜吃了。

明朝时我国人口达到了1亿，清朝前期猛增至3亿，这几种新引进的高产作物对于养活如此众多的人口起了至关重要的作用。

面食是何时发明的？

　　面食是中国的传统饮食，面食的种类很多，我们现在所吃的各种面食是怎样发明的呢？

　　在商代就有小麦了，但由于磨面的磨要晚到战国以后才发明，所以商周时代的人们只能吃整粒的小麦，还没有用面粉做成的面食。

　　在战国时代的《墨子》书中最早出现了"饼"字，"饼"是古人对面食的总称，蒸的叫蒸饼，烤的叫烧饼，撒上芝麻的叫胡饼，下在汤里的叫汤饼。虽然还没有发现战国时代的石磨，但是在秦始皇陵遗址中发现的石磨与现在的石磨相比已经没有多大差别了（图196），所以战国秦汉以后有面食是肯定的。不过汉晋时代还没有掌握发酵的技术，面食都是死面，死面饼很硬，难以咀嚼，需要用汤汁泡软后才能吃。这种吃法流传到今天就演变为西安的羊肉泡馍和北京的卤烧。

图196　秦始皇陵出土的石磨盘

传说诸葛亮征伐南中七擒孟获，得胜班师行至泸水，只见浪淘汹涌，水流湍急，不能渡江。诸葛亮十分焦急，这时孟获说，泸水中有一猖神兴风作浪，残害生灵。往来之人如想渡水，必须用49颗人头和黑牛白羊来祭祀才能风平浪静。但是诸葛亮说："现在蜀国四方安定，怎么可以无故杀人祭神？"于是他想了一个办法，让厨师用白面掺水塑成人头的模样，里边包上牛羊肉，用以代替蛮子的头，故曰"馒头"。当天夜里，孔明披上八卦袍，在泸水岸边点燃明灯数盏，把黑牛白羊及49个馒头供在备案上。午夜三更，命人把祭物扔入江中。次日天明，只见云开雾散，江水平和，蜀军平安渡过泸水。从此，馒头被人传为美谈，并被人们视为高贵的食品，一般在宴会上都要上馒头。以后由于语音的变化，北方人已把有馅的馒头叫作"包子"，但是南方人仍然把有馅的叫作"馒头"，而把无馅的叫作"白馒头"。

中国最早的"面条"并不是条状的，人们只是将面块擀成饼状下锅去煮，故称之为"煮饼""水溲饼"，又叫"汤玉"。晋代，"煮饼"又名"汤饼"，做"汤饼"时一手托面，一手用刀把面削入汤中，所以又叫"飥"，实际上就是现在的刀削面。到了唐代改为把面放在案板上切，不再用手托了，所以又改称为"馎饦"。到了宋代，面条的花样逐渐增多，并形成了各地不同风

图197 东汉陶庖厨俑

图198　唐代点心饺子

味的面条。元代有挂面问世，明初的刘伯温还记下了8种面条的制法，元明两代，面条兴盛不衰，成为受大众欢迎的食品。

　　古时的水饺叫馄饨，但它与现在的馄饨又不同。早在三国时期，魏人张揖所著的《广雅》一书中就提到馄饨这种食物。北齐时的颜之推讲得的更为具体："今之馄饨，形如偃月，天下之通食也。"偃月就是半月形，这正是饺子的形状。重庆忠县东汉墓出土的庖厨俑前食案上放的半月形食品就是饺子（图197）。到了唐代，饺子称为"牢丸"，唐人段成式的《西阳杂俎》中就有"汤中牢丸"的记载。明朝末年的张自烈考证了饺子名称的来源，他说："水饺饵，即段成式食品汤中丸，或谓粉角，北人读角为矫，因呼饺饵，伪为饺儿。"从这些记载来看，饺子至少已有1000多年的历史了。1968年在新疆吐鲁番的塔那北区，考古工作者发掘了一座唐代墓葬，出土了一个木碗，碗里盛的饺子虽然已经干了，但是仍很完好（图198），其形状与今天的饺子完全相同，这说明早在唐代，饺子就已经传到我国西域的少数民族地区了。

古人用什么工具碾米磨面？

在发明农业之前人们靠狩猎和采集为生，发明农业之后人们就转为以谷物为主食了。狩猎获得的鱼肉放在火上烧烤后就可以吃，采集来的浆果块根直接就可以生吃，而谷物则必需脱壳和煮熟后才能吃，因此陶器和脱壳碾磨工具的发明和农业的发明应该是齐头并进的。

我国北方古代以粟为主粮。粟粒是圆的，可以用滚动碾压的方法来脱壳，所以从八千年前的裴李岗文化、磁山文化到五六千年前的仰韶文化、红山文化都普遍出土石磨盘和石磨棒（图199）。石磨盘是扁平的石板，石磨棒是圆柱形的石棒，把粟粒放在石磨盘上用石磨棒来回滚压搓碾就可以把粟壳脱掉了。现代北方农村仍在使用的石碾加大了磨盘，把磨棒放大为石磙，既可以用人力推，也可以用畜力拉，技术上已经大有进步了，但其原理是一样的。

南方以水稻为主粮。稻粒长而扁，不能像粟粒那样滚动，所以南方从来也没有出土过石磨盘和石磨棒。稻谷是用杵臼来脱壳的，最早的杵臼如《周

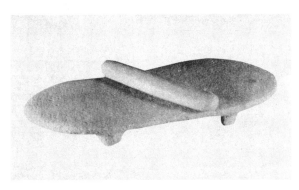

图199　裴李岗文化石磨盘石磨棒

易·系辞》所说是"断木为杵，掘地为臼"。在湖北宜都红花套距今约6000年的大溪文化遗址中曾经发现过两处地臼遗迹，都是深二十几厘米的锅底状圆坑，坑壁十分坚硬光滑。遗址里还发现了木杵的痕迹，长约1.4米，两端都是圆头。木杵和地臼是很难保存下来的，所以极少被发现，但是在南方各新石器文化遗址中常常能见到一种底部是圜形的厚壁粗陶器，使用时必须将其下部埋在土中才能竖立起来，这种与众不同的陶器实际上是用来舂米的陶臼。陶臼比石臼轻巧，便于搬动，故而苏南农村一直到清末还在使用，当地称之为"窑臼"。用杵臼舂米很费力，因此人们利用杠杆原理发明了用脚踩的碓，还进一步发明了用水力带动的水碓（图200）。

　　小麦是从西亚传入我国的，甲骨文中就有"麦"字，可见早在商代小麦已经传入我国了。小麦需要碾去麸皮磨成面粉做成面食才好吃，可是磨面用的石磨要到汉代才出现。最近山东蓬莱的一位农民在地下1.5米深处挖出了一具汉代的石磨，直径68厘米，下扇厚12厘米，上扇厚13厘米，上扇顶部有一隆起的圆台，中间有两个漏粮食的孔，边缘有三个供推磨时拴绳用的卯眼，

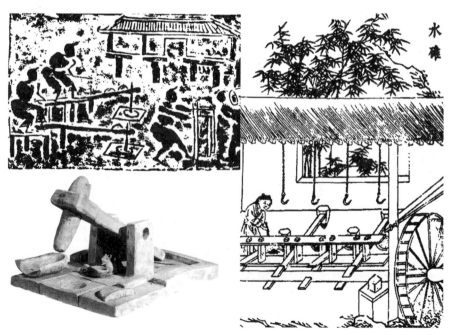

图200　汉画像砖舂碓图（左上），唐代陶杵臼（左下），《天工开物》中的水碓图（右）

图 201　西汉石磨（左）和东汉陶磨（右）

磨盘齿纹呈几何形放射条状，雕工精细，整体结构与现代的石磨相差无几（图201）。这样成熟的石磨说明其发明的时间应该更早，但是目前还没有发现战国时期的石磨，不过《墨子·耕柱篇》中已经出现了"饼"字，"饼"是面食的总称，既然有面食，就应该有磨面的工具了。

在还没有发明石磨的商周时代小麦只能连麸皮一起整粒地煮来吃或蒸来吃，这样吃起来当然不大好吃，所以先秦时代人们都把用粟碾成的小米和用黍稷碾成的黄粱视为品位高级的主粮，并不看重小麦，要到磨面技术解决以后面食才渐渐取代粟稷成为北方的主食。

古人吃些什么副食？

中国古代的经济结构以农业为主，农业又以粮食生产为主，因此对于中国人来说主食是谷物，副食主要是蔬菜，其他副食如肉、鱼、蛋、奶等吃得很少，所以《尔雅·释天》中提到，"谷不熟为饥，蔬不熟为馑"，把蔬菜放在一个与粮食同等的地位，可是在中国古代蔬菜的品种却十分贫乏。

在《诗经》里我们可以找到二十几种蔬菜，但是其中如荇、荼、苕、莜、莱、苣等等都是野菜，那时的人们甚至连带苦味的葫芦叶子也拿来当菜吃。汉晋时代人们所吃的蔬菜主要是葵、藿、薤、葱、韭等五种，其中的"葵"即冬葵，被视为是"百菜之主"的上等蔬菜，但是现在已经没有人再种它了。藿即豆叶，为布衣平民日常之食。《战国策·韩策》曰："民之所食，大抵豆饭藿羹。"而现在我们最多吃些豌豆苗和绿豆芽，谁也不会再去吃豆叶了。薤即荞头，和葱、韭一样同属于香辛类蔬菜，主要用作调味。《夏小正》中提到的蒜也是指野生的小蒜，产量很低，我们现在吃的大蒜是东汉时引进的，当时叫作胡蒜。我国传统的蔬菜还有萝卜、蔓菁（即大头菜）、白菜、茭白。《诗经》中的"采葑采菲"就是指蔓菁和萝卜。茭白本名菰，白菜本名菘，经过栽培改良，到唐宋时已成为质地优良的蔬菜。

随着丝绸之路的开通和东西方贸易的发展，西域和西方的许多种蔬菜被引进中国。南北朝时从印度引进了茄子、扁豆，唐代又引进了黄瓜、刀豆、莴苣，从尼泊尔引进了菠菜。元代从波斯引进了原产于北欧的胡萝卜。明代从美洲引进了菜豆，清初又引进了辣椒，当时称为番椒。清代还引进了西红柿，当时称作番柿，起先只是作为观赏植物，后来才被当作蔬菜。这些引进的蔬菜品质优良,吃口极佳,使传统的蔬菜黯然失色,它们大大改变了中国人的食谱,使我们的餐桌变得更加丰盛了。

正因为中国古代蔬菜品种少、质量差,所以对于钟鸣鼎食之家来说,鱼肉就成为主要的副食了,所以《诗经》中说:"彼君子兮,不素餐兮。"这意思就是说:"那些君子啊,是不吃素的。"而平民百姓平时是很难吃到肉的,唯有逢年过节的时候才能分享祭祀祖先神灵以后的胙肉,所以,过年过节总是令人非常愉快。

肉食也是副食的一个重要方面。《诗经·伐檀》中作者指责君子不狩不猎而庭有悬貆、悬特、悬鹑,野味是古代肉食的一个来源。狩猎在商周时代是一项重要的生产活动,甲骨卜辞中有许多关于打猎的记载,叫作"田"。根据打猎的地点分析,当时的狩猎活动不是在荒山野林而是在农业区进行的。在农业区围捕食草类动物具有保护农作物的意义,而追杀食肉类动物则具有保护人畜的作用。狩猎不仅可以获得肉类、保护庄稼,还可以得到制作冬衣的毛皮。中国古代没有棉花,丝绵产量又太低,难以满足做冬衣的需要,所以冬衣主要是用毛皮做的。《诗经·七月》说:"一之日于貉,取彼狐狸,为公子裘。"裘皮并不只是公子们才穿,《新序》里记载战国时魏文侯出游,见到一个老汉反穿着皮衣在背柴,就问他为什么反穿皮衣背柴?老汉回答:"我舍不得这漂亮的毛。"魏文侯说:"皮之不存,毛将焉附?"可见平民日常干活也穿皮衣的。一直要到秦汉以后,中原地区由于人口日益增多而得到全面开发,于是在农业发达、人口稠密的地区野兽渐见稀少乃至绝迹,狩猎才失去了原先的经济价值,变为少数人的副业和一种休闲消遣的活动了。

肉食的另一个来源是饲养家畜,中国古代最早驯养的家畜是猪和狗。无论北方还是南方,我国新石器时代饲养得最早和最多的家畜是猪。北方早期的磁山文化、裴李岗文化,南方最早的桂林甑皮岩、河姆渡遗址都有家猪的骨骼出土,河姆渡出土的陶猪已经明显地具有家猪的体态特征了。以后各地的新石器文化遗址中都出土过家猪的骨骼、捏制的陶猪或猪形的陶器,用猪下颌骨陪葬的习俗也很普遍。甲骨文中的"家"字写作,即为房子里有猪的形象,说明古人把猪看作是重要的家产。

狗的驯养至少也有 8000 年的历史，无论北方还是南方，在上述出土猪骨的遗址里一般也都出土狗骨。

家鸡的驯化饲养大概也能追溯到 8000 年前，在黄河流域年代较早的裴李岗文化、磁山文化、北辛文化和年代较晚的仰韶文化、龙山文化、马家窑文化遗址中都出土过鸡骨，但是在南方各考古文化中还未有确凿的证据。

黄牛是南亚地区的人们最早驯化的，但在我国南方的河姆渡遗址中已经出土水牛骨了，只是还不能肯定是不是家养的水牛。继河姆渡文化以后，长江下游地区的马家浜文化、良渚文化先民都传统地饲养水牛。

马是北方草原上的游牧民族首先驯服饲养的。在我国南方的新石器文化遗址中没有出土过马骨，北方的材料也不充分。考古上可以确定的最早的马骨是殷墟出土的，传说商人的祖先王亥王恒最早驯服了牛马，实际上看来他们的功绩主要是把养马和驾驭马的方法传到了中原。

羊是西亚的人们最早驯化的，而在我国羊最早见于西北地区的马家窑文化，以后在辽西的红山文化遗址中也发现了羊骨。

大体上到了商代，马、牛、羊、鸡、犬、豕——六畜都已普遍饲养了。

酒是谁发明的？什么时候开始有烧酒？

宋代朱翼中《北山酒经》云："大哉，酒之于世也。礼天地，事鬼神，射乡之欢，鹿鸣之歌，宾主百拜，左右秩秩，上至缙绅，下逮闾里，诗人墨客，樵夫渔父，无一可缺此。"虽为游戏文字，倒也说出了酒与社会上三教九流、各色人等的密切关系。

只要满足一定的条件，水果在自然状态下也会发酵成酒。元好问《蒲桃酒赋》记载说："贞佑中，邻里一民家避寇自山中归，见竹器所贮葡萄在空盎上，枝蒂已干而汁流盎中，熏然有酒气，饮之良酒也。"酒应当是受了大自然的启发而发明的。在新石器时代的大汶口文化和龙山文化就出现了双层镂空蛋壳陶杯（图202），制作得如此精美的杯子，如果不是用来喝酒而只是用来喝水，未免过于奢侈了。根据与商代酒器造型相似的陶尊、陶斝、陶盉、

图202　大汶口龙山文化黑陶高足杯

陶杯等陶器推测，至少在龙山时代就已经有酒了，但是传说"仪狄始作酒醪"，或者"杜康造酒"，都把酒的发明权归功于夏代的仪狄或杜康。

商代饮酒之风极盛，酿酒业十分发达。在河北藁城县台西村商代遗址曾发现过一座建在高出地面1米的台基上的形制特殊的房屋，平面呈阶梯形，没有前墙，只有一排柱穴，可能是一座斜坡式屋顶的房子。屋内堆积着大量灰烬和陶容器，还有大量桃、李、枣等植物种仁和8.5公斤人工培植的酵母。在房屋附近发现有两眼水井，井内都有木质井盘，井底出土了木桶、陶罐等汲水用具。这些情况表明这里应该是一座酿酒作坊（图203）。商代的青铜器中酒器的比重很大，尊、缶、罍、卣、壶、盉、兕觥、斝、爵、觚、觯等等都是酒器。

古代的酒器容量都比较大，这并不是因为古人的酒量大，而是因为当时所饮之酒都是度数较低的米酒，俗称"老白酒"。商代把用黍酿制的酒叫"酒"，用稻酿制的酒叫"醴"，用香料浸泡制成的香酒叫作"鬯"。

唐代的酒品种更加丰富了，除了粮食酒以外还有果酒和蜜酒，唐代苏敬在《新修本草》中说："作酒醴以曲为，而蒲桃、蜜独不用曲。"把中药浸泡在酒中可以得到药酒，药酒在唐代也出现了。

酒精度达到60度以上的酒可以被火点着燃烧，可以又叫作烧酒。烧酒需要经过蒸馏方能制得，一般认为要到元代从阿拉伯传入了蒸馏酒的技术以后才有烧酒，明代李时珍的《本草纲目》就说："烧酒非古法也，自元时

图203　商代酿酒作坊复原图

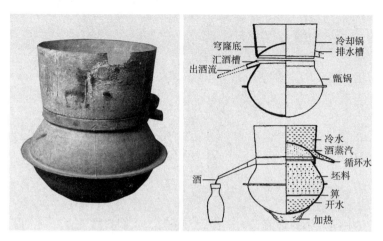

图 204　金代蒸馏器

始创其法。"但是 1975 年在河北青龙县发现了一口金代的铜质蒸馏锅（图 204），有人认为出现烧酒的时间应该提前，但是这口蒸馏锅的直径只有 8 寸，形体过小，实在难以用于烧酒的生产。

武松过景阳岗的时候喝酒论碗，说明宋代的酒度数还不太高。自从有了烧酒以后就再也不能论碗喝酒了，于是酒器也发生了变化，出现了与烧酒相适应的小酒壶和小酒盅。

中国人什么时候开始喝茶？怎样喝法？

茶在中国可谓源远流长。一提到"茶"，人们自然就会想到"荼"，中国上古没有"茶"字，只有"荼"字，但是《诗经》等先秦古籍中所说的"荼"一般指的都是苦菜，只有《尔雅·释木》中的"槚，苦荼"才是指茶。以后汉代王褒《僮约》、晋张载《登成都白菟楼》诗中所提到的"荼"也是指茶。明清之际顾炎武在《日知录》中说："是知秦人取蜀而后，始有茗饮之事。"茶树原产南方，自是南方人先懂得饮茶，以后才传到北方去的。

据说"神农氏尝百草，一日遇七十毒，得茶而解"。这一传说说明人们最早认识的是茶的药用价值，因此是把茶当作药来用的。

三国张揖著的《广雅》称饮茶为"煮茗"；西晋傅咸在《司隶教》中说到茶时称"茶粥"；魏晋隋唐时期人们又认识了茶的食用价值，"煮茶如烹调，吃茶如吃菜"；唐诗有云，"盐损添常戒，姜宜煮更黄"，唐代吃茶时先要碾细过箩，煮开水后再投入茶叶粉末，煎茶时还要加盐放姜，喝茶时连茶叶一起吃下去。1986年陕西扶风法门寺塔的地宫里出土了一套鎏金银茶具，其中就包括烘茶用的焙篓、碾茶用的碾子与碾轴、筛茶用的箩、盛水用的壶、煮茶用的风炉、拨炭用的箸、盛盐用的盐台、贮茶用的盒等（图205）。

唐中期以来饮茶之风盛行，在此基础上产生了陆羽的《茶经》。陆羽自号"桑苎翁"，潜心研究农桑，在《茶经》中他论述了种茶、制茶、饮茶和茶具，他认为饮茶贵在品味茶的真味，因而十分讲究煎茶的方法，形成了最早的茶道艺术。《茶经》是我国第一部关于茶的专著，陆羽则被后世尊为茶神。

晚唐五代品茶艺术从煎茶发展为点茶，出现了"汤戏"艺术。点茶不再

图205　唐代银茶具

图206　宋景德镇青白瓷注子与温碗

像以前那样把茶末投入沸水中，而是事先把茶叶分置于茶盏内，然后用茶壶把沸水一点一点往茶盏里滴注，同时用竹片劈成的小帚扰动盏中茶末，边点边搅，使水与茶彼此交融、泛起泡沫。古人称沸水为"汤"，滴注叫"点"，故雅称茶壶为"汤提点"，搅动茶末的竹帚叫"茶筅"，搅茶的动作叫"击拂"，点茶艺术也是击拂的艺术。

宋代的点茶也叫"分茶"，宋徽宗就是一位擅长点汤击拂分茶的茶艺专家，南宋诗人陆游也是一位点茶的高手。1965年洛阳出土了一把饰有奔鹿的茶壶，是五代时烧制的，高18.5厘米，腹径12厘米，比唐代的茶壶腹小了，把手大了，壶嘴尖利了，而宋代的执壶壶嘴更长更高，更加有利于点茶（图206）。现在四川茶馆里服务员仍用长嘴壶为顾客泡茶，当是古代点茶之遗风。

宋代流行斗茶的风俗（图207），斗茶也称"茗战"，斗茶时茶碾往来滚动，如烟似雾的绿色茶尘随之飞扬开来，碧玉似的茶盏里随着斗试者的点汤和恰到好处的击拂，汤花就像波涛上的浪花汹涌而起。"黄金碾畔绿尘飞，碧玉瓯中翠涛起"就是描写斗茶的情景。"碧玉瓯"是指颜色像碧玉一样的茶盏，就是被认为是瓷器之谜的"秘色瓷"。1986年陕西扶风法门寺塔的地宫里出土了一批色泽美丽的越窑青瓷，有茶盏、茶盘等，让人们看到了秘色瓷的真面目。

起初，评定斗茶胜负的标准是茶味与茶香，后来发展为比汤色与汤花。

图 207　赵孟頫《斗茶图》

汤色即茶水的颜色，汤花即茶水面上泛起的泡沫，其色泽以白色为上，水痕以出现得早为优。由于斗茶习俗的变化，人们对茶具的要求也随之发生了变化，不再以越窑青瓷为佳，而是以黑色的瓷碗为上品，其中首推福建建州窑烧制的"建盏"。建盏不是单纯的黑色，而是在黑色中隐现出类似兔毫、油滴斑、鹧鸪斑等花纹图案，建盏口沿下 1.5～2 厘米处有一条折线，茶水即注到此线为止，而汤花则能高出此线，所以汤花一退就能看出水痕。

到了明代斗茶之风慢慢消失了，饼茶逐渐被炒青所取代，研末而饮的喝茶法也代之以沸水冲泡的瀹饮法，和唐宋时代大不相同了。明代各地名茶迭出，如苏州的碧螺春、宜兴的阳羡茶、安徽的六安茶、杭州的龙井茶等等都享有盛名。随着新的饮茶法的流行，宜兴的紫砂茶壶也开始时兴起来，当时有名的制壶工匠有时大彬、供春等人。紫砂茶壶优良的品质，加上优美的造型和镌刻其上的文人字画，使紫砂茶壶成为文人把玩的佳品。

宋代品茶讲究茶的本味，所以没有花茶。元明时期文人隐士别出心裁地把各种香花与茶叶放在一起，使茶叶充分吸收花朵的清芬芳香。制作花茶本来属于文人清玩，偶尔为之。清代花茶也进入了市场，苏州开始生产专供市场销售的茉莉花茶，深受北方茶客喜爱。同时，清代还出现了经发酵制成的红茶和制法介于红绿茶之间的乌龙茶，从而奠定了我国茶叶种类的基本格局。

清代在闽粤一带还形成了喝工夫茶的习俗，清代的人们认为，工夫茶的"烹治方法，本诸陆羽《茶经》，而器具更精"。喝工夫茶用的壶小如拳头，盏小如核桃，煞是可爱。

豆酱和酱油是什么时候发明的？

　　酱油是我国人民日常常用的调味品，具有独特风味的酱油和海岛、沿海人民常用的鱼露，欧美人民常用的沙司并称为世界上的三大调味品。

　　酱油是从豆酱中衍生出来的，它们的原料都是大豆。中国是大豆的故乡，《诗经》中就有许多关于大豆的记载，如"艺之荏菽，荏菽旆旆"，"中原有菽，庶民采之"等等。大豆是由中国北方居民首先培育而成的，它含有丰富的植物蛋白，其所含有的营养成分与肉类相仿，这对于以农为主、食物结构中缺乏动物蛋白的中国人来说是极其重要的。大豆的消化吸收率较低，但如果将其磨成豆浆制成豆腐或利用微生物发酵制成豆酱，就容易被人体吸收了，而做豆腐和豆酱的技术最迟在汉代的时候就已经被掌握了。

　　先秦时代已经有各种各样的酱，《周礼》《仪礼》等古籍中经常可以看到"醢酱二豆""百酱八珍"等字样，但是那时所说的"酱"并不是用大豆做成的酱，而是用瘦肉剁成肉糜再加曲和调料经发酵制成的肉酱，由于略带酸味，所以又叫作醢醯。

　　用大豆加工做豆酱的记载最早见于西汉史游所著的《急就篇》，其中有"芜荑盐豉醯酢酱"，唐代颜师古注曰"酱，以豆合面而为之也"。豆酱是把大豆炒熟或煮熟后拌以面粉再经发酵制成糊状的酱，如果制成品仍然保持着大豆的颗粒状，那就是豆豉。由于磨面的石磨要晚到战国才被发明出来，所以豆酱的发明也不可能太早。在汉墓中出土过写有"鲁豉""齐盐""瓣酱"等字样的陶器，这些应该是当时用来存放调味品的盛器（图208）。

　　崔寔《四民月令》说："正月可作诸酱……可以作鱼酱、肉酱、清酱。"

图 208　汉代盛齐盐、鲁豉的陶方壶和陶罐

这"清酱"就是酱油，酱油是从面酱中滤出来的副产品，所以又叫豆油、淋油、酱清。崔寔是东汉时人，所以酱油最晚在东汉时就已经出现了。

豆酱和酱油不仅是一种美味的调味品，而且还可以入药。梁代陶弘景说："入药当以豆酱，陈久者弥好也。"孙思邈《千金宝要》曰："猘狗啮人，豆酱清涂之。""手足指掣痛，酱清和蜜温涂之。"只是这种传统的土方我们现在都不再使用了。

战国的泡菜坛是什么样的?

　　中国古代人们食用的动物蛋白主要来自于渔猎和饲养家畜,但是渔猎的收获不稳定,而且随着人口的增长和土地的开发,渔猎资源日益萎缩。中国的肉用家畜主要是猪,养猪要耗费粮食,在人均占粮不多的古代也不可能养很多猪,只有钟鸣鼎食之家才能像《诗经》里所说的那样"不素餐兮"。所以人民大众就早已形成以谷物为主食、以蔬菜和植物蛋白——豆制品为副食这样的食物结构了。

　　蔬菜的生长是有季节性的,为了常年有菜吃,我们的祖先发明了腌渍咸菜和酱菜。腌菜的方法很多,总称为"菹"。北魏贾思勰的《齐民要术》中有《作菹》篇,专门记录了29种腌菜的方法,有光用盐腌的,也有加醋、加糟、加糖、加蜜腌的。汉代崔寔的《四民月令》中记载:"正月可作酱,上旬炒豆,中旬煮之,以碎豆作未都,至六七月之交,分以藏瓜。"这是用豆酱腌制酱瓜的最早记录。

　　《周礼》中记载有多种不同的菹,如韭菹、菁菹、芹菹、笋菹等等。"菹"字最早见于《诗·小雅·信南山》的"田中有庐,疆场有瓜,是剥是菹,献之皇祖"句。"菹"字的原意是指沼泽或指用刀切碎食物,而《说文解字》解释为:"菹,酢菜也。""酢菜"是指经腌渍浸泡后带有酸味的咸菜。大概腌菜既要把菜切碎,又要用盐水浸泡,所以就把咸菜又叫作菹了。

　　在各种咸菜中四川泡菜以其独特的风味而闻名遐迩。腌制泡菜需要用一种特殊的泡菜坛,它的坛口多一圈水槽。腌菜时在槽内注水,覆盖一只碗,利用槽内的水来密封坛口,而坛内腌菜时产生的气体又能通过水槽向外逸出,

图 209　汉代的泡菜坛

开启方便而又清洁卫生，其构思之巧妙、设计之科学，令人叫绝。

　　这种结构特殊的泡菜坛在汉墓中多有发现，造型与现在的泡菜坛没有多大区别（图 209），所以一般认为泡菜坛是汉代发明的，但是上海的考古工作者在金山亭林镇发掘到了战国时期的双口沿黑陶大坛，这样就把泡菜坛的历史又向前推进了。

纸是蔡伦发明的吗？笔是蒙恬发明的吗？

纸和笔都是日常生活中不可缺少的用品。据范晔《后汉书》记载说，东汉时曾担任尚方令的宦官蔡伦于元兴元年（公元105年）用树皮、麻头、破布、旧渔网为原料制成了纸。于是，四大发明之一的造纸术就和蔡伦的名字联系在一起了。又据崔豹《古今注》说："自蒙恬始造，即秦笔耳。"传说蒙恬带兵戍守长城时发明了毛笔，让士兵写信以解除他们的思乡之苦。这样，蔡伦和蒙恬就分别成了造纸业和制笔业的行业之神。然而近几十年来一系列的考古发现却动摇了这一流传了两千年的传说。

1933年已故考古学家黄文弼在新疆罗布淖尔发掘到一片用植物纤维制成的古纸，被命名为"罗布淖尔纸"，经鉴定它至少是公元前49年以前的纸，比蔡伦造纸要早150年。1957年在陕西西安市郊灞桥发现的一座古墓中出土了一叠古纸残片，长宽约各10厘米，厚度为0.139毫米，比普通的新闻纸略厚，颜色泛黄，质地细薄均匀，其制造技术已经相当成熟，经鉴定为西汉武帝时的产品，被命名为"灞桥纸"。1973年考古学家在甘肃居延汉代遗址中又发现了两片麻纸，也早于"蔡侯纸"将近200年。1978年在陕西扶风县太白乡中颜村的一处西汉窖藏中发现在铜泡中填塞有揉成团的古纸，年代为宣帝至平帝。1986年在甘肃放马滩汉墓出土了画有地图的纸片，年代早到西汉初文景时期。1992年在甘肃敦煌悬泉置遗址出土纸张470余件，其中写有文字的纸残片10件，多为白色和黄色，时代最早为西汉武帝、昭帝至东汉（图210）。这些考古新发现证明，早在西汉时期造纸术就已经发明了。

人们曾经认为，造纸术最早是因为受了丝絮粘连成薄片的启发而发明的，

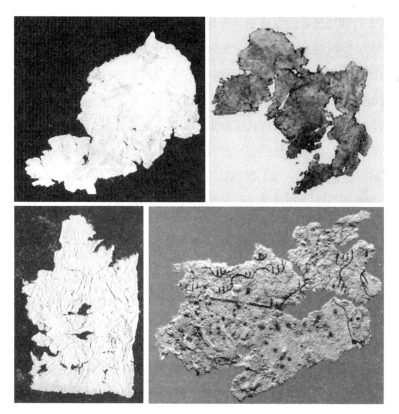

图 210　西汉纸

其实这是个误解，因为纸都是用植物纤维制成的，而蚕丝是动物蛋白，它可以纺织成绢帛，但是不能用来造纸。

虽然灞桥纸的发明远早于蔡侯纸，但是并不能因此而否定蔡伦的贡献，西汉时的纸很粗糙，只能用来包裹物品，还不适合用于书写，而蔡侯纸的问世反映了我国古代造纸工艺的改进与发展，提高了纸的质量，使纸变得适宜书写了。东汉的原始道教就利用纸来画符咒，但是由于传统的习惯，在正式场合仍然都使用竹简。

魏晋南北朝时期造纸技术有了进一步提高，原料从麻和树皮扩大到藤和草，质量与产量都有了很大的提高，防蛀的黄檗纸也得到了广泛的应用，纸的使用越来越普及，于是在东晋元兴三年（公元 404 年）桓玄才宣布："今用简者，悉以黄纸代之。"从此纸才取代竹简成为唯一的书写材料。

唐宋时期造纸业的发展更为迅速，造纸原料扩大到麻、树皮、藤、草、竹五大类，产区遍及全国大部分地区，纸的质量显著提高，还发明了特别适用于书画的宣纸，染色纸有十余种颜色，金花纸和水纹纸也相继发明，纸的品种更加齐全了。

南宋以后竹纸和皮纸取代了麻纸和藤纸成为主要的纸种，宣纸则成为主要的书画用纸。出现了规模很大的官营作坊，纸的产量有了很大的增长；也出现了许多优质的纸种，如元代的百箓纸、清江纸，明清时期福建的玉版纸、江西的连史纸、毛边纸等等。但是造纸技术始终停留在手工制造的水平上，再也没有取得突破性的进展。

笔的情况也是如此。我们看到仰韶文化和马家窑文化的彩陶上的花纹也都是用笔画成的，所以至少在五六千年前就应该有毛笔了。在商代遗留下来的甲骨文中绝大多数是用刀契刻的，但也有极少数是用笔书写的，从其笔触来看无疑是用毛笔写的。甲骨文"聿"字，写作"𦘧"，就像用手握笔之形；还有"畫"字，写作"𢒠"，就像握笔画图之形。这说明毛笔在商代已经是非常普通的东西了，只是因为年代久远，这些笔都没有实物留存下来

1954 年在湖南长沙左家公山的一座战国楚墓中出土了一支长 18.5 厘米、直径为 0.4 厘米的毛笔，笔头长约 2.5 厘米，用优质的兔毛制成，笔杆也是竹管，与现代毛笔不同的是笔头不是插在竹竿的孔内，而是把笔杆端部劈开将笔头夹在其中，外缠丝线，再涂以黑漆。1957 年在河南信阳长台关 1 号楚墓中也出土了一支笔，长 23.4 厘米、直径 0.9 厘米，笔锋长 2.5 厘米，是用线把笔毛捆缚在笔杆四周做成的，整支笔套在一根竹管中。1986 年在湖北荆门包山 2 号墓出土了一支毛笔，苇质笔杆长 22.3 厘米，笔毫长 3.5 厘米，插在笔杆下端的銎眼内，装在竹质的笔筒内。这两支在地下埋了两千多年的楚笔是我国迄今为止所发现年代最早的毛笔实物，其年代显然比蒙恬要早。1975 年湖北云梦睡虎地 11 号秦墓中出土了 3 支毛笔，笔杆长 21.5 厘米、直径 0.4 厘米，竹质笔杆的一端镂空形成笔腔，笔毛是插在笔腔内而不是绑在笔杆四周的，装在细竹管制成的笔套里，这一改型基本上与现代毛笔的制法相同了（图

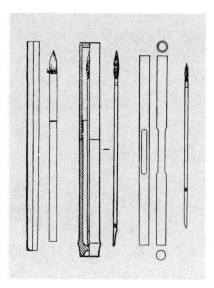

图 211　战国毛笔

211）。在湖北江陵凤凰山 169 号汉墓和居延肩水金关遗址出土的汉代毛笔制法都和秦笔一样，可见秦汉以后笔已经定型了。笔的这种改进也许就是蒙恬的功劳，所以被称为秦笔。

汉代，宣州制作的宣笔已经崭露头角。魏晋时期书法艺术大盛，有力地推动了制笔工艺的发展，东晋时宣州陈氏制作的毛笔深受王羲之等书法家的推崇。到了唐代宣州已成为全国制笔业的中心，宣笔无论是在选用材料、制作技术、还是在笔杆的雕镂艺术等方面都已日臻完善。宣笔在唐代被奉为"贡品""御用笔"。南宋迁都临安，政治经济文化中心也随之移到江南，从元代起浙江善琏镇的湖笔誉声鹊起。善琏镇属湖州府，故所产之笔称"湖笔"。湖笔号称"毛颖之技甲天下"，善琏镇也因此而被誉为"笔都"，宣笔的地位让位给了湖笔，湖州取代宣州成为全国制笔业的中心。

除了宣笔和湖笔以外，四川乐山的宋笔也是名噪一时的好笔。乐山古称嘉州，相传北宋大书法家苏东坡和黄庭坚先后来嘉州游览，并用当地所产之笔在此题字。自此之后时人都选用他们所用的笔来写书作画，后人就把嘉州所产之笔命名为"宋笔"。1937 年著名画家徐悲鸿曾对之作了"嘉州产名笔，工艺甲西南"的赞语。

汉代的墨和砚是什么样的？后来又有哪些变化？

宋代大文豪苏轼在《孙莘老寄墨》中这样赞美墨："徂来无老松，易水无良工。珍材取乐浪，妙手惟潘翁。鱼胞熟万杵，犀角盘双龙。墨成不敢用，进入蓬莱宫。"墨与砚都被列为文房四宝之一，历来受到文人雅士的青睐。

在仰韶文化的彩陶上就已出现黑色的图案花纹，殷墟出土的甲骨上也有朱书和墨书，经微量化学分析，红色是朱砂，黑色是碳素物质，这应该是用墨写的，但是商代的墨是什么样的？已经无法知晓了。

我国最早的墨叫石墨。《水经注·漳水》说："石墨可书，又燃难尽，亦谓之石炭。"墨的本意为"黑土"，所以"石墨"应是煤炭一类的东西。秦汉时出现了松烟墨，这种墨是用松木烧成的烟灰拌上漆和胶制成的。1975年湖北云梦睡虎地4号秦墓出土了一小块圆柱形的墨，直径2.1厘米，残高1.2厘米，同出的还有附研石的石砚和家书木牍（图212）。这块秦墨是迄今所见年代最早的墨。1976年湖北江陵凤凰山168号汉墓出土了多块大小不等的墨，

图212 秦砚、研石、墨

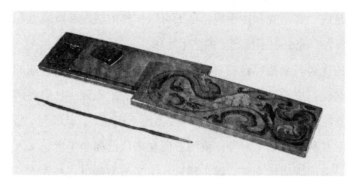

图 213　汉代装在漆盒里的石砚、研石及毛笔

因为都是些小墨块，所以叫作"墨丸"。史书记载汉代的尚书令仆丞郎每月可以得到"大墨一枚，小墨二枚"。由于墨丸太小，磨墨时不能用手直接拿着墨来研磨，所以秦汉时代的砚台都另外附有一块研石，而砚台一般都是长方形的石板，讲究的石砚在外面还有一个漆盒（图 213）。

东汉时墨的形状发生了很大的变化，出现了经过压模、出模等工序制成的墨锭。墨锭出现后研石就消失了。墨锭的出现赋予墨以极大的活力，它们被制成或方，或圆，或圭，或璋、或如铜镜，或似古钱等不同的形状，墨锭表面也被刻绘上神话、宗教、风景、诗词等不同的图案文字，小小的一块墨也成为展示墨工艺术的一个舞台。

随着社会的发展与技术的进步，墨和砚也都在不断地发展。明嘉靖年间方正、邵格之、罗小华等改进了制墨的方法，采用燃烧苏子油、松脂油、桐麻油等得到的油烟来造墨。明清两代普遍采用桐油烧烟制墨，桐油产量大，而且制成的墨颜色黑亮而有光泽。清代制墨大家有曹素功、汪近圣、汪节庵、胡开文四家，其中最有名的是曹素功，他是安徽歙县人，先后创制了"紫玉光""千秋光""天瑞""豹囊丛赏"等名墨。他所制的黄山图集锦墨是他的成名之作，这套墨共 36 锭，分别代表黄山 36 峰，每锭墨的造型和色彩均按各峰的形状特征而定，拆开是独立成景的黄山诸峰，合拢则是一幅完整的黄山全景。构思巧妙，巧夺天工。

由于墨锭的出现和制墨技术的改进，砚台也摆脱了单一的石砚格局，出现了陶砚、瓷砚、砖砚、铁砚等等，形制也摆脱了单一的长方形和圆形，还出现了多足砚、箕形砚、抄手砚、冬天可以加热的暖砚和雕成五花八门、各种样式的砚台，充分展示出刻工的艺术才华。

砚台的优劣与制造砚台的材质有极大的关系，人们经过长期的实践筛选出了四大名砚：广东端州的端石砚，安徽歙县的歙石砚，甘肃洮河石砚和山西绛州的澄泥砚。端砚"秀而多姿""发墨而不损毫"；歙砚与"澄心堂纸、李廷珪墨"并称为"天下冠"；洮河石砚在宋代已闻名于世，文人书家就视之为珍品；澄泥砚质地细腻，雕工精良，图案造型都很古朴大方。作为文房四宝的墨与砚不仅是一种书写的工具，而且作为中国传统文化的一个组成部分将永远焕发出异彩。

印玺图章是什么时候开始使用的？
它又是怎样演变的？

印玺图章是用作个人身份和行使职权的凭证，它是我国特有的一支文化奇葩。

在商周的青铜器铭文中常常能见到一种族徽文字，它在不同的青铜器铭文中反复出现，说明这是类似于后世姓氏的一种标识，但是各个器上的族徽笔画都有一些不同，说明它是刻写上去的而不是模印的，因此，商周时代一定还没有发明印章，但是已经出现了对印章的需求。20世纪30年代古董家黄浚在《邺中片羽》中首次著录了三枚传为安阳殷墟出土的铜玺（图214），引起学术界的广泛注意。这三枚被称作"商三玺"的铜玺印藏于台北故宫博物院。

需求是发明的动力，大约到了战国时代，专门用于钤封的印章产生了。"印"字在甲骨文中写作 🔖，像以手压人之形，原意为压抑之"抑"。因为图章在使

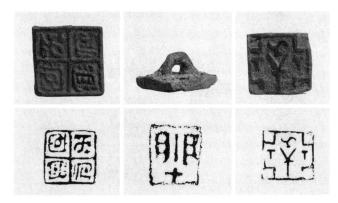

图214　商代铜玺

用时也是从上向下按压的，所以也叫作"印"。印又称玺，《尔雅·释名》曰：
"玺，徙也。封物使之转徙而不可发也。"也就是说玺印是用于封检的工具。
周秦时代还没有纸张，书信都写在竹简或木牍上，用绳子系扎后在绳结上按
一小块黏土，再在其上加盖玺印，以防止被拆阅或作伪。"玺"字还可写作
"鉨""壐"，从其所从部首可以知道玺印与玉石、青铜和封泥的关系之密切。
《周礼》云："货贿用玺节。"说明玺印使用的范围还扩展到了商品交换方面，
楚国使用的金币——郢爰就是用一枚"郢"字的图章压印在金板上制成的。

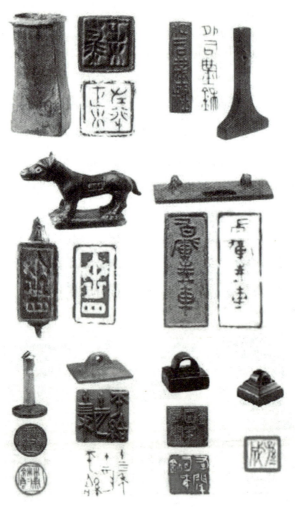

图 215　各类战国玺印

虽然迄今尚未发现春秋时代的印玺，但是战国时代的玺印已经非常成熟，在其之前一定有一个相当长的产生与发展的阶段，不过无论私印还是官印都还没有定制，这又说明战国时代印玺出现的时间还不太长，所以还未定型（图215）。

先秦时代无论官方还是民间印章统称为玺，但是秦始皇统一天下后规定只有皇帝的印章才能叫"玺"，官府和民间所用的只能称"印"了。《说文解字》中无"玺"而有"壐"，释"壐"为"王者印也"。于是玺就成了皇帝印章的专用名词。传说秦始皇的玉玺是用和氏璧改制而成的，印钮雕成螭虎形状，这就是所谓的传国宝玺，成为国家权力的象征，但到唐代就失传了。虽然现在见不到秦始皇的玉玺，但是可以见到西汉初吕后的玉玺和南越文帝的金印（图216）。

从此以后，一般臣民就不能再用"玺"字而只能称印、章和印章了。"章"的本义是音乐的段落，取其有节奏、有条理之意而引申为章法，正如"文"的本义是花纹，引申为文采一样。秦汉魏晋时代虽然已经发明了纸，但是书写仍然用竹简木牍，印章的用途仍然是盖在封泥上用于封检。

秦汉时期是我国印章发展史上的第一个高潮。在秦朝高度集权的政治体制下建立了一套完整的官印制度，官印是皇帝任命官员和官吏行使职权的凭证，从中央到地方各级官吏的印章都由少府属下的"符节令丞"制作颁发，严禁私刻和盗用，开辟了后世监印官制度。秦印的印文统一为篆文，秦篆又称"摹印"，风格与秦诏版上的铭文基本一致，多为白文，凿多于铸，笔画圆转舒展，章法朴实自然，常有田字形或日字形的界格边栏。纽式以鼻纽为主，朴实无华，注重实用。秦朝虽然短暂，遗留下来的实物不多，但是秦印为后

图216　西汉皇后玉玺（左）和南越王金印（右）

世印章的发展奠定了一个坚实的基础。

汉印继承了秦印的端绪，形成了博大精深、气象万千的艺术风貌，成为后代学习的典范。汉印可以分为官印和私印两大系列，根据其内容与用途还可以分出许多品类，如表字印、臣妾印、成语印、肖形印、殉葬印、宗教印、烙马印等等，其形制也变化出两面印、子母印，子母印也叫套印，有双套印和三套印等不同形制。汉印印文也以白文为主，字体继承秦篆而有所变化，故称汉篆，方正端庄，章法自然，随物赋形，不矫揉造作，深得后人赞赏。汉印多为铜印，铸多于凿，如遇特殊情况来不及铸造，就用刀直接凿刻，这种章就叫作"急就章"。汉印的纽比秦印的纽略大，式样极其丰富，除了鼻纽、龟纽以外还有桥纽、覆斗纽、环纽、带钩纽、辟邪纽和各种动物纽，林林总总，蔚为大观。

东晋桓温当权时正式废除了简牍，改为用纸来书写，于是印章的用途也就转变为在纸上濡朱钤印了。

元代的吾丘衍、赵孟頫开始采用石材来代替铜玉刻制印章，从而开创了印章材料的重大变革，后经明代书画家文徵明的长子文彭的大力提倡与推广，一时"无不人人斯籀、家家秦汉"，于是名家辈出，流派争衡，在明清两代掀起了篆刻印章的高潮。

传世的明清印章数量很多，成为人们收藏和鉴赏的主要对象。鉴赏印章，首先看材质，古印多为铜质，兼有金、银、玉等质地的印章，元代以后叶蜡石登上印坛，叶蜡石是一种变质岩，福建的寿山石、浙江的昌化石和青田石、内蒙古的巴林石等都是其中的上品，它们使得铜玉印失去了昔日的光彩。其次看印饰的刻工，印饰的雕刻分圆雕、浮雕和线刻三种，圆雕是由原来的印纽演化而来的，浅浮雕又叫薄意，印饰虽小，但为雕刻家提供了一个施展技艺的天地。再次看印文，宋元以前的印章都为刻工所刻，宋元以后的印章则是文人墨客的用武之地，其书法、章法、刀法和情趣、意境成为鉴赏品味的重点。最后看边款，篆刻家往往同时精通书法，自从文彭开了落边款的风气后，边款就成了印家以刀代笔一展书艺的微型碑林。

古代的书是什么样的？

书籍是人类文明的伟大标志之一。有人把刻有卜辞的甲骨、铸有金文的铜鼎和镌刻文字的石碣称之为最早的书，这是不妥当的。虽然书不一定要用纸印制而成，但是这些甲骨、铜鼎、石碣还仅有书之意，尚无书之形。

我国最早的书大约出现在 3000 多年前的商代。商人在占卜时用甲骨来记录卜辞，而在平时则用竹木制成的简策来记录文字。《尚书·多士》篇称："惟殷先人，有典有册。"甲骨文的"册"字写作 ，就像绳子穿缀竹简之形，"典"字写作 ，则像双手捧上竹简之形，甲骨文中另有一个"史"字，写作 ，像是手中握着一个插竹简的架子以备记录的样子。只是因为年代久远，商代的简策一片也没有保存下来，所以难以见其端详了。

竹木简使用的时间很长，从商代一直用到东晋。汉晋时代曾两次出土大量古代的竹简，一次在汉初，鲁恭王拆孔子旧宅建花园，在夹墙中发现大批写在竹简上的儒家典籍；另一次是东晋太康二年（公元 281 年），汲郡人石准发掘魏襄王墓，得竹书数十车。不过这些古代出土的竹简现在都见不到了。虽然竹简不易保存，但在考古中还是时能发现战国秦汉时代的竹简，重大的发现有 30 年代在甘肃居延出土的汉简（图 217），70 年代在湖北云梦睡虎地出土的秦简和 90 年代在湖南长沙走马楼出土的三国吴简。

从出土实物来看，竹简长短不一，长的可至 3 尺，短的只有 5 寸，一般一简上写一行字，也有写两三行的。把竹子加工成竹简，先要将其烘干去掉水分，叫作"汗简"，刮去青皮，叫作"杀青"，所以竹简也叫"汗青"。在简上用笔写字叫作"笔"，写错了则用刀刮去，叫作"削"，削竹简的小

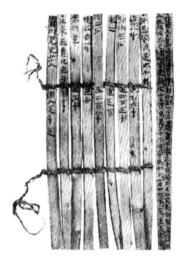

图 217　西汉简册

刀也叫"削"，或者叫作"书刀"，所以，古代把写书叫作"笔削"，把文书叫作"刀笔吏"。

先秦时代官方文书都用简册，任命官员、分封诸侯都要记录在简册上，所以称之为"册命"，主管的官吏叫作"作册吏"。由于一支竹简最多只能写三四十字，因此一篇文章就要写许多支简，这就要将其编连成册，编连竹简可以用丝绳，也可以用皮条，用皮条的叫作韦编，它们的区别好比今天的平装书与精装书。编连成册的竹书也叫"策"。《释名》说："策字同箣，象形也，盖将众竹简连贯编缀之意。"简册的单位是篇，第一支简上写的是篇名。用竹简写成的书篇幅一般都比较短，但即使如此，书还是很笨重，所以就有"衡石量书"和"学富五车"之说。竹简编成的书时间长了容易脱落散失，发生脱简、错简现象，就成了"断简残编"，所以汉代独尊儒术以后，为了统一儒家经典的版本就将经书刻在石碑上，被称为"石经"。

简策也可以用木片制成，木片可以做得比较宽，所以又被称为方策、版、牍。宽大的木版可以画地图，所以地图又称为"版图"。木牍一般不用来做书籍或文书，而是用作通信和登记物品户口。用作书信的木牍长约1尺，故称"尺牍"。在木牍上写完信后，再在上面加上一块版，叫作"检"，检上用来署名。两版相合，用绳子捆扎，在绳结处加按一小块黏土即"封泥"，在封泥上加盖印章，称为"封"（图218），以后发展为用火漆加封。加盖印章的封泥非常坚硬，历两千年依然如故，在考古发掘中仍能被发现。

由于竹简木牍过于笨重，因此在使用竹简木牍的同时人们也用缣帛来做书写的材料，被称之为帛书。墨子云："书于竹帛，镂于金石。"我们在考古中发现的最早的帛书是长沙子弹库出土的战国帛书，以后在长沙马王堆3号汉墓又出土了大批汉代帛书（图219）。陈胜吴广起义时搞"鱼腹丹书"的把戏，就是用朱色写在缣帛上以后塞到鱼肚子里去的。用缣帛写的书便于舒展，可以卷成一卷，所以称为书卷、手卷、卷子，"卷"也成为书的数量单位。为了便于检索成卷的书籍，在卷口要用竹签做成的签条做上标记，叫作"签符"。尽管帛书轻巧方便，但是毕竟过于昂贵，使用的范围十分有限，而且缣帛比竹简更不容易保存，所以流传下来的极少。

大约在西汉时就已发明纸了，但是那时纸的质地很粗糙，只能用于包裹物品，还不适合书写。到了东汉经过蔡伦改进了造纸原料与技术，纸的质量大大提高，变得适于书写了，但在宫廷里仍在使用竹简，直到东晋元兴三年（公元404年）桓温下令："古无纸，故用简，非主于敬。今诸用简者，宜以黄纸代之。"这才废除竹简完全改用纸张来书写。用纸写的书开始时和用缣帛写的书一样，也是装成卷轴，所以，书仍被称为"卷"，但是卷轴的样式与

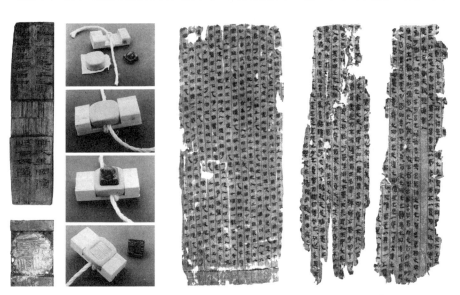

图218 汉代的封检　　　　　图219 马王堆汉墓帛书《老子》

图220　敦煌出土唐代经卷

图221　旋风装书

质地变化出各种各样的形式，今天的国画仍然多装裱成卷轴的形式。早期的卷轴装书籍现在都已经看不到了，敦煌藏经洞的发现使我们看到了唐代经卷的实物（图220）。

　　纸做的书容易被虫蛀咬，为了防止蠹虫需用药物把纸染黄，这叫作"入潢"，经过染色的纸叫作"潢纸"，用潢纸印成的书叫作"黄卷"，而这个过程叫作"装潢"。在黄色的纸上写字，写错了要用黄色的雌黄来修改，所以随意乱改文章就叫作"信口雌黄"。为了避免纸卷的边缘破裂损坏，需要用纸或绫罗进行装裱，上下包边称为"褾"，俗称"包首"。大约每5卷或10卷要用"袠"包裹起来，《说文解字》释："袠，书衣也。""袠"通"帙"，是用布或细帘子做成的。卷轴本上的栏界都画成竖行，就是保留了竹简的遗意。

　　大概在隋唐时期发明了雕版印刷术，由于受到印版尺寸的限制，用雕版印刷的都是单页的，于是唐代中期从卷轴装发展出了旋风装。旋风装也是以一长条形纸作底，每页的右侧鳞次栉比地粘裱在卷底上，展卷时形如龙鳞，故称龙鳞装，收卷时形似旋风，故又称作旋风装（图221）。旋风装书籍流行于唐宋时代。

　　唐代许多印度的原版佛经传入中国。梵文佛经有一种叫贝叶经，书叶都是长条形的单页，上下用薄木版夹护，受其启示出现了经折装的书籍（图222）。经折装是单面书写的，每一页首尾衔接折叠成为折子，首尾两页是用硬纸版做成的护封，形同梵经，所以又称梵筴装。

　　宋代印刷术已经十分发达，不仅有雕版印刷，还有活字印刷，书籍除了旋风装、经折装以外，主要流行蝴蝶装（图223）。蝴蝶装也是单页装订，但是折页的方法是版心向内，书口在外，和后来的线装书相反。这样做的好处是通过版心的整幅图画不会因装订而受影响，封底、书脊和封面用硬纸和布绫包装，打开时书页就像蝴蝶展翅，故称蝴蝶装。

　　蝴蝶装不用线订只用糨糊粘，而且翻看时不很方便，于是元代出现了包背装。包背装的书页装法与蝴蝶装相反，是正面正折，版心向外，以页边为书背，用纸捻订住切齐后，书衣包背装订，酷似现在的平装书，因此叫作包背装。

　　明末清初开始盛行线装书（图224），线装与包背装的区别只是书衣不再包背装订，而是用线装订，一般用四眼订法，大开本的书也有用六眼或八眼装订的，可以说线装书达到了古籍装帧技术的顶峰。由于时至今日还能被人们所见到的古籍绝大多数是明清以来的线装书，因此在一般人眼里线装书

图222　贝叶经（左）与经折装书（右）

图223　蝴蝶装书　　　　　　图224　包背装书（左）与线装书（右）

也就成了古籍的代名词。

若干本卷轴装的书可以用书帙包裹，而用纸印刷的书本用书帙包裹就不方便了，于是出现了盛装册页书籍的函套。函套有用硬纸做成的，也有用夹板和木盒的，成套的书用函套套装，使书更多了一层保护层。

汉代就有名片吗？

　　现今在社交生活中名片已成为不可缺少之物了。可是你知道名片是什么时候发明的？它又是怎样演变的吗？

　　名片至少在秦末汉初就已出现了。《史记·高祖本纪》记载，刘邦在沛县当亭长时有一次和朋友一起到吕公家去贺喜，因为没有带钱而不得上堂入座，便假装"为谒曰'贺钱万'，实不持一钱。谒人，吕公大惊，起，迎之门"。《释名》曰："谒，诣也；诣，告也。书其姓名于上，以告所至诣者也。"这"诣"就是汉代的名片。1984年在安徽马鞍山发现的东吴将军朱然墓中出土了三枚谒。这三枚谒是用木片做成的，长24.8厘米，合汉代1尺，宽9.5厘米，厚3.4厘米，谒面顶部中央写一个"谒"字，右边直行墨书"□节右军师左大司马当阳侯丹扬朱然再拜"，谒面有一大片空白，这就是书写贺礼钱数的地方。1993年江苏连云港东尹湾汉墓出土的10件木谒，有别人向墓主请谒、问疾、问起居的名谒，也有墓主向别人请谒的名谒（图225）。

　　谒是下级对上级、晚辈对尊长通名时用的名片，通常用于比较庄重、正式的场合，平时在亲朋同僚之间使用的是一种比较简易的名片，叫作"刺"（札）。刺因"书以笔刺纸、简之上"而得名。朱然墓中同时出土了14枚刺，也是长1汉尺左右的木片，但宽仅3.4厘米，厚仅0.6厘米，既薄又窄。刺面从上到下有一行墨书："故鄣朱然再拜问起居字义封。"刺的内容比谒亲切得多，刺面也没有可写别的文字的空隙。刺的出现比谒略晚，但至少到东汉时也已十分流行了。由于刺比谒更轻巧、灵便、实用，在使用的过程中刺逐渐取代了谒。刺流行的时代比谒长，在南昌一座西晋墓中曾出土过5枚木刺，《梁书·诸

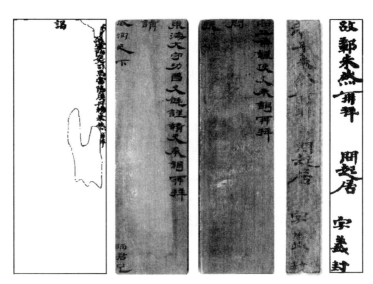

图 225　汉代名札　左起：朱然木谒释文、尹湾木谒（二枚）、朱然名札及释文

葛璩传》中也有"投刺邦宰"的话。

　　隋唐以后纸张普及了，名刺不再使用木片而改用纸来书写了，于是，它的名称也就逐渐改称为"帖"了。但有意思的是刺传到日本后也被日本人所接受，他们至今仍把名片叫作"刺"。

古人是怎样通信的？

　　信是一种交流的媒介，通信在今天已经不是一件难事，邮局到处都有，通讯网络四通八达，还有电子信箱、网上通信，既快捷又方便。但是在古代就不一样了，没有先进的技术，交通也不便利，寄一封信虽然没有万里长征那么艰难，但是等收到信也要数月之后。那么，古人是怎样通信的呢？

　　根据考古遗存和文献记载，早在商周时代我国就有了传递军事警报的通信设施——烽火台和闻报制度，一遇紧急情况，白天举烟、夜晚点火，能起到很好的报警效果。西周末周幽王烽火戏诸侯的故事就反映了这一制度。汉代在西北边疆曾经建立过严密的烽燧体系，五里一燧，十里一墩，"烽燧万里相望"。经过两千年风风雨雨，现在还能在甘肃、新疆一带见到汉代烽火台遗址矗立在荒漠里（图226）。直到明清时代这种军事通讯的方法仍在许多地方使用，山东烟台就是因为明朝曾在这里设置狼烟台以防倭寇入侵而得名的。据说为了秘密地传递军事情报周初著名军事家太公望发明了用"阴符"

图226　烽燧遗址

和"阴书"来通信的方法，"阴符""阴书"类似于今天的密码通讯。

用烽火传递信息的速度很快，但是只能传递简单的信号而无法传达详细的命令和公文，因此，在商代就出现了官办的邮驿通信系统，甲骨文中称之为"驲"或"传"。所谓驲传，是指用专用的马车来递送公文，这是因为华夏族习惯坐车而不习惯骑马的缘故。朱骏声《说文通训定声》曰："车曰驲、曰传，马曰驿、曰遽。"古代递送下达朝廷的政令和各级官府之间的公文全靠信使坐车、骑马或步行来递送，负责管理文书传递、接待信使、提供食宿和车马的驿站就叫作"邮"，所以驿站也叫邮亭。驿站都是由官府设置的，沿交通干道每 30 里设一站，有驿丞、驿卒管理。

秦统一后制订了关于邮驿的法令——《秦邮律》，进一步促进了邮驿通信的发展。汉代除了邮驿以外还出现了叫作"传"的机构，它专门为官员或特许人员提供换乘的马车，以便提高旅行的速度，其性质与驿站类似。

到了唐代邮驿通信得到了极大的发展，分为陆驿、水驿和水陆兼办三种，共有 1639 所之多，其组织也更加完备，每个驿站设有驿长一人、驿夫数十人。杜牧诗云："一骑红尘妃子笑，无人知是荔枝来。"是以讥讽杨贵妃，却也反映出唐代驿传效率之高。

元朝疆域辽阔，邮驿系统十分发达，叫作"站赤"和"急递铺"。元世祖时从燕京到开平府，根据地理远近设立急递铺，每铺设铺丁 5 人，个个壮健善走，腰束革带，挟带雨衣，悬铃持枪，铃声用以警示行人，夜里则持火把行走。在传递过程中沿途都有专门的簿记来登记交接收发的时间与签名，以示负责。其制度之完备，略见一斑。

明代把"站赤"和"急递铺"改称为"行邮驿"，一如元制，但是规定了用驿必须要有信符，传递书信文书必须加盖官方印信，并经当地官府验查，称为"勘合"。

清代的邮驿隶属于工部，有驿、站、塘、台、所、铺各种名称，比之明朝改变不大，其突出之处是设立了"捷报处"，主要任务是接受各地驰奏之折将其递送至官府。又设有各地驻京提塘官，专事文书公文的传递。

我国古代的邮驿组织都是官办的通信系统，只传官方文件，不送私人信

图 227　苏州横塘驿站

件，民间通信只能托人捎带，十分不便。一直要到明代才出现了为百姓送信的民信局，驿站也兼作邸店旅馆，接待旅客行商。清光绪年间开始设立文报局，利用轮船火车来传递公文私信，效率大大提高，于是沿用了三千余年的驿传系统便迅速地废弛了，民国三年，驿站尽裁，旧日的邮驿制度终于被近代的邮政制度所取代，仅仅过了一百多年，连当年的驿站也难以见到了。苏州西南有一个横塘镇，镇北边大运河与胥江交汇处有一座黄墙黑瓦歇山顶的房子，房子正面角柱上刻有一副楹联，上联是"客到烹茶旅舍权当东道"，下联是"灯悬待月邮亭远映胥江"。这所小屋就是当年的横塘水驿（图 227），从清同治年间保留至今，故有"天下第一驿"的美称。在河北省怀来县还保存着一个最大的古驿站——鸡鸣驿，鸡鸣驿实际上是一座周长近两公里、东西各有一座城门的古城，从元代起这里就开始成为驿站，明清时期这里都是北京通往西北地区重要的中转站，现已被列为第五批全国重点文物保护单位。

古人怎样下棋打牌？

中国古代的琴棋书画，历史悠久，源远流长。其中的棋，现代人主要是指围棋与象棋，而在围棋与象棋广为流传之前古人下的棋主要是六博与双陆。

《战国策·齐策一》描写战国时期临淄城里的繁荣景象时说："临淄甚富而实，其民无不吹竽、鼓瑟、击筑、弹琴、斗鸡、走犬、六博、蹴鞠者。"在春秋战国墓里曾经多次出土过六博棋局与棋子，还有专门为下六博而制作的棋案。六博在汉晋时代非常流行，在汉代的画像石和画像砖上经常能够见到六博的形象，用六博俑陪葬也屡见不鲜，甚至在嘉峪关魏晋墓出土的墓砖上也画有六博图（图228）。《史记·宋世家》："（庄公）十一年秋，湣公与南宫万猎，因博争行……遂以局杀湣公于蒙泽。"《史记·吴王濞列传》记载，吴太子与皇太子"博，争道，不恭。皇太子引博局提吴太子，杀之"。下棋下到了玩出人命的地步，可见当时下棋者的执着与投入。六博是一种两

图228　汉代六博俑（左）与六博图（右）

图 229　战国六博棋案（上）与西汉六博棋局（下）

人对下的棋，棋盘为方形，中间有一方框，四周有直角形和 T 形的栏。汉代铜镜中常常见到一种被称为规矩纹的图案，其实就是一副缩小的六博棋盘。一套完整的六博棋具，包括棋局、棋子、箸和骰子，每方六个棋子，分黑白两色，每方有枭、卢、雉、犊、塞五种棋子，前四种棋子各一枚，"塞"有两枚，枭为首，即主帅。下六博时要掷骰子，但是如何下法现在已经不得而知了。箸即算筹，是用来计算输赢的，输的一方计筹罚酒，称为"饮博"，所以在汉画像石的六博图里棋盘旁边往往都有算筹和酒樽、耳杯。在长沙马王堆 3 号汉墓中出土了一副制作得非常讲究的六博棋具：在方形的漆盒内，有一博局，六黑、六白共 12 杖棋，短箸 30 枚，长箸 12 枚，盒中有一圆窝，内置博茕，也就是骰子（图 229）。

　　大概到了隋唐时期六博渐渐少见而双陆兴起了。唐代画家周昉画过一幅《内人双陆图》（图 230），图中双陆棋案下有壶门结构，做得非常讲究。在新疆吐鲁番阿斯塔那的唐墓中就出土过一件这样的双陆棋案。双陆的棋盘为长方形，下棋双方各十二枚棋子，棋子通常做成瓶形，像是一个小小的保龄球柱。双陆在唐宋时期比较流行，在辽宁还出土过一付完整的辽代木制双陆棋局（图 231），南宋的洪遵著有双陆谱《谱双》传世，内有一幅题名为"大

图 230　周昉《内人双陆图》局部

食双陆毯"的插图，反映了当时中国与中亚的文化交流。到了明清时代，虽然章回小说中还经常提到打双陆，故宫里也收藏有多付明清时期的双陆棋局、棋案，但是随着围棋和象棋的流传与普及，打双陆的人越来越少了。

围棋产生于中国，但是究竟起源于何时，一直未有定论。有的说是尧造围棋以教子丹朱，也有的说是舜因儿子商均愚，故作围棋以教之，但这些都是传说而已。一般认为史籍中关于围棋最早的记载是在春秋时期，至今已有二千六七百年的历史了。弈秋是见于史籍记载的第一位棋手，而且是位"通国之善弈者"。关于他的记载，最早见于《孟子》。由此推测，弈秋可能是与孟子是同时代的人，也可能稍早一些，大约生活在战国初期。弈秋是当时诸侯列国都知晓的国手，棋艺高超，《弈旦评》推崇他为围棋"鼻祖"。出现弈秋这样的高手，说明当时围棋已相当普及，可以肯定，像弈秋这样的国手不会只有一人，可惜的是春秋战国延续五百年，只有他一人留下了名字，也是我们所知的第一位棋手。

两千多年前，中国不仅有许多像弈秋一样的优秀棋手，而且还从中总结出了许多宝贵的经验。专家认为，源于中国春秋战国时期的"攻劫收放""举棋不定"等成语均取材于围棋。《关尹子》就说："习射、习御、习琴、习弈，终无一事可以息得者。"把下围棋提高到与射箭、驾车、操琴同样的地位。随着围棋地位的提高，下棋的一些规律也慢慢地被总结出来。"以智力求者，譬如弈棋，进退取与，攻劫收放，在我者也。"在当时的历史条件下，尹文子能够提出主动权问题是很难得的。主动权在围棋实战中作用重大。到今天，

图 231　辽代双陆棋局

始终掌握棋局的主动权依然是每一个围棋爱好者必须牢记的。《左传》记载太叔文子的一段话曰："卫献公自夷仪使与宁喜言，宁喜许之。大叔文子闻之，曰：'呜呼……今宁子视君不如弈棋，其何以免乎？弈者举棋不定，不胜其耦，而况置君而弗定乎？必不免矣！'"太叔文子总结出一条着棋的重要经验，这就是，思考要周密，落棋要果断，犹犹豫豫者必输。"举棋不定"四字，简洁，生动，形象而且准确，它和围棋一起流传下来，并超越了围棋本身，成为人们的常用的一条成语。

据史书记载，西汉第八个皇帝刘洵对围棋十分喜好，即位以后还常常与民间棋手陈遂下棋，但并没有实物资料充分证明。1999 年考古工作者在陕西西汉景帝阳陵的南阙门遗址发现了一个汉代陶制围棋盘。这是中国迄今最早发现的围棋盘。它证明了两千年前的中国人已经遨游于"黑白世界"。由这里出土的围棋外观略有残损，呈不规则五角形。其残长 28.5 厘米至 5.7 厘米，宽 19.7 厘米至 17 厘米，厚 3.6 厘米。棋盘两面均有阴刻直线，有纵横线各 17 条，比现代棋盘少 2 线（图 232）。从这一陶制棋盘的质地来看，它是用当时的一块极普通的铺地方砖加工而成的，而盘面纵横的线刻画简略、粗糙。这表明棋盘虽出土于皇家陵园，但显然不属于皇家之物，很可能是汉阳陵的守陵人信手刻制而成，以供闲暇时娱乐所用。由此推断，距今 2000 多年前的西汉，围棋不仅是贵族阶层的游戏，而且已经流行于类似于守陵人这样的平民百姓之中。出土的棋盘虽然与今天的棋盘有所不同但已经大同小异了。

图 232　汉代围棋盘

图233 《弈棋仕女图》（左）与唐代围棋枰（右）

　　1952年考古学家在河北望都东汉壁画墓中发现了一件石质围棋盘，此棋盘呈正方形，盘下有4足，盘面线条也是纵横各17道。围棋盘的变化大概发生在魏晋时期。北周人甄鸾在《孙子算经》中记有："今有棋局方一十九道，问用棋几何？答曰：'三百六十一。'术曰：'置一十九道，自相乘之，即得。'"1959年考古学家在河南安阳豫北纱厂附近发掘了隋朝张盛的墓，墓中出土了一件白瓷明器围棋盘。此棋盘为正方形，高4厘米，盘面每边长10.2厘米，盘面上刻画许多小方格，纵横各19条线。这是迄今发现最早的19线围棋盘，现收藏于河南博物院。1973年新疆吐鲁番阿斯塔那唐代墓葬中出土了一件带有方形底座的木围棋盘，底座每边有两个壶门，制作颇为考究。这件棋盘的盘面也有纵横线各19道，围棋的盘局变得越复杂、能下的棋子越多，博弈的竞争性和趣味性就越强。三国以后史书上记载的名人棋事越来越多，在新疆吐鲁番阿斯塔那唐墓出土的屏风上还发现过仕女弈棋图（图233），说明唐代围棋的普及。随着围棋的普及还出现了专门记载棋局的棋谱，现存年代最早的围棋谱是宋徽宗时棋待诏李逸民编的《忘忧清乐集》。

　　象棋在北宋时已经流行，而其定型大概是在南宋。南宋的刘克庄

（1187～1269年）写过一首题为《象弈一首，呈叶潜仲》的五言古诗，诗曰："小艺无难精，上智有未解。君看橘中戏，妙不出局外。屹然两国立，限以大河界。连营禀中权，四壁设坚械。三十二子者，一一具变态。先登如挑敌，分布如备塞。尽锐贾吾勇，持重伺彼怠。或迟如围莒，或速如入蔡。远炮勿虚发，冗卒要精汰。负非繇寡少，胜岂系强大？昆阳以象奔，陈涛以车败。匹马郭令来，一士汲黯在。献俘将策勋，得隽众称快。我欲筑坛场，孰可建旗盖？叶侯天机深，临阵识向背。纵未及国手，其高亦无对。狃捷敢饶先，讳输每索再。宁为握节死，安肯屈膝拜！有时横槊吟，句法尤雄迈。愚虑仅一得，君才乃十倍。霸图务并弱，兵志贵攻昧。虽然屡克获，讵可自侈忲！吕蒙能鹹羽，卫瓘足缚艾。南师未宜轻，夜半防斫寨！"诗中所描写的棋盘、棋子和着法都和现在的象棋一般无二，可见在12～13世纪时象棋已经完全定型了。

象棋定型以后基本上没有什么变化（图234），景德镇出土的南宋瓷象棋子和现在的棋子基本上一样，只是把"炮"字写成了"砲"，还有把"炮"字写成"弩"的，这应该是火药和火炮尚未普遍推广时的现象。

大概在明代前后随着造纸技术的进步出现了长条形的纸牌。因为纸牌是一张一张的，就像是一片片树叶，所以被叫作"叶子"。明代画家陈老莲画的《水浒叶子》和《博古叶子》（图235）都是传世精品。陈老莲画的叶子上面都写有钱数，有"文""百子"和"万贯"三种，实际上是纸牌的三种花式。在纸牌的下方写有"××饮"的字样，例如宋江的叶子下方写着"饮首席"，这是可以兼作喝酒行酒令时抽签的酒牌用的。中国古代的纸牌有40张，实际上是一种类似麻将的博具，在四川农村现在还能见到这种长条形的纸牌，但

图234　南宋瓷象棋

图 235　叶子与叶子戏

是内容已经变成与麻将类似了。

　　明清时期社会经济繁荣、人口持续增长，人们的余暇和休闲时间增多，这就成为骨牌广泛流行的前提。骨牌分为牌九和麻将两种，麻将又叫麻雀或马吊。由于这两种博戏规则简单而又变化多端，即使是不识字的人也很容易学会，于是麻将出现后很快就成为中国人余暇最为普及的博戏。

古人饮酒时玩什么游戏？

孔子办私学，教学生六艺，其中包括射与御。射是射箭，御是驾车，相当于现在的体育课。在先秦时代射箭不仅是一种武艺，而且是一种礼仪。孔子说："君子无所争。必也射乎！揖让而升，下而饮。其争也君子。"意思是说君子好让不争，即使要争那也只有在比赛射箭的时候争，射箭之前互相揖让行礼，射完箭后回来一起饮酒，即使争也像君子那样地争。这种射箭比赛是先秦时代贵族在宴饮时的一种礼仪，叫作射礼。在河南辉县和成都百花潭出土的战国宴乐采桑攻战纹铜壶上都能见到射礼的场面（图236）。

图 236　战国刻纹铜壶射礼图

图 237　汉画像石上的投壶图、唐代投壶与明代投壶图

　　然而到了秦汉以后随着人口的增长，中原地区得到了全面开发，农业的发展使得森林逐渐消失，在平原上已经无猎可打了，加上社会风气的变化，贵族们也变得越来越文弱而不会射箭了，于是射礼就演变成投壶游戏。投壶是站在一定距离之外把箭往壶里投掷，投壶用的壶与一般的壶不同，通常都是两边有贯耳的直颈瓶，投壶的箭也与一般的箭不同，是钝头的箭。汉画像石上的投壶旁往往放着酒樽，可见输了是要罚酒的（图 237）。

　　唐代以后宴会上玩投壶的少了，而猜枚划拳行酒令的多起来，形成了今人所说的"酒文化"。猜枚划拳简单易行，而且有各种各样的游戏规则，至今仍然存在于人们生活之中，这是酒文化中的俗文化。行酒令是酒文化中的雅文化，也有各种各样的游戏规则，有时还要有相应的器具。1982 年镇江丹

图 238　唐代银鎏金龟形酒筹筒

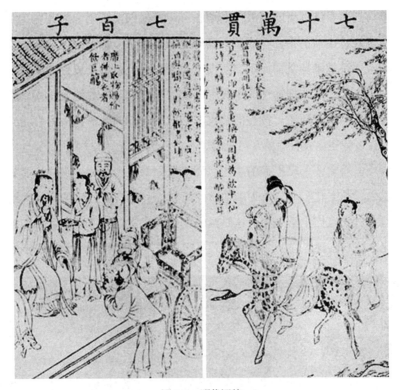

图 239　明代酒牌

徒丁卯桥唐代窖藏中出土了一件银鎏金龟形酒筹筒，通高 34 厘米，在一只金龟背上驮着有盖的圆柱形酒筹筒，筒身上刻有"论语玉烛"四个字，筒内盛着 50 支银制的酒筹（图 238），酒筹上的酒令都用《论语》语录，所以叫"论语玉烛"。一般宴会行酒令没有如此奢华，只要用一套酒牌（图 239），用击鼓传花的方法抽签就可以了。

扇子是什么时候发明的？它又是怎样演变的？

扇子，最早称为"箑"，扇和箑都从羽，说明扇子与羽毛有关。据西晋崔豹的《古今注》记载，最早的扇子出现于商代，是用五光十色的雄雉尾羽制成的，故称之为"翟扇"。东晋王嘉的《拾遗记》则称扇子是周昭王时发明的，据说当时有个叫孟夏的人取鹊翅羽做成了扇子。但那时的扇子并不是用来拂凉驱暑的，而是用来遮阳挡风的，也用来插在车上作为一种仪仗。

古代羽扇的种类很多，如春秋战国有白鹤羽尾扇，汉代赵飞燕常执于手的翠鸟羽扇，唐代有孔雀羽扇，清代有雕羽扇等等。这些羽扇大多为王公贵族所使用，一般民间使用的羽扇则多以鹅毛等廉价之物做成。

考古发现的年代最早的扇子是战国的。湖北江陵马山砖厂楚墓出土过一把竹编的扇子（图240），扇柄在扇子的一侧，就像一扇单扇门。单扇门在古代称作"户"，扇子当仪仗使用时左右开合也像门户，所以"扇"字从羽从户，

图240 战国竹扇（左）、汉画像石上的打扇图（中）和西汉竹扇（右）

由此可以得到明证。

至少在汉代就出现了团扇，因为是用绢制成的，所以又称为罗扇、纨扇。团扇形如圆月，暗合中国人团圆如月、合欢吉祥之意，所以又称为合欢扇。西汉成帝时班婕妤因赵飞燕入宫而失宠，故作诗云："新制齐纨素，鲜洁如霜雪；裁为合欢扇，团圆如明月。"唐代王建《调笑令》词曰："团扇团扇，美人并来遮面。"于是，扇子也就有了并面、便面、障面等雅称。团扇多为"圆如满月"的样式，但也包括了各种"方不应矩，圆不中规"的方圆形、腰圆形、梅花形、葵花形等多种样式。团扇的出现打破了羽扇的单调格局，使扇形更加丰富了。

扇面的面积虽然有限，但也给书画家们开辟了一块题诗作画的小天地。唐代张彦远《历代名画记》中记录的杨修为曹操"画扇误点成蝇"的故事，是关于在扇上作画最早的记载。《晋书·王羲之传》中一则王羲之为老妇题扇的佳话已是家喻户晓，今天在绍兴蕺山南边还有题扇桥、躲婆弄等地名。除了王羲之外，当时还有范晔、顾宝之等文人都曾在扇面上题诗作画，这就大大提高了扇子的文化品位。最迟到唐代，绘画作书的团扇已经相当流行，新疆阿斯塔那的一座唐墓出土了一把木柄绢质团扇，扇面上就绘有花鸟。唐代画家周昉的名画《挥扇仕女图》和《簪花仕女图》中都画有一位手执团扇的侍女（图 241）。在团扇上绘画作书在宋代达到顶峰，至今仍有不少宋代的

图 241　唐画中的团扇

绢本团扇扇面被保存下来。元代以后团扇书画逐渐衰退，让位给了折扇书画。

古代男女都用团扇，在唐代永泰公主墓和李凤墓的壁画上就都绘有用团扇的男人，但是等到折扇传入并流行以后，男人在正式场合都使用折扇，团扇就变成女性的专用物了。

折扇是 11 世纪从日本经高丽传入我国的。北宋邓椿在一部关于中国画史的著作中提到，当时北方有一种高丽扇，用鸦青纸做成，可以折叠，上面还绘有图画。宣和二年徐兢出使高丽回国后在《宣和奉使高丽图经》中记载了在高丽看到的"画折扇"等四种折扇。诗人苏轼曾云："高丽白松扇，展之广尺余，合之止两指许。"而苏辙却说，"扇从日本来，风非日本风"，"但执日本扇，风来自无穷"。这里所说的高丽扇，实际上是从日本传过去的日本扇。

折扇在日本被称作蝙蝠扇，传入中国后很快就被中国人接受，并根据其形状称之为折叠扇、聚头扇或撒扇。江苏武进一座南宋墓中出土了一件黑漆奁，上面画着一个手持折扇的仕女，扇子有五档扇骨，白色的扇面上还绘有花鸟。南宋吴自牧的《梦粱录》中说，当时都城临安已设有专门卖扇子的"周家折叠扇铺"，说明宋代已经能够自制自销折扇了。不过宋元间使用折扇的人还不多，所以，明代陈霆在《雨山墨谈》中说："元初东南使有持聚头扇者，人皆讥笑之，我朝永乐初始有持者。"

明代折扇广泛流行，据说这与明成祖朱棣的大力提倡有关。近年来在明代藩王墓里也时有折扇出土，可以与之相互印证。明代制扇作坊遍布各地，其中最有名的有杭扇、吴扇、川扇、歙扇、青阳扇、溧阳扇、武陵夹纱扇、金陵柳氏扇等等。扇骨、扇面制作精良，各有名家；扇面书画广泛流行，深受文人墨客喜爱；还衍生出扇袋、扇坠、扇盒等附属扇子的工艺品。折扇携带方便，出入可以藏在袖中，故有"怀袖雅物"之称。故宫博物院藏有一把明代第五个皇帝朱瞻基画的折扇，共有 15 根扇骨，扇骨外露的部分全以湘妃竹皮包镶，扇面为纸本设色人物画，一面是柳荫赏花图，一面是松下读书图，落款为"宣德三年春日武英殿御笔"。

清代是折扇大发展的时期，它不仅是一种用以生风取凉的工具，而且成了一种艺术品，一种身份、地位、品位的象征，一种社会角色的道具。不仅男性使用折扇，而且还有专供女性使用的秋扇，从文人书画扇这一主流中又分化出黑纸扇、香木扇和各种工艺扇。折扇还流传到欧洲，成为西方贵妇人们喜爱的把玩之物。

古人用什么器具来照明？

至少在北京猿人的时代我们的祖先就已掌握了火，但是一直到商周时代都还没有灯，那时用来照明的并不是蜡烛而是指火把，拿在手上的小火把叫烛，插在地上的大火把叫大烛，也叫燎，庭院里的燎就叫庭燎。

考古发现最早的灯是战国时代的。战国时代已有连枝灯、兽形灯、盒形灯等等各种造型的铜灯，但普遍使用的是豆形的陶灯。

豆是先秦时代盛菜的餐具，它的上部是一浅盘，盘下有一高高的把，下接喇叭形圈足，形状和现在的高脚果盘相仿。先秦时代人们席地而坐，餐具都直接放在地上，所以商周时代使用的鼎、簋、爵、豆、觚、瓿之类餐具酒具都有高高的足或座。战国以后流行使用食案，食案是一种有腿的小桌，就像今天使用的炕桌，于是，这些有高足的餐具酒具便渐渐让位给杯、盘、碗、碟、盅、盏之类矮足或无足的餐具酒具了。作为餐具的豆也被淘汰了，但由于它的形状很便于持握移动，因此就被用来做了灯（图242）。战国时"灯"字写

图242　陶豆与豆形灯

图 243　青瓷烛台

作"镫"，"登"就是豆，《尔雅·释器》曰："木豆谓之豆，瓦豆谓之登。"甲骨文的"登"字写作，就是双手捧豆的形象。因为灯常常是用铜做的，所以加上"金"旁写作"镫"。

秦汉时代灯的式样更加繁多，有造型精美的人形灯、兽形灯，也有简朴实用的豆形灯、卮形灯，有座灯、吊灯，也有行灯、提灯。不管哪种灯，必不可少的是都有一个浅盘，盘中心大多有一突起的尖状物用来安放灯捻。汉代还不会制造蜡烛，灯中的燃料是用植物油或动物脂膏。云南昭通出土过一盏东汉时期的灯，上面还残剩一段烛心，是用八九根细竹条缠上一层 3 毫米厚的纤维做成的，用这种烛心浸透油或动物脂肪就制成了灯烛。不过这种用脂膏做成的灯烛都比较粗短，不能做得很细长，而且这种灯烛无法插在针状的烛钎上，所以，魏晋隋唐时期的烛台上常常有一根或几根用来插灯烛的灯管，也可以做成人物、动物等各种不同造型的底座（图 243），而没有后世那种有烛钎的烛台。

大约到西晋时才发明蜡烛。《世说新语》写石崇和王恺斗富，"用蜡烛作炊"，可见晋代已有蜡烛了，但因为蜡的产量远比油脂要低，所以用蜡烛照明是一种奢侈的生活，而"用蜡烛作炊"更等于是在烧钱了。由于蜡的熔点比较高，质地又比较硬，可以做得细长，因此在唐代的壁画里才能见到像现在这样的蜡烛，到了宋元以后，像现在这样带钎的蜡烛台才流行开来。

魏晋隋唐时期已经很少使用铜灯了，当时广泛使用的是青瓷做的灯，所以又造了一个"灯"字，而原来的那个"镫"字则被用来改称骑马踩踏的马镫了。

古代的带钩与带扣是什么样的?

古人穿衣服通常在衣服外面束一条腰带,腰带既用来束衣服,也用来表示身份。士大夫们的腰带有两种,一种是丝织的大带叫作"绅",所以士大夫又叫缙绅或绅士;另一种是皮革做的,皮带质地较硬,不能像丝带那样打结,所以要用带钩来系扣。

以往一般认为中原地区使用带钩是战国中期赵武灵王胡服骑射向游牧民族学来的,其实不然。《左传》记载齐国公子纠与小白争立,管仲曾一箭射中了小白的带钩,可见春秋时期已在使用带钩了。在洛阳、临淄、宝鸡、北京等地也都出土过春秋中期的带钩。

可是1983年在上海青浦福泉山的良渚文化墓葬中却发现了一件玉带钩。这件带钩从侧面看像个横置的6字,一端是圆孔,另一端作钩形(图244)。后来在浙江余杭反山、瑶山等地也出土了4件类似的玉带钩,出土的位置都在死者腰部,因此必是带钩无疑。良渚文化距今4000～5000年,四千年前江南就已出现了带钩,这真使人大开眼界。可是后来带钩为什么又不见了?

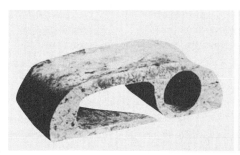

图244 良渚文化玉带钩

图 245　战国带钩

为什么过了 1000 多年又在中原重新流行开来？而且为什么式样也有变化？这些都是未解之谜。

　　春秋时期的带钩发现得很少，战国秦汉才是带钩盛行普及的时代。这一时期带钩的造型丰富多彩，有水禽形、兽面形、曲棒形、琵琶形、长牌形等等许多形式。尽管带钩的造型千变万化，但是其基本结构总是一端有钩、一端有钮（图 245），就和后世的如意形状相仿，只是尺寸较小。

　　魏晋以后带钩无论是从分布范围、出土数量还是从制作工艺等方面看都衰落了。衰落的原因倒并不是因为人们改变了衣着的习俗不再用皮带束腰了，而是因为出现了带扣（图 246）。带扣为长方形圈状、中间有舌，和现代的皮带扣一样。用带扣系结更加牢固也更加方便，无论官僚的玉带、武士的铠甲、骑手的马具，还是平民的皮带都使用带扣，于是带钩便迅速地被淘汰了。现在只有和尚披搭的袈裟还用带钩来系扣，别处几乎都不见使用了。

图 246　西汉金带扣（左）、南朝玉带扣（右）

"痒痒挠"是谁发明的？

有一只相声段子内容是讲创造发明的，逗哏演员甩了一个"包袱"："你知道'痒痒挠'是谁发明的？"捧哏演员愕然，于是引来了一阵笑声。

"痒痒挠"也叫"勿求人"，又叫"老头乐"。用一根竹片把前端烘弯削成齿状即成。中国有许多伟大的发明如火药、指南针都没有留下发明者的姓名，何况这种用于背部挠痒的小玩意儿，当然就更没人为它申请专利权了。不过有趣的是早在两千年前的战国时代就已经有"痒痒挠"了。

1977年山东的考古工作者对曲阜鲁国故城遗址进行了钻探试掘，在两座战国时代的大型墓葬中各发现了一件"痒痒挠"。这两件"痒痒挠"都是用象牙雕刻而成的，长约40厘米，前部雕成人手的形状，拇指竖直，其余四指并拢弯曲，四指指甲平齐，正好用于挠痒，柄的尾端还雕成兽头状（图247）。整器做得十分精致，既是实用器，又是工艺品。古人认为"事死如事生"，所以要用各种生活用品给死者陪葬，但是考虑得如此周到、用"痒痒挠"来陪葬的却实在罕见。

这两件"痒痒挠"雕刻得如此精细，说明它绝不会是战国时代才发明的，那么究竟什么时候开始有"痒痒挠"的呢？现在已经搞不清了，因为文人雅士们不会为这种不登大雅之堂的玩意儿著文立说，但是非常有意思的是2001年在殷墟的一座商代墓葬里出土了一件制成手形的青铜器，残长13.2，宽6.8厘米，和成人手掌的大小差不多（图248）。这样形状的器物当然不会是工具，也不能作为武器，铜手的五指略微有点弯曲，这会不会是一件青铜的"痒痒挠"呢？不过现在还不能确定。

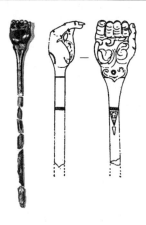

图 247　战国牙雕痒痒挠　　　图 248　商代铜手形器

　　在南京丹阳一带的东晋南朝大墓中常见用模印的画像砖拼嵌而成的大幅砖画。1960 年在南京西善桥发现的一座南朝初年墓中出土了一副模印拼嵌砖画，画的内容是"竹林七贤和荣启期"，画中的王戎悠闲地坐在树下，手中拿着一支痒痒挠。在唐代孙位画的《高逸图》中王戎手中也拿着一支"痒痒挠"（图 249）。在永泰公主墓的壁画上画的宫女手中也拿着一支"痒痒挠"。在陪葬乾陵的唐代永泰公主墓的石椁周围刻有精细的图案花纹，主题纹饰是一群服侍主人的宫女，她们有的手捧方盒，有的手持凤首壶，有的手捧水果盘，还有一个宫女手中捧着一把痒痒挠（图 250）。看来痒痒挠虽小，但在名士与贵族的生活中倒也是不可缺少的东西。

图 249　高逸图中的痒痒挠　　　　　　　图 250　唐永泰公主墓中的痒痒挠

铜镜是什么时候出现的？怎样断定铜镜的时代？

铜镜是照面饰容的工具，在发明铜镜之前人们只能利用平静的水面来照脸，后来有了铜器，人们就用铜盆盛水来照脸，这种铜盆称为鉴，甲骨文"鉴"字写作 ，金文写作 ，都是对着器皿用水照脸的形象。所以铜镜也可以叫作"鉴"。

中国铜镜的起源可以追溯到传说时代，据说黄帝也是铜镜的发明者，《轩辕黄帝传》说："帝因铸镜以像之，为十五面，神镜宝镜也。"《过异论》说："饶州俗传，轩辕氏铸镜于湖边，今有轩辕磨镜石，石上常洁，不生蔓草。"黄帝制镜的传说虽然不足为信，但是考古发现时代最早的铜镜是齐家文化的铜镜，齐家文化分布在甘青地区，是一支处于距今 4000 年以前的原始社会晚期的新石器文化，倒和传说中的黄帝前后相若。齐家文化的铜镜总共只发现了 3 面，纹饰极其简单，直径 6～9 厘米，厚仅 0.3 厘米，与后来的铜镜不可同日而语。即使到了商周时代青铜铸造技术已经非常发达了，但是铜镜还是十分简陋，直径通常在 10 厘米以下，镜背花纹也很简单，而且数量极少，迄今为止商代铜镜只发现过 14 面，西周铜镜只发现过 53 面（图 251）。

图 251　齐家文化铜镜（左）、商代铜镜（中）、西周铜镜（右）

在古文献中"镜"字最早见于《墨子·非攻》，在战国末期的一些著作中就屡见不鲜了，例如《庄子·应帝王》："至人之用心若镜，不将不迎，应而不藏，故能胜物而不伤。"《庄子·天道》："圣人之心，静乎天地之鉴也，万物之鉴也。"《楚辞·九辩》："今修饰而窥镜兮。"大量关于"镜"字的记载表明，战国时期铜镜已经被普遍使用了，事实上考古发现的春秋铜镜极少，而战国铜镜的数量就大大增加了。

战国时铸镜技术已经成熟了，铜镜的直径一般在 10 厘米左右，大的可达 20 厘米，多用弦纹钮，镜背的纹饰五花八门，最流行的是山字镜，其特征是在羽状地纹上由 3～6 个山字构成主题纹饰，山字之间常常配以花瓣、叶纹等，在楚墓中山字镜占 70%～80%。此外还有蟠螭纹镜、连弧纹镜、禽兽纹镜、菱纹镜、羽状地纹镜和素镜等等（图 252）。战国铜镜的特点是质地薄而轻巧，厚度一般只有 0.1～0.2 厘米，重量只有一两百克。纹饰的题材和表现手法很丰富，主纹与地纹配合和谐，纹饰的布局常见有双圈式、对称式和环绕式三种。在考古发掘中楚墓出土的铜镜数量最多，而其他地方出土就很少，这说明今天的湖南是当时铸镜业最发达的地区，而且楚人盛行用铜镜陪葬的习俗。

汉代当其他青铜器日渐被漆器和陶瓷器取代的时候，铜镜却获得了迅速的发展，成为汉代铜铸品中最常见的物品。汉镜的数量比战国铜镜多得多，说明使用铜镜已经非常普遍。汉镜比战国镜厚重，流行半球形钮，纹饰以镜钮为中心环绕布局，主题纹饰以四乳钉为基点分为四组，地纹逐渐消失，主纹更加突出，构图趋于简单朴素，比较常见的有蟠螭纹、蟠虺纹、草叶纹、星云纹、连弧纹、四乳禽兽纹、规矩纹、神兽纹、画像纹等（图 253）。铭文

图 252　战国铜镜

图 253　西汉铜镜

逐渐成为铜镜纹饰的组成部分，甚至出现了完全以铭文为主题的昭明镜与日光镜，汉镜铭文的内容主要是反映相思之情和企求长乐富贵的吉祥语，但也出现了有"尚方作竟（镜）真大好""尚方御镜大毋伤"等铭文的铜镜，这些官办作坊产品铸工精致，精品迭出，还有"王氏作竟（镜）真大好""朱氏明竟（镜）快人意"等铭文的铜镜，这些私人作坊产品表明铜镜已经成为一般化的商品，也说明汉代铸镜业已经十分普遍了。

从汉镜出土的情况来看，汉代的会稽郡（今浙江绍兴）、江夏郡（今湖北安陆）和广汉郡（今四川广汉）是当时铸镜业的中心。汉代不仅铸镜数量多，而且工艺水平很高，表现在发明了被后人视为"魔镜"的透光镜。透光镜表面上与其他铜镜没有什么两样，但是把它的镜面对着阳光时，却可以在墙上反映出镜背的纹饰和铭文。汉代以后制造透光镜的技艺就失传了。

魏晋南北朝时期中国社会动荡，战争不断，铸镜业也进入了一个中衰期，产量锐减，质量粗糙，基本沿袭汉镜样式，创新的品种极少，最流行的是神兽镜，神兽镜的纹饰除了传统的东王公、西王母和历史人物外，还出现了佛教的图像，反映出佛教的广泛传播与深入人心。这一时期南方的铸镜业已经超过了北方，会稽山阴和鄂城成为当时的铸镜中心。中国三国两晋时期的制镜技术还对当时的日本产生过巨大的影响，公元4世纪流行于日本的三角缘神兽镜就是在三国吴镜的影响下出现的。

唐代是继汉代以后又一个经济繁荣、文化昌盛的时期，铸镜业也得到了高度的发展，唐镜的造型、题材、铸造都别具一格，在中国铜镜史上占有重要的地位。唐镜种类繁多、纹饰复杂，新题材、新风格层出不穷，流行的主要镜类有十二生肖镜、瑞兽葡萄镜、瑞花镜、花鸟镜、神仙人物故事镜等等，

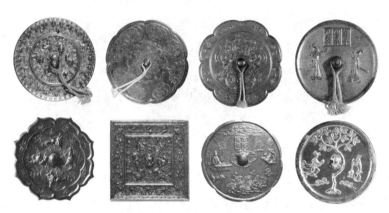

图 254　唐代铜镜

铜镜的形式突破了圆形的传统，出现了菱花形、葵花形等花式镜（图 254）。汉代的圈带式铭文已经消失，这样在面积有限的镜背上就能更好地表现主题纹饰。在宗教的影响之下，还出现了八卦镜和卐字镜。唐代扬州成为当时铸镜业的中心和主要的铜镜市场。唐镜不仅题材新颖、纹饰华美，而且出现了用金银平脱、螺钿镶嵌和贴金贴银等手法制成的特种工艺镜，使得唐镜呈现出一派富丽堂皇、雍容华贵的"盛唐气象"。

　　宋元时期社会上使用铜镜已经十分普遍，一般家常使用的铜镜更注重实用而不崇尚花纹，所以宋镜的纹饰比较简单，主要以缠枝花草、神仙人物故事和八卦纹为主，花纹都采用细线浅雕的手法来表现，胎质轻薄、图纹纤巧，一改唐镜胎质厚重和高浮雕的作风。宋镜的样式极多，除了唐代首创的花式镜和亚字形镜以外，还出现了带柄镜、长方形、鸡心形、盾形、钟形、鼎形等等多种形式，成为宋镜的一大特征（图 255）。大量的宋镜是背面没有花纹

图 255　宋代铜镜

的素镜,但是许多铜镜背面的素地上铸有字号商标,如"湖州石家炼铜照子""湖州方家造镜""湖州薛晋侯造""湖州真石三十郎家照子,无比炼铜每两一百文"等等,字号镜以湖州镜居多,此外还有建康镜、饶州镜、成都镜等,这些现象说明铜镜在宋代已经成为一种非常普通的商品,而湖州是当时铸镜业的中心。由于这个原因,宋镜与唐镜相比显得更加朴实无华,以至于人们以为宋代以后铸镜业衰落了,其实这一现象所反映的是使用铜镜更加普及了。

明清时期西洋传来了玻璃镜,玻璃镜比铜镜明亮、轻巧而且便宜,于是铜镜逐渐被玻璃镜取代,最终退出了历史舞台。

鸠杖是做什么用的？

1959 年甘肃武威磨咀子 18 号墓出土了一根木竿鸠杖，长 1.94 米，圆径 4 厘米，竿头上镶有一只木雕的彩绘鸠鸟（图 256），出土时鸠杖平置在棺盖上，鸠鸟伸出棺首，木杖上还系着 10 枚东汉明帝时期颁发的王杖诏书令木简。棺中的死者是一位老人，棺盖上的鸠杖是汉代尊老养老的凭证。

尊老养老是中华民族优良的传统，《礼记·月令》中就有这样的记载：仲秋之月"养衰老，授几杖，行糜粥饮食"。汉代独尊儒术，特别强调以孝治天下，皇帝多次颁发诏令，明确老人应该享受的一些特权，还制定了优待老人的一系列办法。汉宣帝时建立了高年受王杖的制度，规定凡是 80 岁以上的老人由政府授以王杖，凭王杖可以出入官府，行走驰道，到市上买卖可以免税，殴辱持鸠杖老人者按大逆不道论罪。汉成帝时又把年限放宽到 70 岁。东汉继承了西汉的做法，《后汉书·仪礼志》记载："仲秋之月，县道皆案户比民。年始七十者，授之以王杖，餔之以糜粥。八十九十，礼有加赐。王

图 256 汉代鸠鸟

图 257　汉画像石养老图

杖长九尺，端以鸠鸟为饰。"之所以王杖上要用鸠鸟作为装饰物，是因为古人认为鸠是"不噎之鸟"，用鸠鸟作饰物，可以使"老人不噎"。武威磨咀子 18 号墓出土的鸠杖及其所系木简上所写内容和《后汉书》的记载完全相同。1981 年在武威磨咀子另一座汉墓中又出土了 26 枚写有汉成帝建始二年诏书的木简，内容也完全一样。

　　由于皇帝的提倡，汉代尊老养老之风盛行，四川彭县出土了一块画像砖，正面刻的是一座上有天窗、下有台阶的仓库，仓库前放置着量器，量器右边有一手执鸠杖的老人，躬身坐于地面，手扶粮袋，中间一人正从仓库里拿出粮食倒入老人的袋中，左边有一身穿长服的官员，正坐在席上挥手示意。成都郊区东汉墓出土一块画像石，画面左边也是一座库房，库房前有一人手捧器皿，正向画面右边树下手执鸠杖坐在地上的老人走去（图 257）。这两幅图以前曾经认为其内容画的是"告贷"或"乞贷"，实际上应该解释为"养老图"，其内容就是反映了汉代对持鸠杖老人的优待。

古人也玩"造房子"游戏吗?

在儿童时代我们大概都玩过"造房子"的游戏,这种游戏在北方叫作"踢房",玩的时候需要有一个踢子,它就叫作"友"。现在玩"造房子"游戏常常是用一串算盘珠或一串纽扣作"友",而最简单的"友"用一块瓦片就行了。

玩"造房子"游戏不受场地的限制,用具又十分简单易得,玩起来既需要灵巧,又需要一定的体力,还有益于培养儿童的进取心,因此深受儿童喜爱,是一种非常普及的儿童游戏。

那么"造房子"游戏有多久的历史了呢? 河南的一位考古工作者曾在郾城、鲁山、漯河、郑州、古荥镇等地的遗址中收集到20多枚"造房子"游戏用的"友",经鉴定少数是唐、宋、元代的瓷"友",多数是西汉时的陶"友",这些"友"用陶片或瓷片打成圆形,有的还稍加磨砺除去棱角使之圆润。可见"造房子"这项游戏早在两千年前的西汉就已有了,代代相传,至今不绝,真是源远流长。

还有人认为,"造房子"游戏肯定不会晚到汉代才出现,因为在新石器时代的仰韶文化和龙山文化的遗址中也已发现这种"友"了。新石器时代人们已经发明建造房屋了,那时出现"造房子"游戏当然是可能的,但是要从遗址中出土的数以万计的陶片中辨别出孩子们玩的陶"友"来却谈何容易。不过,在新石器时代的遗址中各种泥捏陶制的泥羊、泥狗、泥猪、泥人、内含石子的空心陶球之类儿童玩具倒是时有发现,可见数千年前的人们爱护儿童的舐犊之情和我们现在也没有什么两样。

唐代就有狮子舞吗？

　　狮子舞是我国人民喜闻乐见的一种民间舞蹈，可是你知道我国从什么时候开始有狮子舞的吗？

　　狮子原产于非洲，中国古代的狮子是经过西域传入的，所以在汉代开通丝绸之路以前是不会有狮子舞的。

　　东汉和六朝的陵墓前出现了一种有翼的守墓神兽——天禄与辟邪，它们的原型就是狮子，可见在那时狮子已经传入中国了，但是有没有狮子舞却无从考证。

　　到了唐代就肯定有狮子舞了。《通典》卷146云："太平乐亦谓之五方狮子舞"，"缀毛为衣，象其俛仰驯狎之容，二人持绳佛为习寻之状。"1960年新疆吐鲁番阿斯塔那的一座唐墓中出土了大批陶俑，其中有一件狮子舞泥俑，高12厘米，长10厘米，身上用篦状物压划出弯曲的条纹象征狮毛，背部有下垂的彩带，而俑的四足分明是人脚（图258），这件泥俑使我们重新见到了唐代狮子舞的形象。

　　《通典》所说的五方狮子舞是宫廷里在喜庆节日歌太平颂帝王的大型演出，表演时有五头狮子，按东西南北中五方分着青白赤玄黄五色彩衣，起舞时有大型乐队伴奏伴唱，观众击掌欢踊应和，气氛热烈，蔚为壮观。一般官宦人家或民间演出时当然不会有这么大的排场。元稹《新题乐府·西凉伎》描写哥舒翰举行宴会的盛况时有这样的诗句："哥舒开府设高宴，八珍九醞当前头。前头百戏竞撩乱，丸剑跳掷霜雪浮，狮子摇光毛新竖，胡腾醉舞筋骨柔。"大约只有一两头狮子和其他的舞乐百戏一起为宾主表演助兴吧。

图 258　唐代狮舞俑

　　唐代狮子舞的调狮人通常有两个人，而且"服饰皆作昆仑象"，即扮作黑人或胡人，这分明是与狮子的产地和传入地有关。白居易《新乐府·西凉伎》咏狮子舞曰："假面胡人假狮子，刻木为头丝作尾，金镀眼睛银帖齿，奋迅毛衣白双耳，如从流沙来万里。紫髯深目双胡儿，鼓舞跳梁前致辞……"白诗所咏的狮子装扮、演出情节和吐鲁番出土的泥俑正相符合，和今天的狮子舞也大体相同，只是现在表演时调狮人往往只有一个人，而且都穿汉族服装了。

中国古代有足球运动吗?

现代人对足球的狂热已经达到了一种难以用语言形容的地步了。虽然中国男足至今不争气，但是我国的足球运动却具有悠久的历史。

中国古代把足球运动称为"蹴鞠"，又名"踢鞠""蹵鞠"，"蹴"是脚踢，"鞠"是皮球，蹴鞠是我国古代非常流行的一项体育活动。传说蹴鞠也是黄帝发明的，是黄帝"作蹴鞠之戏"，"以练武士"。战国时这种早期的足球运动已在一些地区展开，司马迁《史记》中就记载过齐国临淄的"踢鞠"，当时蹴鞠已由民间向军队中发展，并演变为分成两个队以一定队列进行踢球游戏的形式（图259）。到了汉代蹴鞠活动又有较大发展。其一，被采纳为军事训练的一个项目，借以振作士气，加强军队的战斗力。其二，形成了一定的规则，有了固定的比赛场地，比赛时还有裁判。其三，出现了专门论述蹴鞠的专著《蹴鞠新书》，这本写于汉初的著作共有25篇，堪称世界最早的足球专著。东汉时李尤撰写了《鞠城铭》，是一篇专谈裁判的文章。三国时蹴鞠也颇盛行，据记载，曹操对蹴鞠就非常感兴趣，他的手下有一位名叫孔桂的人，就因为擅长此道而备受器重。

唐代足球又有了新的突破和发展。本来，蹴鞠所用的球是用皮革缝就、内充毛发制成的，唐代改为用动物的尿脬充气做成内胆，外面用皮制成外壳，

图259　汉代蹴鞠场图

307

成为充气足球，这是一个重要的改进。球门也进行了改进，把原来的"鞠城""鞠室"改为挂网的球门，不过，和现代球门的不同之处在于，现代是在球门上挂网、往网里踢球，而唐代是在球门柱的上方挂网、往网下的空门里踢球，比赛时每队6人，设1人把门，与现代足球颇为接近。

到了宋代蹴鞠备受人们欢迎，电视剧《一脚定江山》就是反映了当时蹴鞠的盛况，高俅就因为善于蹴鞠而得宠于宋徽宗，官至殿前都指挥使，加封太尉（武官官阶第一级）、开府仪同三司（文散官官阶第一级），可知其权势炙手可热。不过宋代盛行的蹴鞠比赛只有一个球门，球门也不是坐落在地上，而是在球场中央竖两根3丈多高的木柱，两柱之间拉一张大网，网中间有一个直径3尺左右的圆洞，双方在球网的两侧轮番进攻，把球踢过圆洞者得分（图260）。宋朝宫廷里还设有专业球队，专门在朝廷举办的各种盛会上表演蹴鞠。清代还把蹴鞠与溜冰结合起来，创造出难度极高的冰上蹴鞠，清廷把冰上蹴鞠与射箭等活动一起作为京城守卫部队必备的军训项目。

足球在中国古代不仅源远流长，而且蹴鞠高手的技艺精湛，令人拍案叫绝。例如据《燕山丛录》记载，唐代显灵宫中有个名叫韩承义的道士，球艺高超，肩头、背部、胸部、腹部都能替代腿脚作各种表演，与人对踢时应付

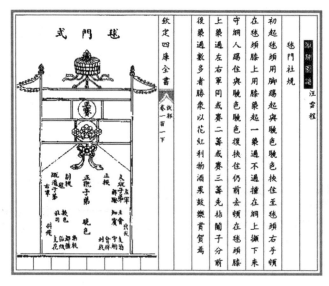

图260　《蹴鞠图谱》的球门图

图 261　东汉画像石蹴鞠图（左上）、宋镜蹴鞠图（左下）、明代仕女蹴鞠图（右）

裕如，单人表演时能熟练地使球绕着身子转，长时间不落地。古代还有女子和儿童的蹴鞠，河南省南阳地区发现过一块汉代的画像石，刻有几个体态矫健优美的女子在玩蹴鞠，堪称为世界上最早的女子足球队员的形象。关于女子蹴鞠的记载最早见于唐代，那是一种不设球门的单人或多人踢的蹴鞠游戏，叫作"白打"，还有人写诗描写当年宫女"白打"的情形曰："宿妆残粉未明天，总在朝阳花树边，寒食内人长白打，库中先散马金钱。"传世宋镜中有一面铜镜背面铸有女子蹴鞠图。明代杜堇画的《仕女图》中也有女子蹴鞠的场面（图 261）。

汉代的厕所是什么样的?

厕所是人类文明进步的产物。

在新石器时代的遗址中我们只发现过房屋、地窖、水井、畜栏的遗迹,而未发现可以证明是厕所的设施。

商代人们已经懂得用人的粪尿肥田了。甲骨文中有"尿"字和"屎"字,分别写作 与 ,就是小便和大便的象形字。甲骨文中"屎"字常常与"田"字连用,"屎田"的意思是用人粪肥田,不过商代是否有厕所还难以证明。

据文献记载,春秋时代已经有厕所了。《左传·成公十年》说晋侯上厕所时不慎跌入粪坑而死,可见当时的厕所是架空构筑的,而且粪池也较深,以至于会失足坠陷、一命呜呼。难怪墨子在《守城篇》中要特意告诫道:城墙上"五十步一厕,与下同溷,入厕者不得操",以防意外。

汉代流行用陶冥器随葬的葬俗。陶冥器是人们地上生活的再现和地下生活的象征,其中以仓、灶、井、房屋、田地、牲畜等模型最为多见,而陶厕所模型也常常和房屋模型一起出土。各地出土的陶厕所形式各异,有方形的,有圆形的,有的简陋,有的讲究,有的独立成院,有的附于屋后,还有两厕并立,当有男女之别。总的来说,汉代的厕所有两个特点:第一,厕位都是蹲式而无坐式,最讲究的也不过是在便槽前设一∏形扶手而已;第二,厕所都是架空的,粪坑常常与猪圈相连,这样人畜粪集中在一起,有利于积肥(图262)。

汉代把猪圈叫作"溷",溷厕合一是汉代厕所的特点。了解了这一点就容易理解《汉书·燕刺王刘旦传》中"厕中豕群出"这句话,也可以理解吕后迫害戚夫人"使居厕中"为什么要"命曰人彘"了。

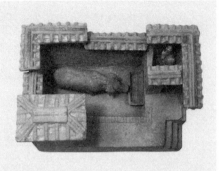

图 262　东汉陶溷厕

图 263　汉代诸侯王墓中的厕所

　　有意思的是在一些汉代贵族的大墓中还在墓室的一隅特意修筑了厕所，如山东沂南画象石墓就在侧室里端的隔墙后面修了一个厕所，便槽的两边有踏脚，前面有尿槽和两根扶手的栏杆。在徐州北洞山的楚王墓和河南永城芒砀山的梁孝王墓内都设置了厕所（图 263）。

夜壶也是文物吗？

作为文物的夜壶叫作虎子。南方的东汉两晋墓葬中常常出土一种有提梁的长圆形瓷器，器口开在一端的斜上方，因为它往往做成蹲踞的虎形，所以被叫作虎子。

六朝的虎子都是青瓷的，汉代还有铜虎子、陶虎子和木雕彩绘的漆虎子。1980 年长沙新火车站附近的一座战国墓中出土了一件漆虎子。全器用两块木料拼合而成，镂空雕刻出口、腹、眼、耳、四肢，尾巴卷到脑后成为把手，器内外髹黑漆表面用黄褐色绘成云凤纹。美国华盛顿福雷艺术馆也藏有一件类似的漆虎子。1985 年镇江谏壁王家山一座春秋晚期墓中出土了一件铜虎子，椭圆形的器身两侧分别铸有两只蜷曲的兽足（图 264）。这是现在见到的年代最早的虎子。

图 264　各时期虎子

图 265　汉代画像石上的涤器图

　　"虎子"这一名称出于汉代，《史记·万石列传》集解中提到过。贾逵解《周官》："威，虎子也。窬，行清也。"《说文解字》释"楲"曰："楲窬，亵器也。"孟康曰："窬，行清中受粪者也，东南人谓凿木中空如曹谓之窬。"段玉裁注《说文解字》时肯定了贾、孟二人的说法："虎子所以小便，行清所以大便。楲窬二物，许类举之。"通俗地说，楲即虎子，就是夜壶，窬，就是马桶。

　　夜壶为什么叫"楲"呢？原来威和畏同音，可以通借；因为是用木头做的，所以加上木字旁。据《西京杂记》记载，李广和弟弟一起去打猎，射死一只卧虎，便"铸铜象其形为溲器，示厌辱也"。虽然这是个传说，但是说明把夜壶制成虎形并名之为"威"（畏）反映了古人对老虎既畏惧又厌恶并希望制服它的心情。不过，汉代以后人们都根据其形状称之为虎子，"楲"这个名称渐渐鲜为人知了。

　　有人认为虎子是酒器或水器，不是亵器。可是从出土的情况看，虎子都出于男性墓或夫妻合葬墓的男性一边，而且都放在死者脚边或单置一处。山东沂南汉代画像石中有一幅涤器图，图上有一仆人在庭院里手持笤帚扫地，身后有一口大水缸，地上放着一只虎子（图 265）。这种随便放在地上的虎子绝不会是酒器，而且虎子的造型与结构也不适宜用来作取水工具。

现代人对用虎子随葬可能感到纳闷，但在当时应是一种流行的习俗。东晋以后虎子的使用已十分普遍，它的造型也日趋简朴实用，老虎的口、眼、四肢都已不见，只剩下茧形或圆形的身体。由于风俗的转变，人们也不再用它来陪葬，所以后来的墓葬中也就很少见到虎子了。不过直到今天民间仍然在使用它，医院和农村里男性使用的便器还保持着虎子的基本特征。